JN441615

요한계시록 *παρουσία* 교과서

요한계시록 *παρουσία* 교과서

초판1쇄 인쇄 | 2014년 09월 25일
초판1쇄 발행 | 2014년 09월 30일

지은이 | 김천기
펴낸이 | 윤순식
펴낸곳 | 도서출판 청우
주문처 | 열린유통
등록번호 | 제 8-63호
주소 | 경기도 고양시 일산구 장항동 573-28
Tel. 031-906-0011 Fax 0505-365-0011
cwpub@hanmail.net

ISBN 978-89-94846-24-8 03230

값 25,000원

책값의 5,000원은 이 땅 300만의 장애인의 영혼을 책임지고 사역하는 엘림장애인선교회에 찬조합니다.

요한계시록
παρουσία 교과서

金天基 著

청우

감사합니다

낮에 온
그대의 편지를
아무도 몰래
한 밤에 읽어 내리면

선명하게
다가오는 그대 모습
내 곁에 있는 듯
가까이 속삭이는 듯
시간을 잊는다.

그대의 모습을
담고 온
그대의 목소리를
싣고 온
편지를 읽고 있으면

이 한 밤에는
소리치고 싶도록 행복한 것은
우리가 서로
사랑한다는 사실 때문이다.

이 시는 용혜원 님의 「홀로 새우는 밤」 47번입니다. 사랑하는 이로부터 온 편지도 이토록 읽고픈 걸….

성경은 하나님이 보낸 편지이고 그중에 사랑의 편지가 요한계시록입니다. 정혼한 마리아를 두고 멀리 떠난 요셉이 보낸 Love Letter보다 더 깊고 그리운 편지가 정혼한 신부를 두고 신혼집을 마련하기 위해 떠난 신랑 갈릴리 나사렛 사람 예수께서 보낸 Love Letter가 더 감미롭고 더 감동적입니다.

이 편지는 "아멘이시오, 충성되고, 참된 증인이시오, 하나님의 창조의 근본이신 하나님의 아들"(계3:14)이 보낸 미쁘신 편지 요한계시록입니다. 창조의 근본이신 하나님을 섬기고 그의 아들을 사랑하는 성도는 이 편지를 '한 밤에 소리치고 싶도록 행복하게 읽게 하고', "네가 많은 백성과 나라와 방언과 임금에게 「다시」예언하라."고 지명하여 세우심을 받은 사역자들은 주의 금제단에 서서 이 편지를 자신만만하게 가르치고 해석해 주는 그 날을 사모하며 요한계시록을 해명(explanation 解明/ 요한계시록을 오해하는 이들에게 까닭이나 내용을 풀어서 밝힘)하려고 펜을 들었습니다.

주께서 감람산에서 승천하신 후 1900년 동안 수많은 해석학자들이 한결같이 '요한계시록은 난해하지만 쉽게 풀었습니다.'라고 하면서 책을 내놓았지만 아직도 명쾌하지 못하고 답답하여 안 읽고, 안 가르치고 경원시하는 듯합니다. 필자도 이번에 책을 내면서 '그 중 한 사람 또 생기는 것 아닌가' 하는 생각을 하며 그 동안 집필하신 분들이 하신 말씀 '요한계시록은 난해하지만 쉽게 풀었습니다.' 라는 말을 바꾸고 싶었습니다. 요한계시록을 주실 때는 재료도, 책도, 변변치 못하고 거기에 성경도 제대로 소지 못한 그들에게 도리어 환난과 핍박만 난무하는 초대교회 성도들의 신앙 환경이었습니다.

이런 환경에서 신앙을 지키려고 몸부림치는 그들에게 주님은 위로하고 격려하고 권고하시려고 쉽사리(아주 쉽게) 보낸 편지, 요한계시록이라고 생각합니다. 그런데 주께서는 이렇게 아주 쉽게 계시하신 요한계시록을 필자가 중구난방으로 해석하여 난해하게 만드는 집필이 될까 우려하며 "쉽사리 주신 계시 더 쉽게 풀자."라고 다짐했습니다. 그래서 이 책 한 권만 읽으면 요한계시록도 요한복음을 읽을 때처럼 이해가 되길 기도하며 세상에 내 놓았습니다.

그리고 집필하면서 가진 두 번째 마음은 요한계시록 해석 여러 권들을 읽으면서 필자가 공통되게 받은 마음은 '하나님이 무섭다.' 라는 공포였습니다. 요한계시록의 기둥이 되는 일곱 인, 일곱 나팔, 일곱 대접을 그들의 눈으로 볼 때 모두 하나님이 내리는 재앙이라고 보고 해석하므로 22장의 3분의 2가 진노와 재앙과 심판인 것입니다. 그래서 영화나 드라마를 제작하는 사람들은 요한계시록을 불 · 화염 · 폭발 · 천재지변 · 전쟁 · 파멸 · 지구 폭발로 만들어 상영하니 그 영화를 보는 사람들은 우리 하나님을 어떤 하나님으로 보겠습니까? 무서운 진노의 하나님, 무차별로 사람들을 죽이는 신으로 오해할 것입니다. 그들만이 아니라 설교를 듣는 성도들도 무서운 하나님으로 오해하게 만들고 있구나 하는 생각입니다.

그래서 필자는 해석자들 때문에 실추된 하나님의 명예를 회복하길 소원하며 책을 냈습니다. 이러한 마음을 주시고 옆에서 도우신 성령하나님께 감사를 드립니다.

그리고 온 세상의 모든 십자가의 군병들이 성경 중 요한계시록을 제일 사랑하고, 주의 사역자들이 강단에서 예수 재림을 담대하게 즐겨 전하는 바람이 부는 날이 될 때까지 함께 동역하기로 한 예쁜 딸 카리스와 희돈 목사님, 사랑하는 아내와 아들들과 며느리, 또 엘림장애인선교회 가족과 사무총장 고창수 목사님, 또한 기독교 방송 선교사업단 기획국장 김영식 권사님, 교회사역개발원 김종덕 원장님, 항상 쉼없이 기도하는 한동교회 가족 여러분께 감사를 드립니다. 그리고 도서출판 청우 사장님과 직원 여러분께 감사를 드립니다.

"그 이름이 해같이 빛나리." 감사합니다.

2014년 9월 첫날 독밧골 골짜기에서

김 천 기 목사

차례 들어가는 마음

하나 큰 빛-줄기 따라서

빛-줄기란 명사는 물리학에서 빛을 내며 움직이는 물체에서 보이는 빛의 줄기인데 그 물체를 촬영하면 빛의 줄기는 사진이나 영상 따위에 나타나는 광적(光跡)을 말합니다.

요한계시록에는 한 줄기 큰 빛이 흐르고 있습니다. 그 큰 한 줄기 빛으로 요한계시록을 볼 때 아름답고 영롱한 무지갯빛이 보이고 그 한 큰 빛-줄기는 <주 예수여 오시옵소서>라는 애원입니다.

> **"이것들을 증언하신 이가 이르시되**
> **내가 진실로 속히 오리라 하시거늘**
> **아멘 주 예수여 오시옵소서."**(22장 20절)
> *Αμήν, ἔρχου κύριε Ἰησοῦ.* **(아멘 에르큐 퀴리에 예슈)**

이 말씀이 요한계시록 마지막 계시의 말씀입니다. 주님이 요한계시록을 다 증언(계시)하시고 마지막 하신 결론적 말씀으로 "내가 진실로 속히 오리라" '오시겠다' 고 약속하셨습니다. 이 '오리라' 의 원어 *ἔρχομαι*(에르코마이)는 일반적으로 '오다. 가다.' 로 많이 사용하지만 기도할 때 하나님의 임재나 성령의 임재의 간구 "오소서"로 많이 사용하고 있습니다. 공관복음에서는 예수님의 오심이나 메시아의 오심으로 많이 사용하였습니다. 특히 사도 요한이 쓴 성경에서는 예수님의 오심을 갈망함에 많이 사용되었습니다. 여기에서도 사도는 "오소서" (ἔρχου에르큐) 라고 간구합니다.

그리고 이 단어는 두루마리 계시를 열 때 처음 사용된 단어이기도 합니다.

> 어린양이 일곱 인 중에 하나를 떼시는데
> 그 때에 내가 들으니
> 네 생물 중의 하나가 우렛소리 같이 말하되
> 오라 하기로"(6장 1절)

여기 "오라"라고 하는 단어도 ἔρχου(에르큐) "오라. 또는 오소서."입니다. 그래서 필자는 요한계시록을 이 단어로 풀어 가려 합니다.

이 한 큰 빛-줄기는 ≪주 예수의 다시 오심 παρουσία≫이며, 요한계시록의 총 주제라 하겠습니다.

차례

제 4 편 둘째 기둥 세우기(예수의 2차 오심) 235

^^ 목사님!
30년전에 책 쓰시겠다고
성경을 열심히 보시고 연구하시더니
드디어! 제일 어려운 요한계시록을 발간—.
계시록 설교를 통해 눈이 열고 깨달아져요.
님~ 축하드리며 기대되요.
다른분들도 이책을 통해 눈이 열리고
하나님의 깊은 뜻을 아시길 원합니다.
이영숙 전도사.

목사님!
축하드려용!
책 발간되서 팔리면
인세로 우리에게 한턱! 크게 쏘세엽. ^^

南 권사.

목사님이
할렐루야(?)
이렇게 책 발간을
하셨다는 소리를 듣고
너무 (너무) 감사하시네요.
축하드려요.

목사님 넘 축하드립니다!!
널리널리 퍼트려 드릴게요. ^.^

대박! 입니다!!
계시록의 New 해석으로
말세에 많은 영혼들을
깨우는 책이 되길
소망합니다.
박철홍 목사...

축하드려요
권 권사.

김천기 목사님!
책 출간 진심으로 축하드립니다.

계시록의 새바람
기대가 됩니다.
목사님 축하드립니다.
백은기 올림.

예수그리스도로부터 자유를 ^^^
사탄과 율법으로부터 승리를 ★★
너무나 어렵고 멀게만 느껴졌던
계시록의 바른해석으로
성도들의 능력을 더욱 키우시는
우리 목사님 최고! 최고!
♡—최 은수~♡

「밧모섬의 사도요한! 수지 한동교회 김천기 목사님!!
요한계시록(예수님의 사랑의 편지)을
출판하게 하신 하나님께 감사와
영광을~~
목사님. 기도로 응원합니다 ^^
한동교회 ○도미 엄마♡」

언제까임 목사님
축하 축하드립니다

마지막 시대 성도들을
바르게 가르치고 인도하는
계시록 해석서가 되길
소망하며 축하드립니다
노봉숙 올림.

한결같은 목사님의
말씀 사랑이 결실을
맺으셨습니다. 책 출간 축하드립니다
조순옥 집사

목사님
사랑해요
힘내세요~
-태희 올림-

김천기 목사님
책 출간을
축하드립니다!

목사님
사랑해요
하경

목사님!!
책발간하신거 축하드려요.
힘내세요!!
사랑해요♥
-채민 올림-

좋아요!
참 좋아요!
정말 좋아요!
우리 목사님 최고~
金

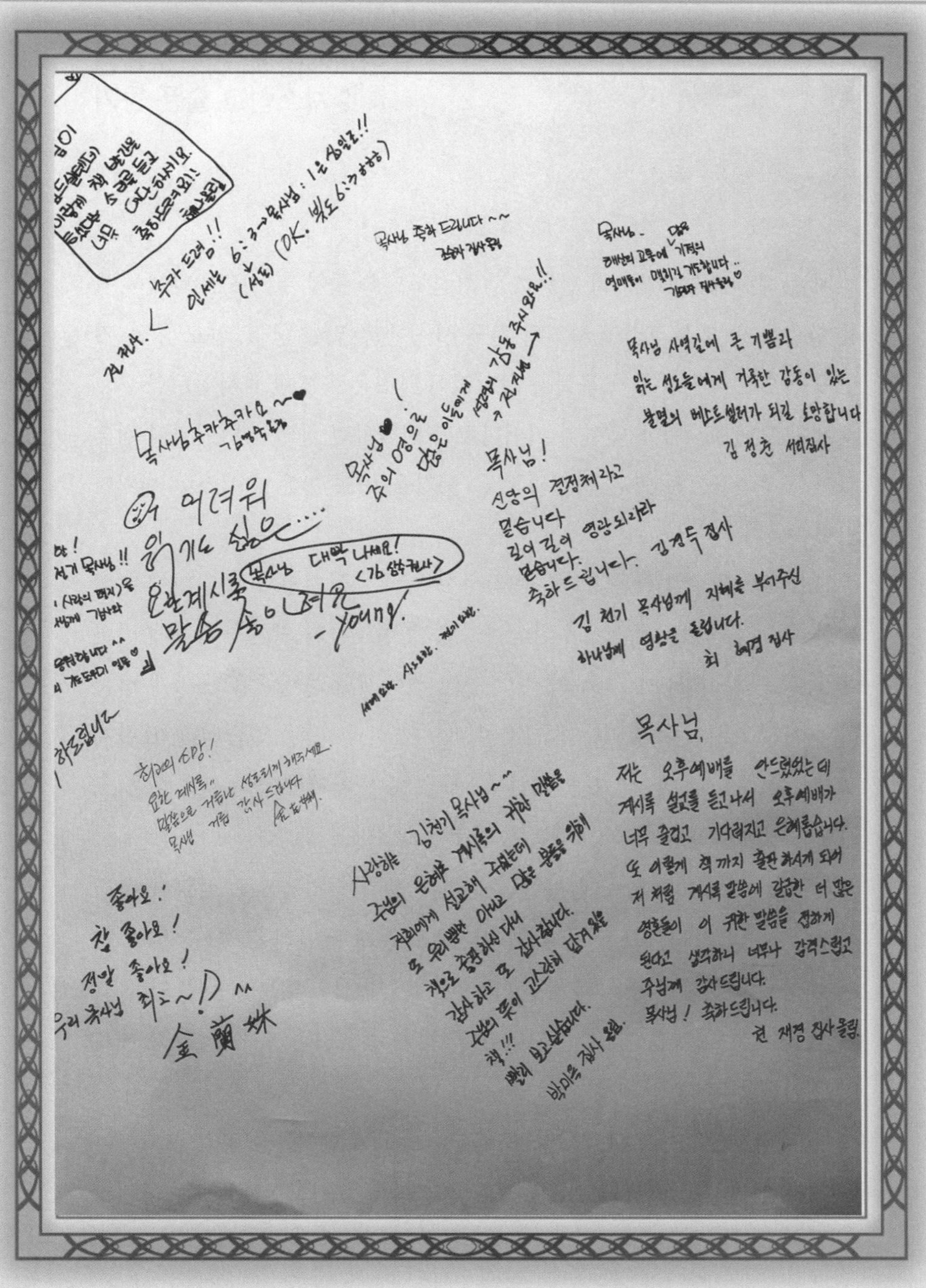
목사님 축하 드립니다~~
목사님 사역길에 큰 기쁨과
읽는 성도들에게 거룩한 감동이 있는
불멸의 베스트셀러가 되길 소망합니다
김 정춘 서리집사
목사님추카추카요~
목사님!
신앙의 결정체라고
믿습니다
길이 길이 영광되리라
믿습니다.
축하드립니다. 김경두 집사
김 천기 목사님께 지혜를 부어주신
하나님께 영광을 돌립니다.
최 혜경 집사
읽기는 쉬운...
요한계시록
목사님 대박나세요!
<김성수권사>
young.
목사님,
저는 오후예배를 안드렸었는데
계시록 설교를 듣고나서 오후예배가
너무 즐겁고 기다려지고 은혜롭습니다.
또 이렇게 책 까지 출판 하시게 되어
저처럼 계시록 말씀에 갈급한 더 많은
영혼들이 이 귀한 말씀을 접하게
된다고 생각하니 너무나 감격스럽고
주님께 감사드립니다.
목사님! 축하드립니다.
권 재경 집사 올림.
사랑하는 김천기 목사님~~
좋아요!
참 좋아요!
정말 좋아요!
우리 목사님 최고~!! ^^
金蘭妹

요한계시록에 집중하게된 수치스럽고 슬픈 동기

저는 대한예수교장로회 합동측 총회신학교를 졸업 후 수도노회에서 목사 안수를 받고 본격적인 사역의 길을 시작한 후 말씀 중심, 설교 중심, 기도 중심으로 40여 년 간 목회를 쉬임없이 달려온 평범한 목사입니다.

제가 요한계시록에 대하여 어렵다고만 인식하던 장벽을 뛰어넘어 집중하여 공부(연구)하게 된 혁명과 같은 생각을 바꿔 놓은 수치스런 계기가 있었습니다.

1981년 5월 2일 한동교회를 개척하고 지금껏 섬기면서 한 강단에서 설교한 횟수가 적어도 2,000회 이상이었고 매 설교마다 최선을 다해 준비하여 강단을 지켜왔다고 자부하지만, 그런 저에게도 울렁증을 느끼게 하는 아주 어려운 부분이 있었는데 그것이 바로 요한계시록이었습니다. 요한계시록을 본문으로 한 설교는 40년 목회 중 10여 차례에 불과했고 내용 또한 1~3장에 관한 부분적인 내용이 전부였습니다.

저 스스로 요한계시록에 관한 충분한 이해가 없었음으로 설교나 성경공부 후 누군가 나에게 질문을 해온다면 어떻게 답변해야 하나? 하는 염려 때문에 요한계시록을 다루는 시간은 저에게 심리적인 많은 부담을 갖게 했습니다. 그러던 어느 날 드디어 올 것이 왔습니다. 어느 성도가 제게 이런 질문을 던져 왔습니다.

"목사님, 신*지는 144,000명만 구원을 받고 또한 신*지 교인이 되어야만 구원을 받는다고 합니다. 144,000명은 무슨 말이고 신*지에 대하여는 어떻게 생각하십니까?"라고 질문을 해왔습니다. 그때 저는 해머로 머리를 한 대 얻어맞은 것 같은 큰 충격에 빠졌습니다.

이유인즉슨 저 스스로 요한계시록에서 말씀하시는 144,000에 대한 정확한 이해와 이론이 정립되어 있지 못한 것과 내가 목양하는 성도들에게 골고루 먹이지 못하고 명확하게 가르치지 못해 이단의 유혹 앞에 속수무책이겠구나 하는 것 때문이었습니다. 무식하고 무책임한 악한 목자임이 부끄럽고 한탄스러웠습니다.

"아~슬픈 날이여! 괴로운 날이여!
주여~ 이 못난 종을 어찌하리이까?
주께서 맡기신 양들을 잘 먹이지 못하고 지키지 못하여
이리와 승냥이에게 내어 줄 뻔 하였으니…
주여~! 회개하오니 이 못난 종을 용서하시고 고쳐 주옵소서!"

요한계시록에 대한 제 마음을 고쳐 먹고 집중 연구를 시작하려 서재에서 주석을 찾아보니 관련 주석은 서너 권뿐이었습니다. 목회 30년이 넘도록 요한계시록에 관심이 없었음이 여실히 드러났으니 통탄스럽기 그지없었습니다.

"이 두루마리 예언의 말씀을 인봉하지 말라"(22:10)고 하셨는데….

그 후 부랴부랴 서점으로 달려가 요한계시록에 관하여 저술한(보수주의 신학자나 목회자) 서적 5권을 구입해 왔습니다.

그런데 문제는 바로 그 때부터 시작되었습니다.

1. 5-6권의 책의 내용 다 각각 다르니 말입니다.

어느 것을 따르면 좋을까? 요한계시록 해석 방법이 다 아시는 사실이지만 4가지로 주장하는 책도 있지만 8가지를 주장하는 분도 있습니다.

(1) 이레니우스(Irenaeus), 저스틴 마터(Justine Martyr)등이 지지한 문자적 해석 방법

(2) 알렉산드리아 학파와 오리겐(Origen), 클레멘트(Clement)등의 영적인 해석 방법

(3) 상징주의적 해석 방법

(4) 역사적(Historicist) 해석 방법

(5) 과거주의적(Preterist) 해석 방법

(6) 미래주의적(Futurist) 해석 방법

(7) 세대주의자들 또는 극단적 미래 주의자들 해석 방법

(8) 무천년적 미래주의적 견해

여기에 '요한계시록을 어떤 책으로 보아야 하는가?' 에서도 의견이 분분합니다.

(1) 예언서로서의 요한계시록

(2) 묵시문학으로서의 요한계시록

(3) 서신으로서의 요한계시록

또, 요한계시록을 어떻게 읽어야 하는가? 라는 주제에서는

(1) 교회 중심적

(2) 구원역사 중심적

(3) 상징 중심적

여기에 또 계시의 중복적이다 아니다 점진적이다, 또는 진보적이라고도 합니다.

저는 예전에 신학교에서 배우고 외워서 알았지만 잊어버리고 다시 새롭게 느꼈습니다. 신학을 하고 목회를 30여 년 한 나에게도 이렇게 복잡하고 난해한 성경을 이제 예수 믿는 사람들에게 어떻게 해석해야 하는지

너무 난감한 일이었습니다. 어떻게 설교를 해야 하는지 생각이 너무 복잡했습니다.

그러나 하나님은 이렇게 복잡하고 난해하게 하지 않으셨을 텐데 하는 생각입니다.

2. 다음 문제는 적그리스도가 누구인가 찾는 일입니다.

적을 알고 싸워야 이긴다는데 우리의 대적은 모호합니다. 시대마다 변해 갑니다. 특히 666은 무엇을 상징하는가? 누구인가? 하는 문제는 더욱 복잡합니다.

(1) 초대교회는 로마의 황제라고 했습니다.

(2) 중세시대 개혁파들은 로마가톨릭의 교황이라고 했고 가톨릭은 개혁자 칼뱅과 루터라고도 했습니다.

(3) 세계가 두 진영, 공산주의와 민주주의로 양분되었을 때는 공산주의라고 했습니다.

(4) 대한민국에서는 신용카드가 처음 나올 때 신용카드가 666이라고 반대도 했습니다.

(5) 또 얼마 전에는 바코드가 나오자 바코드라고도 했습니다.

(6) 최근에는 베르칩이라고도 합니다.

(7) 여기에 세계 최대 교회 한국의 유명한 목사님은 유럽공동체 EC의 초대 대통령이 적그리스도라고 외쳤습니다.

그러므로 한국 교회는 한때는 적그리스도 '신용카드 발급을 저지하자.' 하고 열심히 싸우다 보니 이번에는 '바코드 사탄을 박멸하자.' 로 바뀌었습니다. 최근에는 '베르칩 시술을 거부합시다.' 라고 외칩니다. 그러니 언제 우리의 적이 바뀔지 모릅니다. 이러다 보니 싸우다(설교하다가) 정신 차려 보면 적그리스도 사탄은 벌써 다른 것으로 바뀌었으니 얼마나 허탈

감에 맥 빠지는지 모릅니다.

(8) 요즘은 아예 신*지가 날뛰든지, 이*희가 교회를 유린해도 요한계시록에 대하여 관심이 없습니다.

나는 막막했습니다.

3. 요한계시록 용어 해석이 너무 힘들었습니다.

"그(예수)의 입에서 좌우에 날선 검이 나오고…?"(왜 검을 가진 자는 검으로 망한다고 하신 예수님의 입에서 나온다니 몇 개가 나오나? 한 자루가 계속 나오나?)

"그(힘센 천사)의 발은 불기둥 같고(?)"

"오른발은 바다를 밟고(?)왼발은 땅을 밟고(?)"

"불 붙는 큰 산과 같은 것(?)이 바다에 던져지매…"

"횃불같이 타는 큰 별(?)이 하늘에서 떨어져"

이런 용어 해석이 너무 힘들어 해석 책을 살펴보았습니다. 요한계시록 해석이나 주석 책마다 제각각이니 어찌하면 좋습니까? 한국 교회만이 아닌 세계 교회가 너무 골 아픈 현실입니다.

4. 요한계시록 내용을 어떻게 분류를 해야 하는지 어려웠습니다.

6장부터 나오는 일곱 인 떼기의 내용이 어디까지인지?

일곱 인 떼기 안에 일곱 나팔을 포함해야 하는지 말아야 할지 이것도 세계 교회와 신학계는 정립이 안 된 상태입니다.

그러니 목회자인 저로서는 당장 다음 수요 예배에서 설교를 해야 하는데 어떻게 해야 합니까? 진퇴양난에 처하였습니다. 요한계시록 강해를 이대로 계속할 것인가? 중단하고 포기해야 할 것인가? 계속한다면 목회자인 나도 확신 못하면서 어떻게 성도들에게 전할 수 있겠습니까?

그럼 여기서 요한계시록 강해를 그만둔다면 목사의 체면은 짓밟혀도 괜찮지만 신*지가 요한계시록을 인터넷에 도배를 하고 개개인 파고들며 유혹하고 있는데 우리 성도들은 어떻게? 누가? 보호하고 지킬 수 있겠습니까?

아찔했습니다. 잠이 오질 않았습니다. 심령으로 몸부림쳤습니다. 가련한 성도들! 보호 능력 없는 목자! 한국에서 최고 보수 장자 교단이라는 대한예수교장로회 합동측이며 말씀 중심이란 총신 출신 목사가 이 지경이면(교만하지만) 그외 군소 교단 신학교 출신 목회자들과 군소 교단 소속 교회 성도들은 신*지에 그대로 노출되어 하루 사이에 몇 십 명씩, 몇 백 명씩(신*지 통계), 미혹 당하여 끌려가도 속수무책인 기성 교회들을 생각하니 가슴이 미어지는 고통이 일어났습니다.

5. 그때 내 머리에 한 줄기 스쳐 가는 생각이 있었습니다.

'초대교회 사도들이나 성도들이 지금의 목회자들과 성도들보다 더 신학적 지식과 상식이 풍부했을까? 신약 교회 1세대들은 하늘나라로 거의 다 가고 남은 성도들은 성경책이 없어 한 교회에 두루마리 성경책 한 권이나 또는 해설집 한두 권이라도 있었을까? 내 서재에 진열되어 있는 성경에 관한 책들보다 더 많지 않았을 것이다. 그런 때 그들은 이 요한계시록을 어떻게 이해했을까?'

여기까지 생각을 하고 난 후에 내 생각은 이런 성도들에게 하나님은 왜, 이 난해한 요한계시록을 계시하셨을까? 어떻게 이해하라고 어떻게 말씀 순종하라고 하나님은 무지한 성도들(지금 나 같은 사람)에게 이해 못할 계시를 주셨는가? 만일 그렇다면 전지하신 하나님이 아니라 '하나님이 바보다.' 아무도 모르게 암호를 주고 보물섬을 찾아가라는 명령과 같은 것이 아닌가?

여기까지 생각한 내 마음속에서 일어나는 믿음은 '우리 하나님은 지혜로우신 아버지이시다. 그 지혜로우신 아버지는 분명히 쉽게, 그것도 아주 쉽게, 그의 자녀들에게는 계시하셨을 것이다.' 라는 것이었습니다.

그러므로 1장 3절에 '이 예언의 말씀을 읽는 자(깨닫는 자/ 해독하는 자가 아니고)가 복이 있다.' 라고 하셨습니다. '그래, 성경만 읽어도 복있다고 하셨으니 성경을 먼저 읽자.' 모르면 모르는 대로, 이해가 안되면 안되는 대로 읽기로 했습니다. '이제 다른 해석 책 없이 그 시대 그 성도들의 심정으로 읽어보자. 그 시대 성도들이 가진 책은 몇 권의 성경 두루마리뿐이요, 사도들이 써 준 편지들이요, 그들이 맞닥뜨린 것은 환난의 신앙 환경뿐이었을 것이다. 그리고 "보혜사 곧 아버지께서 내 이름으로 보내실 성령 그가 너희에게 모든 것을 가르치고 내가 너희에게 말한 모든 것을 생각나게 하리라"(요14:26)고 말씀하신 대로 성령 하나님의 가르치심뿐이었을 것이다. 그렇다면 나도 그 시대 성도의 심정으로 요한계시록을 읽어보자. 어렵게 해석한 주석에서 벗어나서, 기독교 역사 2000년 지나오면서 생긴 학설과 학파를 벗어나서 순수한 요한계시록만 이해될 때까지 읽고 또 읽어보자.' 고 다짐했습니다.

하나님이 주신 계시는 겨우 22장 404절 29쪽뿐인데 여기에서 파생된 책은 어떻게 그렇게 많은지 그 책들이 준 기초 지식이 하나님의 말씀인 순수한 계시록을 더욱 혼탁하게 만들고 있다는 생각을 가졌습니다. 만일 신약학 박사학위를 받고 요한계시록을 연구하신 분이 잘못 해석하거나 책을 썼다면 그분에게 사사 받고 그 책을 읽은 신학도와 목회자들 모두 해석이 잘못될 수도 있을 것이란 우려입니다.

우리는 무조건 요한계시록부터 읽지 않았고 설교 듣고 읽었고(어릴 적부터일 수도 있고) 강의 듣고 읽었기에 선입관에서 출발한 요한계시록이 된 것입니다. 우리도 선입관이 된 그 강의가 기준이 되어 해석하고 설교했던 것입니다.(다른 사람은 몰라도 나는 그렇게 했습니다.) 그렇게 기독교 역사는 이어져 오늘날에 이르렀을지도 모른다는 생각으로 하나님이 주신 계시, 순수한 요한계시록을 읽기 시작했습니다. '유명한 신학자의 말과 글을 버리고, 현세 기독교계에 논쟁이 되는 말세론도 재림론도 내 마음속, 내 머리에서 버리고 순수한 계시만 읽자. 신학의 조류도 따르지 말고 이단이라고 하더라도 요한계시록 하나님 말씀 속에서 하나님이 주신 계시를 새롭게 발견하자.' 라고 생각하고 성경을 읽기 시작하였습니다.

6. 읽으며 부딪치는 어려움은 한두 가지가 아니었습니다.

그럴 때마다 나는 "왜?"라는 의문을 계속 제시하며 요한계시록에서 해답을 찾으려고 애를 썼습니다.

'왜?' 란 의문 하나를 해결하기 위하여 요한계시록 1장-22장까지를 읽고 또 읽었습니다.

'왜? 하나님은 이 용어를 쓰셨을까?'

'왜? 예수님을 여기에서는 어린양이라고 호칭하여 계시하셨을까?'

'왜? 일곱 금 촛대 사이에서 발에 끌리는 옷을 입은 인자 같은 이의 입에서 좌우에 날선 검이 나오는 것을 계시로 보여주셨을까?' 그런데 왜? 하필 칼입니까? 그 당시 전쟁에 쓰인 무기는 칼이었습니다. 지금 총과 원자탄, 탄도 미사일 같은 무기를 사용하는 사람들에게는 이해가 가겠습니까? 백마 타신 왕 중의 왕의 주 무기는 오직 칼이란 말입니다. 그 분의 입에서 나오는 무기는 말씀이란 말입니다.

기독교의 무기는 오직 말씀뿐입니다. 그분의 입에서 나오는 말씀만이 무기라는 것을 기독교가 알았으면 십자군 전쟁을 하지 않았을 것입니다. 그리고 우리의 대적은 총과 칼을 가지고 대적해 온다 해도 우리는 오직 주의 말씀만으로 싸워야 할 것입니다. 그 왕 중의 왕이신 메시야는 최후의 전쟁(사람들은 세계 3차 대전/ 아마겟돈 전쟁이라고도 함) 때 사람들이 쓰는 무기 총과 칼, 탄도 미사일로 치루실 것이라고 믿어야 하겠습니까? 그리고 그분이 그 칼과 폭탄으로 수억의 인구를 죽이시면 무슨 유익이 있을까요? 깊이 생각해 볼 문제입니다.

그 입에서 나오는 말씀이 무기입니다. 그 무기인 말씀을 하나님은 두루마리에 기록하셨습니다.

그런데 왜? 하나님은 그 두루마리를 봉인하셨을까?

그렇게 중요한 말씀을 지금까지 봉인하셨다가

왜? 이제 봉인을 떼실 분을 찾으셨을까?

그리고 그 봉인 뗄 이가 없어서 얼마나 안타까워 슬퍼서 울었을까?

왜? 울었을까?

그것을 펼치지 못하는 것이 그렇게도 슬픈 일이었는가?

그러면 그 내용은 무엇일까?

얼마나 소중한 내용일까?

사도 요한에게 소중한 책일까?

우리 성도들에게 소중한 내용일까?

그 내용이 요한 계시록 어디부터 어디까지일까?

그리고 10장에 힘센 천사가 오른손에 들고 있던 그 두루마리와는 어떤 관계일까?

그런데 10장에서 그 두루마리를 왜? 먹으라고 했을까?

저는 이렇게 꼬리에 꼬리를 무는 질문을 하면서 그 문제를 해결하기 위해 요한계시록을 또 읽고 읽었습니다. 그리고 선입관을 버리고, 신학자의 말보다는 성경 중심으로 찾으려고 애를 썼습니다. 세상 중심이 아니라 성도 중심에서 답을 찾으려고 했습니다. 왜냐하면 요한계시록은 성도와 요한계시록의 관계를 이렇게 계시하셨기 때문입니다.

"보좌 가운데 계신 어린양이
그들(144,000명)의 목자가 되사
생명수 샘(성경말씀샘)으로 인도하시고"(7:17)
"이 사람들(어린양과 함께 시온산에 서 있는 144,000명)
어린양이 어디로 인도하든지 따라가는 자들이며"(14:4)
"그(예수의 신부인 144,000명)에게
빛나고 깨끗한 세마포 옷을 입도록 허락하셨으니
이 세마포 옷은 성도들의 옳은(바른 판단) 행실(바른길로 따라온/ 예수의 말씀만을 믿고 따라온 그 판단과 행동)이라"(19:8)

그들은 이 말씀대로 따르기 위하여 "하나님의 말씀 때문에 목베임을 당한 자들"(20:4)이 되었습니다. 순교하기까지 이 말씀을 지켰습니다. 이들에게 하나님의 말씀은 자기 생명보다 더 소중하였다는 것입니다. 그리고 우리의 최후의 심판은 하나님의 말씀대로 살았는가? 살지 않았는가? 라는 기준이 될 것입니다.

"자기 행위에 따라 책들에 기록된 대로 심판을 받고"(20:12)

그러므로 결국 최후의 승리는 말씀입니다. 주님의 입에서 나온 좌우에 날선 검이 최대의 무기라는 것을 알았습니다. "주님의 입에서는 원자탄이 나옵니다. 성경은 주님의 입에서 나온 원자탄입니다."(살후 2:8)

제가 요한계시록을 푼 열쇠는 "왜?"(why)라는 의문사입니다. 어떤 이들은 제가 요한계시록을 해석하는 것은 40일 금식기도를 4번씩이나 했기 때문이 아니냐? 라고 질문하는 분도 있습니다. 그러나 저는 분명하게 말씀드리지만 모르면 성경 읽고 묵상하고 기도했지만 기도 중에 환상을 보았다든가 계시를 받은 것은 절대로 아닙니다.

제가 마지막 네 번째 40일 금식기도 한 것은 2012년 가을입니다. 그리고 제가 요한계시록을 처음 강해한 것은 2013년 여름입니다. 그 여름까지도 저는 요한계시록에 관심이 없었습니다. 그 여름에 충격적인 일을 당하고 그후부터 순수한 마음으로 요한계시록을 읽고 또 읽었고 모르면 왜?가 풀릴 때까지 읽고 묵상하고 기도했습니다.

그렇게 고민하다가 말씀이 풀릴 때는 "마치 밭에 감추인 보화를 발견한 사람처럼 기뻐하며 돌아가서 자기 소유를 다 팔아 그 밭을 샀다."라는 주님의 비유처럼 그 기쁨은 말로 다 형언할 수 없었습니다.

필자가 해결을 하고 난 후부터 요한계시록의 난해한 구절과 용어들이 이해가 되고 뻥- 뚫렸습니다. 할렐루야!

이 해석 방법으로 해석할 때 1장에서부터 22장까지의 계시들이 살아 움직입니다. 처음부터 끝까지 퍼즐을 맞추듯이 해석이 됩니다. 요한계시록의 말씀들이 마치 '마른 뼈들이 이 뼈, 저 뼈가 들어 맞아 뼈들이 서로 연결되었고, 그 뼈에 힘이 생기고, 살이 오르며, 그 위에 가죽이 덮이고, 그 속에 여호와께서 생기를 불어넣어 주시니' (겔37:7) 그 말씀 한 단어, 한 문장이 살아나고 큰 군대의 감동이 오는 느낌입니다.

이 발견으로 요한계시록이 신구약 66권의 성경의 결론임을 알게 되었습니다. 그리고 66권 성경의 하나님 뜻이 하나로 통일되어 흐르는 것을 발견하게 되었습니다. 참으로 놀라운 발견입니다.

그리고 이 문제의 해답을 얻고 난 후에 우리 하나님이 자기의 백성들에게까지 진노와 재앙을 내리시는 신(神)이란 오명을 회복할 수 있게 되었습니다. 이 발견이 내게는 요한계시록의 해석의 지축을 흔들었습니다. 이 발견이 내게는 어둡던 요한계시록의 빛이 영화로운 하나님의 빛으로 변했습니다. 읽는 기쁨이 생겼습니다. 어렵다는 생각이 아니라 너무 자상하고 정확한 하나님의 지혜를 보고 찬송이 저절로 나옵니다. 전하고 외치고 싶습니다. 이렇게 기쁜 복음이 숨겨져 있음을 알게 되었습니다. 이단들의 놀이터로 변하고 이단들의 아지트로 변한 요한계시록이 이제는 하나님의 아름다운 나라의 정원이 되었습니다. 요한계시록에서 예수 구원의 복음 시작이요 완성이요 하나님 나라의 승리를 보았습니다.

이책을 읽는 독자들에게도
제가 발견한 요한계시록 안의
크고 놀라운 하나님의 비밀의 언어가
동일하게 발견되길 축복합니다!

들어가는 마음

요한계시록을
다시 손에 잡으며 주님께 여쭙다

주님은 이 땅에 오셔서 33년간 사시다가 하나님의 나라로 가셨습니다. 가시면서 우리에게 하신 말씀이 있습니다.

> "내가 너희를 위하여 거처를 예비하러 가노니
> 가서 너희를 위하여 거처를 예비하면
> 내가 다시 와서(παρουσία 재림)
> 너희를 내게로 영접하여
> 나 있는 곳에 너희도 있게 하리라"(요14:2.3)

우리는 주님의 말씀을 믿습니다. 그 말씀대로 이루실 것을 믿습니다. 그런데 그 말씀을 하시고 가신 지가 벌써 2000년이나 지나지 않았습니까? 만약 사랑하는 남자가 먼 나라로 유학을 갔다고 한다면 간 후에 아무 연락도 없이 1년, 10년 기다리고 있는데 기다리는 여인은 어떤 생각을 하고 어떻게 처신할 것 같습니까? 그 동안 기다려 온 교회도 어떤 생각을 해야 할 것인가요? 우리는 언제까지 기다려야 하는 것인가요? 또는 우리가 다른 이를 기다리고 다른 신을 따라야 하는가요? 우리는 지금 내쳐진 존재같이 여겨집니다. 그리고 만약에 교회와 성도가 주님과의 연결성이나 재림의 기대감이 없다면 교회는 지금 어떤 존재로 전락할 것 같습니까? 매우 심각한 상황에 직면하게 될 것입니다.

그리고 지금까지 성장하고 발전한 교회가 어떤 의미가 있겠습니까? 오직 우리의 희망은 주님이 다시 오신다는 것입니다. 주님이 다시 오시지 아니하신다면 우리의 믿음들은 무너질 것입니다. 그리고 지금까지 성도들은 주님이 주신 이 비전으로 생명까지 버려가며 신앙을 지켜 왔습니다. 성도와 교회가 버틴 힘은 어디에 있을까요? 그것은 주님이 다시 오시고 주의 나라를 만드신다는 꿈에 있습니다.

우리는 주께서 주신 미래의 그 희망을 어디에서 찾아 확신해야 합니까?

주님이 가시고 난 후 우리에게 유일하게 주신 계시가 요한계시록입니다. 성도들은 이 성경 요한계시록을 통하여 우리의 미래를 깊이 생각하고 행동해야 할 것입니다. 주님은 이 요한계시록을 통하여 우리가 어떻게 기다리고, 어떻게 살아야 하고, 어떤 마음가짐을 가져야 하는지에 대하여 기록하셨습니다. 우리들의 미래가 기록된 성경이 요한계시록입니다.

이 요한계시록에서 주님은 우리에게 무엇을 말씀하셨습니까? 깊이 연구하고 이해하고 믿고 기다려야 합니다. 우리는 어떤 마음가짐으로 주님을 기다려야 하는지? 그래서 필자는 주님께 질문을 했습니다. 이 질문에 대한 주님의 답변은 요한계시록에서 찾아야 한다고 생각하면서 말입니다. 그래서 필자는 요한계시록을 읽거나 연구하거나 설교할 때에 이 마음으로 시작합니다.

1. 첫 번째 질문은
"주님, 요한계시록 안에서 성도는 주님에게 어떤 존재입니까?"

주님은 성도를 누구라고 생각하십니까? 라는 질문입니다. 이 질문은 우리의 존재감입니다. 우리가 주님에게 이웃집 아저씨나 아줌마 정도라면 우리는 생명을 바쳐 가면서 기다릴 필요가 없기 때문입니다. 이웃집 사람들이라면 우리는 그분들이 옆에 사시다가 이사를 가셨구나, 언제 시간 나면 들려 볼게요, 혹은 그 근방 지나가면 한 번 들릴게요, 그렇지 않음 언제 한 번 놀러 와요, 이 정도 인사가 당연할 것입니다.

"주님, 난 당신에게 누굽니까?"

이 질문에 대하여 주님은 주저함 없이 이렇게 대답하셨습니다.

> "우리가 즐거워하고 크게 기뻐하며 그에게 영광을 돌리세
> 어린 양의 혼인 기약이 이르렀고
> 그의 아내가 자신을 준비하였으므로
> 그에게 빛나고 깨끗한 세마포 웨딩드레스를 입도록 허락하셨으니"
> (19 : 7-8)

주님은 성도들을 나의 신부라고 대답하셨습니다. 나를 자기의 신부로 칭한 것은 상징적인 언어로서 나의 사랑하는 사람이란 말씀입니다. 이 세상에서 가장 귀한 사람. 나의 제일 귀한 것까지 아낌없이 주고 싶은 사람이요, 영원히 함께 살고 싶은 여인이란 말입니다. 나는 그에게서 기쁨이 솟아나고 내 행복의 꿈을 꾸는 나의 운명이란 여인이란 말입니다.

그런 사랑하는 여인과 정혼하고 멀리 아버지 집에 가서 신혼집을 준비하고(요14:1-3) 계신 신랑이 되신다는 것입니다. 신랑은 세상에 두고 간 신부가 보고 싶고, 사랑을 속삭이며 함께 살고 싶은 것이 신랑 되신 주님의 심정이라는 의미입니다. 주님은 하루속히 데리러 가고 싶은데 아버지의 때(허락)가(행1:7) 안 되었으므로 아버지께서 때가 되면 허락을 하실 것이고 허락을 받으면 단 걸음에 오실 것입니다. 그동안 아직 때가 되지 않아서 허락을 받지 못해 안절부절 기다리며 사랑하며 보낸 편지가(2장, 3장) 요한계시록입니다. 이 편지의 내용은 사랑입니다(3:9. 내가 너를 사랑하는 줄 알게 하리라). 사랑한다. 너희도 사랑 변하지 말고 날 기다리라(14:12)

는 애절한 편지입니다. 그러므로 요한계시록은 정혼한 신랑이 신부에게 보낸 Love Letter입니다.

2. 나의 두 번째 질문은
"창조주 하나님이시여!
요한계시록 안에서 나는 당신에게 어떤 존재입니까?"

이런 질문은 불신앙에서 나온 질문이 아니라 내가 당신의 아들이라면 이단들이 날뛰고 가짜 예수들이 미혹하고 박해가 심각하여 견뎌내기가 힘들고 교회는 세속화 되어 점점 타락하므로 나까지도 침몰해 가는데 왜? 나를 구출하라고 구세주를 보내시지 않습니까? 하는 하소연입니다. 아버지는 요한계시록을 통하여 나를 설득하려고 다음과 같이 상황을 설명하셨습니다.

'사실 내가 창조한 영이 교만하여 나를 대적하고 역모(coup-d' Etat)를 하여 하늘에 전쟁이 있었다.(12:7) 그 전쟁에서 그것들이 패하고 여기 하늘에 쫓겨나 갈 곳이 없으니 너희 사는 광야로 도망쳤구나. 그것들이 너희가 내 아들임을 알고 내 마음을 괴롭게 하고 있구나.(12:12) 너희를 박해(12:13)하고 내 교회를 침몰시키려 하고(13:15) 너희를 멸하려고 군사를 모으고(12:17) 너를 미혹하려고 가짜 그리스도를 만들어 세워 놓고(13장) 그 가짜가 자기가 메시아 만왕의 왕이라고 열 개의 왕관을 쓰고 힘이 있다고 과시하려고 열 뿔을 달고 나와 너희를 유혹하는구나. 그러나 그것은 표범 같은 짐승이요 곰과 사자 같은 짐승이다. 조심해라. 속지 마라. 그것들은 에덴동산에서 너희를 속이고 망친 뱀이다. 그것들이 교만하여 창조주 하나님이라고 속이고 경배하고 섬기라고 하는 구나.(13:14-15) 심지어 자기를 섬기지 아니하면 먹을 것, 입을 것, 쓸 것 구입하지도 못하게 핍박을 하고 있구나. 그 짐승 같은 놈들이 어떤 놈들인지 아느냐 주동자가 세 놈이다. 육백이란 가짜 창조주 사탄 마귀와 육십이란 가짜 그리스도와 육이란 거짓 선지자들인데 자기들을 따르지 않는다고 너희를 죽이기도 할 것이다. 그러나 두려워하지 말고 참고 이기라.(2:7. 11. 17. 26. 3:5. 12. 21. 21:7. 5:5. 17:14. 요16:33)' 고 격려하셨습니다.

우리는 이 상황을 바로 알고 내 존재가치를 파악하여야 할 것입니다. 사탄은 시시때때로 우리에게 너희 보호자가 어디 있느냐? 너희 구세주가 언제 오겠느냐? 너희는 버림 받은 자녀들이라고 유혹합니다. 그러나 우리는 확신해야 합니다. 우리는 주님의 말씀으로 확신을 합니다.

"일곱째 천사가 소리 내는 날 그의 나팔을 불려고 할 때에
하나님이 그의 종 선지자들에게 전하신 복음과 같이
하나님의 그 비밀이 이루어지리라" (10:7)

하나님께서 이렇게 우리에게 대답하셨습니다. 조금만 참고 기다리라고, 일곱째 천사가 나팔 부는 날에 너희 구출이 이루어지리라고 말씀하셨습니다. 그러므로 요한계시록은 아버지가 악당들에게 인질로 잡혀 있는 자기 자녀 구출 작전 프로그램입니다.

3. 나의 세 번째 질문은

"나의 사랑, 내 주님, 언제 오시렵니까?"
"나의 아버지여, 언제 내 구세주를 보내 날 구출해 주시겠습니까?"

이 질문에 하나님은 요한계시록 1장 1절에서

"하나님이 그(구원자 메시아)에게 주사

반드시(이행하겠다.) 속히(실행하겠다.) 일어날 일들을….

그리고 또 4장 1절에서

"이 일을 (신랑으로서 신부에게)마땅히,

(아버지로서 아들에게) 마땅히 할(의무) 일이니 하겠다."

하나님은 대답하셨습니다. "이 일을 이루기 위한 내 작전은 이렇다. 앞으로 일어날 일을 보여 주마"(계시. *ἀποκάλυψις*"/아포칼립시스) 하시고 요한에게 보여 주시고 명령하셨습니다.

"너는 네가 본 것과 지금 있는 일과 장차 될 일을 기록하라"

그래서 요한은 기록하였고 그 기록을 우리에게 전해 준 내용이 이 요한계시록에 있습니다. 요한계시록은 반드시 일어날 일들의 기록이 있는 책입니다. 거짓이 없습니다. 속히 일어날 일들입니다. 지금도 이 기록대로 일어나고 있습니다. 요한계시록은 신앙현장에서 교과서(textbook)입니다.

그런데 성도들이여, 왜? 안 읽습니까?

목사님들이여, 왜? 설교를 안 하십니까?

왜들 요한계시록 설교만 하면 이단처럼 느끼십니까?

왜? 요한계시록을 버리십니까?

필자도 요한계시록을 경원시했음을 시인합니다.

"단어부터 내용까지 어려워서라고. 어려워서 관심을 갖지 않음으로 내가 몰라도 너무 몰라서라고, 심지어 신*지 같은 집단이 내가 지켜야 할 양들을 유린해 가도 대항할 만한 힘이 없었습니다."라고 고백합니다.

그런데 이제 필자는 분명히 큰 소리로 외칠 수 있습니다.

"너무 쉽습니다."

요한계시록이 어려운 것은 부부만이 통하는 은어와 같기 때문에 부부가 아닌 다른 사람들은 그 은어를 알 수 없어 어렵다고 하는 것입니다. 요한계시록은 주님과 우리만이 통하는 메타포이기 때문입니다.

부부가 아닌 사람은 '도대체 무슨 말인지?' 모르게 계시하셨기 때문입니다. 부부만이 통하는 제스처가 있듯이 사랑하는 주님과 나만이 통하는 상징적 표현들로 계시하였으므로 주님과 친밀할 때 요한계시록은 쉽게 풀립니다. 친밀한 사이는 서로의 눈빛만 보아도 그 마음이 무엇인지 압니다. 사랑하는 어머니는 등교하는 아들이 문 앞에서 뒤만 돌아보아도 그 마음을 읽습니다.

우리가 요한계시록의 상징들을 더 자세히 알기 위해서는 더 친밀하고 더 자주 주님을 만나는 소통이 필요합니다. 그런데 우리는 요한계시록을 읽기 전에 먼저 주님께 불평들을 털어놓고 있습니다. '이렇게 계시하시면 어떻게 알아먹겠습니까?' 라고 불평합니다. 그러나 만약에 쉽게 모두가 알기 쉽게 적들까지도 알기 쉽게 계시하셨다면 어떤 일이 일어날 것 같습니까? 하나님이 악당들에게 사로잡혀 있는 자기 아들을 구출하시려는 작전 계획들이 고스란히 적들의 손에 들어가고 노출되고 말 것입니다. 노출방지를 위해 지금까지 봉인해 놓으셨던 것이며 주님의 손으로 그 봉인을 제거하도록 하셨습니다. 그리고 바울 사도는 이렇게 이 작전에 대한 비밀을 데살로니가전서 5장 1-10절까지 어둠의 자식들에게는 주의 재림이 도적같이 이르지만 빛의 자녀들은 깨어 기다리다가 그리스도 오실 때 할렐루야로 맞이하게 될 것이라고 하셨습니다.

> "그들이 평안하다 안전하다 할 그 때에
> 임신한 여자에게 해산의 고통이 이름과 같이
> 멸망이 갑자기 그들에게 이르리니
> 결코 피하지 못하리라"

"형제들아
우리는 다른 이들과 같이 자지 말고
오직 깨어 정신을 차릴지라" (벧전 5:3. 6)

그러므로 요한계시록은 하나님께서 반드시, 속히, 일어날 일들(1:1)/ 이후에, 마땅히, 일어날 일들(4:1)에 대한 비밀 작전 계시입니다.

4. 나의 넷째 질문은
"주님, 왜? 이단들은 요한계시록을 좋아하고 성도들은 싫어하는 것입니까?"

필자는 인터넷을 들춰보고 놀랐습니다. 검색어 '요한계시록' '새 하늘 새 땅' '신*지' '144,000명'을 치기만 하면 그 느낌은 그것들이 다 장악을 했구나, 하는 놀라움입니다. 요한계시록이 이단이나 신*지의 전리품처럼 다 장악하고 짓밟고 있습니다. 그들은 요한계시록을 자기의 기호에 짜 맞춰서 도배를 했습니다. 그들은 횡설수설하며 좋은 교회와 성도들을 유혹합니다. 사실 요한계시록은 사탄의 세력들 즉 마귀, 가짜 그리스도 혹은 적그리스도, 거짓 선지자들의 정체와 비밀 전략을 폭로하신 계시입니다. 그런데 그런 계시를 왜 이단들이 좋아하고 장악하는가? 자기들 정체를 폭로하는 계시인데 왜 장악하려고 하는가? 그 이유는 분명합니다.

1) 주께서 주신 계시를 혼란스럽게 하기 위해서입니다.

사탄이 요한계시록을 혼란스럽게, 어렵게 할수록 성도들은 읽기를 싫어하고 목회자들은 가르치지 않으려고 할 것입니다. 가르치지 못하게 하려는 것이 그들의 작전입니다. 참 좋은 교회가 읽고 가르치면 자기들의 정체가 다 드러나게 될 것이요. 자기들이 주장하는 요한계시록의 왜곡된 것이 백일하에 드러나게 될 것이 뻔~하기 때문에 성경을 공산당같이 읽지 못하게 하고 설교하지 못하게 하는 짓과 다를바 없습니다. 목회자들이 열심히 가르치면 자기들이 이단임이 드러나기 때문에 심지어 바른 목회자가 요한계시록을 설교하고 열심히 가르치면 이단처럼 보이게 만들어 놓았습니다.

2) 자기들의 거짓 정체를 감언이설로 감추기 위해서입니다.

정통 교회 사역자들이 인터넷이나 세미나를 통하여 요한계시록을 강의하면 악성 댓글로 도배하여 진실을 묻어버리려고 달려듭니다. 진실을 덮어버리고 가짜로 해석하여 요한계시록의 본질을 오해하게 만듭니다. 그렇게 요한계시록을 이단들이 자기들 목적 달성의 도구로 사용하고 있습니다.

3) 요한계시록의 용어를 이용하여 진짜처럼 포장하기 위해서입니다.

요한계시록에 144,000명이란 의미는 어린양 예수 그리스도를 따르는 자들에게 '너는 내 것이다.' 라고 지정한 "어린양의 것"임을 확인하는 도장을 찍어 보장받은 성도들의 상징적인 숫자입니다. 구원의 언약을 받은 성도의 수는 곧 구약 12지파×신약 12사도=신약, 구약 전체 구원받을 성도들의 상징적 숫자란 의미입니다. 그런데 신*지는 어린 성도들을 미혹하여 말합니다. '신*지에 144,000명이 채워지는 날 세상 종말이 온다.' 라고 감언이설로 유혹합니다.

또 요한계시록에 '이긴 자' 는 예수 그리스도 어린양이신 것이 분명합니다.(5:5) 그런데 신*지는 이*희가 이긴 자라고 거짓말로 미혹합니다. 마치 요한계시록을 자기들 전리품인 양 자기들을 위한 계시로 변질시켰습니다. 그러나 요한계시록은 정혼한 신랑이 신부를 위하여 처소를 예비하려 가신 후 사랑스런 신부가 보고 싶고, 위로하고 싶고, 격려하려고 쓴 사랑의 편지입니다.

요한계시록은 이단들에게 보낸 편지가 아니라 어린양이 신부들에게 보낸 편지입니다. 이들을 위한 편지, 이들에게 주시는 위로의 편지입니다. 이 편지의 내용의 핵심은 "신랑이 신부를 데리러 오는 날/ 예수 재림"입니다. 요한계시록의 핵심은 심판, 진노, 재앙이 아니라 '재림하시는 그리스도'입니다. 신랑 되신 그리스도께서 자기 신부에게 내가 언제 가겠다는 약속의 편지가 요한계시록입니다. 그래서 요한계시록은 재림의 비밀로 계시하신 예언서입니다.

그런데

왜? 요한계시록을 경원시합니까?

왜? 요한계시록을 열심히 전하는 이들을 이단처럼 생각들 하십니까?

주님을 사모하고 기다리는 동역자들이여

요한계시록을 강단에 올립시다.

주의 재림을 외칩시다.

성도들이 신*지의 미혹에 빠지지 않게 하는 비결은 요한계시록을 바로 가르치는 것입니다. 할렐루야 아멘.

5. 나의 다섯 번째 질문은

"주님!

백마 탄 만왕의 왕으로 오셔서 최후의 전쟁을 하실 것입니까?

그리고

그 때 우리도 주의 군사 되어 주와 함께 싸워야 합니까?"

내가 이런 질문을 하게 된 배경이 있습니다

나는 어릴 때부터 예배에 관한 특별한 사모함을 주셔서 이웃 교회에 부흥회가 있다면 10리, 20리도 멀다 하지 않고 참석했었습니다. 그때 어느 부흥강사 목사님께서 하신 요한계시록 강해가 내 머리 속에 깊이 각인되어있기 때문에 한 질문이리라 생각됩니다.

그 내용은 이런 것이었습니다

"예수님 재림하실 때까지 7년 대환난이 있을 텐데 전 삼년 반, 후 삼년 반의 환난이 있을 것이며 성도들은 그동안 수없이 싸워야 한다. 그리고 우리들의 대장은 예수님이시다." 라는 내용이었습니다.

그 전쟁놀이가 얼마나 신날까? 하는 기대감에서 신이 났었습니다. 철없던 어린 마음이었습니다.

사실 우리는 요한계시록을 읽으면서 전쟁보다 더 즐거운 일들이 많이 있다는 것을 볼 것입니다. 그것은 요한계시록 계시 가운데 부르는 찬송과 찬양들입니다.

1) 네 생물의 찬양 (4:8)

"거룩하다 거룩하다 거룩하다 주 하나님"

2) 24장로의 찬양(4:11)

"우리 주 하나님이여
영광과 존귀와 권능을 받으시는 것이 합당하오니
주께서 만물을 지으신지라"

3) 24장로와 네 생물 찬양(5:9–10)

"두루마리를 가지시고 그 인봉을 떼기에 합당하시도다"

4) 천천만만의 많은 천사의 찬양(5:12)

"죽임 당하신 어린양은
능력과 부와 지혜와 힘과 존귀와 영광과 찬송을
받으시기에 합당하도다"

5) 모든 만물들의 찬양(5:13)

6) 구원 받은 성도들의 찬양(7:10)

7) 천사와 24장로와 네 생물의 찬양(7:12)

8) 24장로의 찬양(11:16-18)

9) 유리 바다 건너는 승리한 성도들 찬양(15:3-4)

10) 천사들의 찬양(16:4-5)

11) 제단에서 나는 찬양(16:7)

12) 허다한 무리의 찬양(19:1-2)

13) 24장로와 네 생물의 찬양(19:5)

14) 혼인 잔치에 초대받은 신부들의 찬양(19:6-8)

이렇게 요한계시록에는 14번의 찬양이 울려 퍼지는 기쁨과 축제의 말씀입니다. 이 모든 찬양이 기쁨과 승리의 찬양들입니다. 우리는 영광의 그날, 승리한 주님과 함께 승리의 찬양을 부를 것이다. 할렐루야. 아멘.

그러므로 요한계시록은 재앙과 진노와 심판 그리고 성도들이 환난 당하고 핍박받고 순교하는 기록들만이 아니라 주와 함께 승리하고 기뻐 부르는 시편입니다.

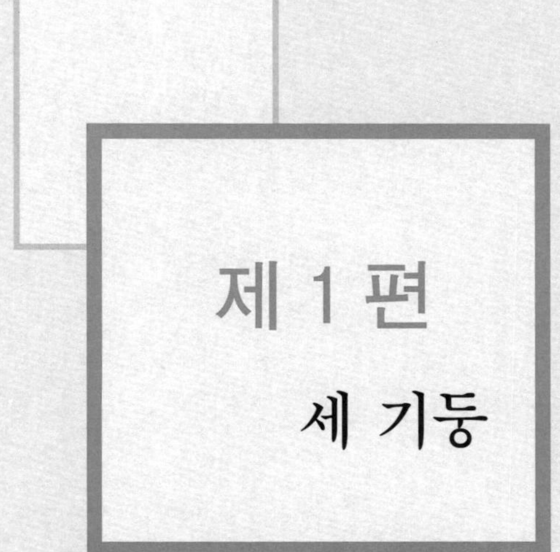

제 1 편

세 기둥

필자가 요한계시록에 대한 설교를 처음 들은 것은 주일학교 다닐 때다. 나의 살던 고향 동네에 순교의 역사가 있는 우곤교회가 있다. 거기에서 10여리 떨어진 먼 동네 교회에서 부흥회를 할 때다. 지금은 한국 부흥강사의 대부라고 할 수 있는 그분이 젊을 때 요한계시록을 가지고 부흥회를 인도하셨는데 그 때 60여 년 전 설교 내용은 "이제 전 삼년 반 환난과 후 삼년 반 환난이 오는데 그 7년 대환난 때를 대비하라."는 내용이었다. 그리고 세계 3차 대전이 일어날 것이라고까지 말씀하셨다. 그 말씀이 필자가 장성하여 신학교를 다니고 목회를 하면서도 머릿속에 잔존하고 있었다.

이 지워지지 않는 생각이 필자로 하여금 요한계시록을 읽을 때마다 두렵게 했다. 설상가상으로 신학교에서 배운 요한계시록도 전천년설 세대주의 이론에 바탕을 두었기 때문에 요한계시록을 멀리 할 수밖에 없었다. 그런데 불행하게도 이런 두려운 요한계시록의 사상이 요즘 신학 사상의 주류를 이루고 있다. 이 사상이 보편화 된 요한계시록의 두려움이다.

필자가 가지고 늘 항상 사용하는 성경전서는 아가페 출판사 개정개역 4판 2013년 4월 10일 발행한 Big Letter Study Bible 주석 성경이다. 주석 감수위원으로 유재원 총신대 신학대학원 구약학 교수 권성수 총신대 목회신학대학원 신약학 교수님이시고 편찬책임은 이국진 목사님으로 총신대학(B.A.)및 동 신학대학원(M. Div) 졸업과 Westerminster Theological Seminary에서 수학하셨기에 맘 놓고 성경을 구입했고 주석도 안심하고 보고 있다. 그리고 이 성경을 강단용 성경으로 사용하고 있다. 그리고 성도들에게도 이 주석이 삽입된 성경을 권장하고 있다. 특히 어려운 요한계시록은 이 성경책에 있는 주석을 의뢰할 수밖에 없다.

그런데 이 성경 요한계시록 6장 요약 주석을 보면

" … 본장은 역사의 종말에 이루어질 그리스도의 심판의 점진성을 상징을 통해 보여주고 있다 하겠다."라고 요약하였고, 이어서 7장 요약 부분을 보면 "14만 4천 명의 성도와 흰 옷 입은 무리들이 환난을 통과할 것이다." 그리스도께서 하시는 심판은 환난인데 그 환난을 통과하는 이들이 흰옷 입은 자들이란 설명과 또 8:2-11:19 일곱 천사가 부는 일곱 나팔에 대한 주석은 "일곱 나팔의 재앙은 일곱 인의 재앙보다 강도가 높아지며, 범위가 확대된다. 재앙을 계획, 예비하시고 보내시는 이는 하나님이시다."

이 무서운 3대 재앙(일곱 인, 일곱 나팔, 일곱 대접)이 하나님이 계획하시고 예비하시고 보내시는 것이라는 해석이 나를 두렵게 한다. 그리고 우리가 14만 4천 명이 되려면 하나님이 내리시는 재앙을 통과해야 한다고 하니 그 하나님이 너무 두렵다. 지금 예수를 믿는 모든 성도들이 하나님이 내리시는 이 환난을 통과해야 한다는 것이 무섭다. 왜 선하시고 인애가 풍성하신 우리 아버지 하나님께서 자기를 섬기는 자들에게 재앙 내지 환난을 주고 통과하게 하시는지? 그 해석자들은 말하기를 하나님은 회개케 하기 위한 수단으로 재앙을 내리신다니 얼마나 두려운 하나님이신가?

그런 요한계시록에 대한 해석들이 한국 교회와 세계 교회에 보편화 되었다. 그렇기 때문에 예배 강단용 성경으로 사용하는 성경에도 이렇게 해석하고 있는 것이다. 이런 해석이 보수계통의 해석이며 또한 대한예수교장로회 합동측 사당동 총신 교수들의 해석이라면 전 세계 교회의 해석들이다.

참으로 가슴 아프고 안타까운 일이다. 필자는 내가 섬기는 하나님이 그런 신도 아니고 내가 읽는 성경이 그런 계시가 아닐 것이라는 아픈 마음으로 요한계시록을 다시 붙잡고 읽고 또 읽었다. 이해가 안 되어도 읽었다. 그리고 읽고 읽는 사이 놀라운 하나님의 지혜를 발견했다. 그 난해하던 구절과 내용과 용어들이 요한계시록 자체(내증)에서 해석하고 있음을 발견했다. 그래서 필자의 요한계시록 해석은 다른 학자들의 해석은 참고는 하되 인용은 하지 않기로 한다. 앞서 피력한 봐와 같이 오늘까지 내려오는 전통 해석을 과감하게 탈피하고자 한다.

바른 해석을 위해서 제일 먼저 해야 할 일이 있다. 그런데 필자가 이 지론을 피력하기는 참으로 조심스러운 일이라고 사려된다. 왜냐하면 이 말은 신학계에 큰 타격과 함께 신선한 충격을 주는 일이기 때문이다. 독자들은 이 제안을 오해 없이 받아들이기를 바란다. 필자의 중심에는 성경으로 돌아가자는 일념뿐이기 때문이다.

「바른 해석을 하려면 지금까지 신학계의 흐르는 학설에서 탈피해야 한다.」는 것이다.

그런 폐단이 수천 년 내려온 요한계시록에 대한 해석이 상당 부분 오해인데 신학계는 그 오해 위에 종말신학을 형성하려 하고 성도들은 종말신앙으로 받아들여 오고 있다. 이제는 여기서 탈피를 해야 한다.

필자는 지금까지 요한계시록을 본문 삼고 설교 한번 하려면 성경보다 이 많은 학설과 씨름을 하느라 성경을 한 번도 못 읽고 설교 원고를 작성해야 하는 어리석음을 겪었다. 이제는 이러한 학설에 기대는 고정관념을 버리고 성경 본문 요한계시록을 읽고 생각하고 기도하며 연구해야 한다. 그럴 때에 요한계시록의 해석이 바로 세워진다. 난해한 말씀의 해석은 요한계시록 자체 안에 있기 때문이다.

그래서 필자는

「요한계시록은 요한계시록으로 풀자.」라는 슬로건을 내놓는다.

그런데 참으로 안타까운 것은 2000년간 세워 나온 정통 신학의 해석은 세 기둥이라는 일곱 인, 일곱 나팔, 일곱 대접에 대하여는 다음과 같은 해석을 하면서 고민들하고 있다. 다음의 글들은 <요한계시록 어떻게 설교할 것인가>(목회와 신학 편집부 엮음)에 있는 내용을 가감없이 여기에 기록하련다. 왜냐하면 이 편집부의 고민과 해석이 정통신학 해석의 정수이기 때문이다. 또 이 책의 집필진을 보면 한국의 신학계에서 인정하는 분들이기 때문이다. 그리고 이 책의 해석이 필자의 지금까지 신학사상에 부합하기 때문이다. 이 정통신학 해석과 고민을 간략하게 여기에 소개하겠다.

> "요한계시록 6장부터는 그 동안 봉인되었던 두루마리가 하나씩 열리면서 7가지 인 재앙을 필두로 7나팔과 7대접 재앙의 순으로 점진적으로 재앙의 강도가 더해 간다."

여기 "7가지 인 재앙을 필두로 7나팔과 7대접 재앙의 순으로 점진적으로 재앙의 강도가 더해 간다."라는 해석이 세 기둥에 대한 정통신학 해석이다. 그런데 여기에 신학계의 고민이 있다.

> "이 재앙 시리즈를 어떻게 읽고 이해해야 하는지는
> 아마도 요한계시록을 연구하는 모든 신학자의 고민일 것이다."
> "7재앙 시리즈를 제목 그대로 세상에 임하게 될 무서운
> 진노와 심판의 이야기로만 읽고 해석할 수 있을까?"
> "아니면 새로운 관점을 따라 읽을 수 있는 가능성이 있을까?"
> "가능성이 있다면 7재앙 시리즈 각각 안에서 그 근거를
> 발견해 갈 수 있을까?" (목회와 신학 편집부. p 266)

이 주장이 정통 해석의 솔직한 고백이다. 이 고백이 모든 목회자들의 심정일 것이라 짐작이 된다. 이렇게 이 부분의 해석이 너무 힘들고 어려운 계시의 내용이다. 또 보자.

> "요한계시록 6장을 시원하게 다룬다는 것은 거의 불가능해 보인다."
> "일곱 나팔 재앙. 일곱 대접 재앙과 함께 일곱 인 재앙은 요한계시록의 가장 어려운 부분이라고 말할 수 있다."

> "그렇다면 이런 난해한 본문에 어떻게 접근하는 것이 옳은가라는 질문이 생긴다."
> "그에 대해서는, '한 가지 중요한 해석학적 원리를 적용하면서 풀어가라' 고 대답한다."
> "다시 말해서 '모르는 것에 집착하기보다는 아는 것으로 풀어가라.' 는 원리다." (목회와 신학 편집부. p 265)

이 책의 편집부가 고민하는 것이 보수주의 정통신학 요한계시록 해석의 솔직한 고민이다. 참으로 가슴 아픈 현실이다. 이 고민은 한 마디로 '모르겠다.' 는 말이다. 이런 고민을 안고 2000년을 내려 온 것이다.

그러면서 다음과 같은 또 하나의 우려가 있다.

> "모른 것에 너무 집착해서 잘못된 공상과 자의적인 해석을 하나님의 뜻으로 인식하는 오류를 범할 수 있다." (목회와 신학 편집부. p 265)

이런 우려 때문에 필자도 요한계시록을 포기하고 목회를 해왔던 것이다. 그러나 이제는 더 이상 물러날 수만은 없었다. 앞서 '들어가며' 에서 고민한 바와 같이 고민하다 당한 목회자의 슬픔 안고 다시 요한계시록을 손에 붙잡고 일어나 세운 기둥이 있다.

> **"거룩하다, 거룩하다, 거룩하다 주 하나님 곧 전능하신 이여"**
> **"전에도 계셨고 이제도 계시고 장차 오실이시라"**
> **"주 하나님이 이르시되 나는 알파와 오메가라**
> **이제도 있고 전에도 있었고 장차 올 자요 전능한 자라**
> **하시더라"**(1:4. 8. 4:8)

이렇게 요한계시록은 3개의 큰 기둥이 세워져 있다. 이 기둥은 "전에도 계셨고 이제도 계시고 장차 오실 이" 라는 말씀에 기초를 한 기둥이다. 하나는 전에 계셨을 때 세우신 기둥이고, 두 번째 기둥은 이제 계시면서 세우신 기둥이요, 세 번째 기둥은 장차 오셔서 세울 기둥으로 예수 그리스도의 존재론적인 사역을 말씀하고 있다.

어떤 이는 과거, 현재, 미래에 계신 분에 대하여 "하나님의 이름을 바꿔 쓴 표현으로 모든 시간이 하나님의 영원한 현존(presence)안에 포함되어 있다는 사실을 주목하게 한다. 장차 오실 이는 앞으로 오실 하나님을 뜻한다."라고 성부 하나님께 대한 다른 칭호라고 하였으나 필자는 성자 하나님께 대한 사역적인 다른 호칭이라고 생각한다. 전에 계셨을 때 하신 사역은 일곱 인 떼기요, 이제 계시면서 하신 사역은 일곱 천사 나팔 불기요, 장차 오셔서 하실 사역은 일곱 대접 재앙을 부어 의의 나라로 평정하실 사역이라고 생각한다.

요한계시록 바른 해석을 위해서는 이 3개의 기둥부터 바로 세워야 한다. 집을 지을 때 기둥을 바로 세우지 못하면 기둥이 구부러지거나 쓰러져 집이 무너짐과 같이 세 개 기둥에 대한 해석이 바로 하지 못하면 그 해석은 쓰러진다. 요한계시록 해석의 성패는 이 세 기둥의 해석이다.

제 1 부 첫째 기둥은

예수 1차 오심-일곱 봉인 떼어내기다.

필자가 내세운 첫째 기둥은 하나님의 오른 손에 들고 있던 그 두루마리를 펼쳐보기 위한 사전 작업으로 일곱 개의 봉인을 제거하는 부분이다.

일곱 봉인이란 일반적으로 비밀이 보장되어야 할 서류(하나님이 두루마리에 쓰신 비밀 문서)가 무단으로 개봉되거나 취급되는 것을 금지하기 위해서 봉하는 곳에 도장을 찍거나 또는 도장이 찍힌 용지 따위를 부착하는 것을 말한다. 요한계시록에서는 지우거나 제거한다는 것보다 뜯어내는 것으로 도장이 찍힌 용지를 떼어 내는 것으로 이해된다.

첫 번째 기둥으로 설정한 일곱 봉인 떼기에 대한 정통 신학자들의 해석은 하나님의 진노의 시작이며 하나님의 심판의 서막이라고 한다. 6장에 나오는 두루마리에 봉인(封印)한 일곱 인 떼어내기에 대하여 여러 가지 학설이 있지만 다음과 같이 4가지 해석만 가지고 모순점을 짚어보고 설명하려한다.

1) 과거론적 해석(preterist interpretation)

일곱 개의 인으로 봉인된 두루마리는 예루살렘을 향한 하나님의 판결문이며 그 개봉을 하나 둘 제거할 때마다 겪는 환난은 유대와 로마 대결 전쟁 시에 유대인들이 겪는 위기라고 한다.

2) 역사론적 해석(historical interpretation)

두루마리의 개봉은 로마 제국의 멸망의 시작이며 도미티안(AD96년)의 통치에서 시작되며 고트족과 반달족의 침입으로 로마 제국의 쇠망을 계시한다고 한다.

3) 미래론적 해석(futuristic interpretation)

두루마리의 내용과 그 개봉은 교회의 휴거와 대환난의 시작이라고 본다.

4) 이상주의적 해석(idealistic interpretation)

두루마리와 그것의 개봉은 하나님께서 인간을 다루시는 사이클 방법인 전쟁과 순교, 그리고 하나님의 심판에 대한 기록의 시작이라고 본다.

이렇게 '일곱 봉인 제거하기' 한 사건만 해도 각각 다른 해석을 한다. 그러므로 독자들, 일반 목회자들이나 성도들은 어느 것이 옳은가 판단이

서지 않는다. 판단을 할 수 있다는 독자들은 그 중에 3번이 마음에 든다. 혹은 안 든다. 4번이 괜찮은 느낌이 든다. 혹은 안 든다는 식으로 결정을 짓는다.

조금 더 진보한 이들의 해석은 거기에 자기의 현실 감각이나 직감으로 조금 더 해석을 첨가하여 왔다. 이 첨가하는 것이 옛 사람의 해석에 근대적인 해석과 또 현대적인 해석을 더 플러스하고 자기 직감까지 첨가하게 되어 요즘 요한계시록의 주석이나 강해서는 500페이지 이상 되는 책 7–8권씩 만들어 낸다. 그러므로 설교해야 할 목회자들은 이 많은 해석서들이 큰짐이 되고 요한계시록은 고작 22장이고 404절에 24쪽밖에 안 되는 성경 본문도 읽어볼 시간도 모자라고 또한 너무 방대하여 아예 거들떠보려고 하지를 않는다. 그리고 이 많은 학설과 첨가된 내용이 점차 정통신학화가 되어가고 있다.

여기에서 벗어나면 큰 이단적 요소가 있다고 생각하고 의심의 눈초리로 눈여겨보고 또 자기 스스로도 그렇게 생각한다. 그래서 여기서 벗어나기가 쉽지 않다. 그러나 필자는 여기서 벗어나 보려고 한다.

> **"내가 보매 보좌에 앉으신 이의**
> **오른손에 두루마리가 있으니**
> **안팎으로 썼고**
> **일곱인으로 봉하였더라"**(5:1)

그럼 봉인이란 무엇을 의미하는가?

유대인의 왕 예수를 죽여 달라고 고소하고 십자가에 못 박으라고 아우성치고 마침내 예수를 죽인 대제사장과 바리새인들이 예수님께서 '내가 사흘 후에 살아나리라' 는 생전의 하신 말씀이 마음에 걸려 총독 빌라도에게 청원하였다. 예수의 제자들이 예수의 시체를 훔쳐 간 후 무덤이 비워있고 그의 말처럼 그는 다시 살아났다고 한다면 이전보다 더 큰 미혹에 빠질 우려가 있으니 무덤에 경비를 세우길 요구할 때 로마 총독 빌라도는 너희에게도 경비병이 있으니 가서 힘대로 굳게 지키라고 허락했다.

"그들이 경비병과 함께 가서
돌을 인봉하고 무덤을 굳게 지키니라"(마27:66)

빌라도 총독의 권한이나 대제사장의 권세 없이는 아무도 무덤을 열지 못하게 "큰 돌로 무덤 문을 막고 인봉"하였다. 여기 인봉한 것이 요한계시록에 나오는 일곱 인봉과 같은 의미를 가진다.

그 당시 최고의 권력자 로마 총독의 권한이나 유대인의 왕 헤롯이나 유대교 종교 총수인 대제사장의 허락이 없는 한 누구라도 그 인봉을 제거하면 감옥 내지 사형에 처할 지엄한 권한이 담긴 봉인이었다. 그때도 예수님은 세상 권세뿐만 아니라 사망 권세까지 이기신 하나님의 권세로 인봉을 떼어내고 돌을 굴려내고 무덤에서 나오셨다. 어느 권세도 떼어낼 수 없는 그 봉인을 예수님은 무덤 권세, 사망 권세를 이기시고 제거하신 것이다.

이와 같은 일이 또 하나 발생했다.

요한계시록 4장은 하늘의 보좌가 보인다. 하나님이 만유의 권세를 장악한 지엄하신 분으로 하늘의 보좌에 앉아 계신 것을 보았다. 이어서 5장은 그 하나님이 권능의 오른손에 둘둘 말아 하나님의 도장이 찍힌 빨간 딱지를 붙인 두루마리 책을 들고 계신다. 그런데 문제는 그 두루마리에 안과 밖으로 글이 기록되어 있는데 펼쳐 볼 수가 없다. 그것은 하나님께서 언제 기록하셨는지 모르나 만유의 권세로 아무도 펼쳐 보지 못하게 봉인을 해 놓으셨기 때문이다.

이 봉인을 뗄 수 있는 자격은 '사망 권세를 이긴 자'만이 뗄 수가 있다.(5:5) 그때 힘 있는 천사는 선언한다. "누가 그 두루마리를 펴며 그 인을 떼기에 합당하냐?"(5:2)라고 온 우주에 광포하고 찾으려 한다. 그러나 사도 요한이 볼 때 "하늘 위에나 땅 위에나 땅 아래에 능히 그 두루마리를 펴거나 보거나 할 자가 없더라."(5:3) 그래서 하나님께서 두루마리에 봉인한 인을 떼어낼 자가 아무도 없어 사도 요한이 울고 있을 때,

> **"울지 말라 유대 지파의 사자 다윗의 뿌리가 이겼으니**
> **그 두루마리와 그 일곱 인을 떼시리라"**(5:5)

장로가 위로해 주었다. 그 위로는 그 인을 떼실 수 있는 권한을 인정받으신 분이 있다는 말이다. 그 능력자가 어린양 되신 예수 그리스도시요 우리의 구주이시라는 위로의 말씀이다. 이 어린양이 그런 권한을 보유하신 것은 사망 권세와 싸워 이기셨다는 것이다. 뿐만 아니라 또한 자기 사람들의 존귀하고 영화로운 삶까지 책임을 지실 수 있는 분이라는 것이다.

> **"각 족속과 방언과 백성과 나라 가운데에서**
> **사람들을 피로 사서 하나님께 드리시고**
> **그들로 우리 하나님 앞에서 나라와 제사장을 삼으셨으니**
> **그들이 땅에서 왕 노릇 하리로다"**(5:9, 10)

이런 혁혁한 공을 세우신 구세주이시기 때문에 가능하다고 한다.

구세주란(the Savior)

① 세상을 구제한 이

② 어려움이나 고통에서 구해주는 사람을 이르는 말

③ 인류를 죄악과 파멸의 상태에서 구원하는 하나님을 이르는 말이라

고 국어사전은 말한다.

그러나 오늘 본문에서의 구세주란

① 온 세상 모든 사람들이 죄와 사망의 노예로 팔려갈 때 자기가 흘린 피로 값을 지불하고 사서 하나님의 것으로 드린 분이며

② 자기 피 값으로 사온 노예들을 하나님의 나라의 자유민으로 명예를 회복시키신 분이며

③ 그 노예들을 하늘나라 왕국에서 하나님을 섬기는 제사장직을 부여해 주시는 분이며

④ 그 노예들을 이 땅위에서는 하나님의 나라 분봉 왕으로 세우신 분이시다.

그런데 필자의 의문은 이런 큰 사랑을 베푸시는 구세주께서 왜 봉인 하나를 제거할 때마다 자기가 구출하고 사랑하는 사람들에게 재앙을 내리실까? 하는 마음 아픈 고민이다. 깊이 생각할 문제이다.

두 번째 의문은 어린양이 일곱 봉인을 떼어 내는 사건이 6장부터 시작하여 8장 5절까지 이어진다. 어린양 되신 예수께서 친히 한 개씩, 하나씩 7개 모두를 떼어 내심으로 개봉되었다. 그분이 개봉해 주심으로 그 중요한 두루마리에 기록된 내용을 오늘 우리는 볼 수 있게 되었다. 그 중요한 하나님의 비밀이 담긴 두루마리의 내용은 무엇일까?

이에 대하여 4장1절은 다음과 같이 친절하게 말씀하셨다.

> "내가 보니 하늘에 열린 문이 있는데
> 내가 들은 바 처음에 내게 말하던 나팔 소리 같은 그 음성이 이르되
> 이리로 올라오라
> 이 후에 마땅히 일어날 일들을 내가 네게 보이리라 하시더라"

그러므로 이 두루마리의 내용은 사도 요한 이후, 주후 1세기 이후에 일어날 일들의 기록이라고 하셨다. 즉 두루마리의 내용은 꼭 일어날 일들이다. 그리고 성도들이 반드시 기억하고 염두에 두어야 할 놀라운 하나님의 뜻을 담고 있다 하겠다. 이 계시는 그의 종들 곧 성도들에게 보이기 위해 개봉된 하나님의 뜻이며 모든 교회와 성도들이 알기를 원하셔서 계시하셨고 모두 다 알기를 원하는 것이 하나님의 마음이다. 그러므로 성도들은 이 말씀대로 이루어진다는 것을 알고 명심해야 하고 명령하신 말씀대로 살아야 할 것이요 미래에 일어날 일에 대하여 미리 알려 주셨으니 미리 대책을 세워야 할 것이다.

그럼 두루마리의 기록은 요한계시록 어디부터 어디까지라고 봐야 할까? 하는 문제가 제기된다. 혹자는 요한계시록 전체 내용이라고 하는 이도 있다. 또는 요한계시록 6장에서부터 22장까지라고 하는 이들도 있다.

필자는 요한계시록을 해석하는 사람들이 너무 성급하다고 생각한다. 주께서 취하신 그 두루마리는 일곱 개의 인으로 봉인되었다. 그러면 그 안에 쓴 글 내용을 펼쳐 보기 위해서는 일곱 개 봉인을 모두 떼어내야 개봉을 하고 그 두루마리를 펼치고 볼 수 있는 것 아닌가 그런데 혹자는 첫째 인을 떼실 때부터 그 안의 내용으로 착각하고 있다. 그 일곱 개의 봉인 중에서 첫째 인을 떼신 것도, 둘째 인을 떼실 때에 일어난 사건들도 모두 그 안의 내용으로 해석하려는 것이 정통해석으로 다음과 같이 말한다.

> "요한계시록 6장부터는 그 동안 봉인되었던 두루마리가 하나씩 열리면서 7가지 인 재앙을 필두로 7나팔과 7대접 재앙의 순으로 점진적으로 재앙의 강도가 더해 간다."

지금까지 정통신학은 일곱 인봉 떼기부터 두루마리의 내용의 시작이라고 이해해 왔다. 그러나 순수한 그 두루마리의 내용은 봉인되어 있었으니 봉인의 이유는 아무나 아무 때나 열고 볼 수 없도록 하기 위해서 하신 하나님의 뜻이기 때문에 하나님의 의도대로 그 봉인 일곱 개가 다 제거되어야만이 그 안에 내용을 펼쳐볼 수 있는 것이다. 이 완전수 일곱 봉인이 다 제거된 후에 개봉되어 펼쳐 보인 내용만이 "이 후에 마땅히 일어날 일들"이라고 해석해야 한다.

그렇다면 개봉해서 펼쳐질 이 후에 일들은 어디부터일까? 즉 완전하게 일곱 개의 봉인이 다 제거된 후의 내용은 어디부터일까? 그것은 말할 것도 없이 일곱 번째 인을 떼신 후의 사건부터다. 그 다음의 내용이 '앞으로 일어날 일이다.'

성경은 구세주 되신 어린양이 일곱 번째 인을 떼실 때

> **"일곱째 인을 떼실 때에**
> **하늘이 반시간쯤 고요하더니**
> **내가 보매 하나님 앞에 일곱 천사가 서 있어**
> **일곱 나팔을 받았더라"**(8:1, 2)

그런즉 일곱 나팔 준비한 계시부터가 그 두루마리 안에 내용이요.

"이 후에 마땅히 일어날 일들"이다. 하나님은 일곱 나팔 부는 것을 창세이후부터 요한 사도 때까지 비밀로 두셨던 것이다. 하나님은 그 비밀을 이제 공개하신다. 요한 사도의 계시록을 통하여 공개하신다. 이런 중요한 비밀이 어떤 사람들은 하나님의 진노요 재앙이요 심판이라고 해석한다. 하나님이 그렇게 간직하셨던 것이 겨우 세상을 심판하고 진노하여 재앙을 쏟아 붓는다니 맥이 풀린다. 그러나 필자는 첫째 기둥인 일곱 인 떼기는 예수 1차 오심에 대한 이 세상 실제 환경의 역사적 기록이며 예수 1차 오심에 대한 시대상을 반영한다고 생각한다.

제 2 부 둘째 기둥은

예수 2차 오심-일곱 천사가 나팔 불기다.

둘째 기둥은 일곱 천사가 각각 한 번씩 일곱 번 나팔 불기 내용이다. 정통 신학 해석들은 일곱 천사 나팔 불기도 일곱 인 떼기처럼 하나님의 일곱 색깔 재앙 혹은 진노라고 한다. 일곱 인 떼기도 재앙, 일곱 나팔 불기도 재앙이라고 하니 자연스럽게 해석 논쟁은 일곱 나팔은 일곱 인 떼기와 어떤 관계일까 하는 것이다. 세계의 해석학의 논쟁은 단순히 '이 두 재앙들이 동일 사건의 반복적 재현(recapitulation)인지 아니면 그 무서운 재앙들 사이에 순차적 진행이 있는 것인지에 대해서만 학자들의 주장이 팽팽히 대립하고 있다.' 이렇게 세계 해석학계는 하나님의 재앙들로 떠들썩하다.

그것도 그럴 수밖에 없는 것이 지금까지 세계 전통적 해석자들의 프리즘을 통해 요한계시록을 살펴본다면 전체 22장에서 재앙과 심판이 상당히 많은 비중을 차지한다.

6장 7장은 일곱 인 떼기 재앙.
8장 9장 10장 11장까지 일곱 나팔 재앙.
12장 13장은 악한 영들과의 전쟁 3년 반(마흔 두 달) 환난.
14장은 곡식과 포도송이 추수 심판.
15장 16은 일곱 대접 재앙.
17장 18장은 음녀 심판과 바벨론 심판.

19장은 세계 3차 대전의 불 심판.
20장은 사탄의 심판과 멸망의 기록이라고 한다.

이렇게 그들의 눈으로 요한계시록을 보면 3분의 2 이상이 진노와 재앙과 심판이다. 그래서 영화나 드라마를 제작하는 사람들은 요한계시록을 불. 화염. 폭발. 천재지변. 전쟁. 파멸. 지구 폭발로 만든다. 그 영화가 세상 사람들의 사상을 지배한다. 하나님이 기록하신 그 두루마리의 요한계시록은 이런 것이 아니다. 지금 세상에 나온 대다수의 요한계시록의 해석들은 하나님의 목적과는 거리가 너무 멀다.

생각해 보라.

하나님께서 계시를 사도 요한에게 주실 때는 어떤 시대였는가?

그 때는 요한계시록의 해석자 모두 입을 모아 하는 말은 교회가 환난이 심히 많던 시대였다. 또 주님이 다시 오신다고 하신 말씀을 믿고 기다리던 시대였다. 그러므로 성도와 교회는 1세대에서 2세대로 넘어가는 신앙의 과도기였다. 성도들은 믿음을 지키기가 힘들었고 복음을 증거하기란 많은 핍박을 받으면서 전해야 하는 시대였다.

만약 독자가 이런 유사한 시대에 사랑하는 약혼녀를 이방인의 땅에 두고 고향에 홀로 와서 곧 가겠다고 하였지만 사정이 여의치 못해 수년간 떨어져 있는 남자로서 그 약혼녀에게 편지를 보낸다면 어떤 편지를 할 것 같은가? 신부는 자기의 순결을 지키려고 유혹과 시험과 핍박을 견디고 있는데 서신의 60%이상이 약혼자가 화가 나서 내가 가면 다 진멸해 버릴 거야, 너도 정신 차려 똑바로 살기 바란다는 내용뿐이고 소망과 위로가 없는 편지라면 다시 읽을 마음이 있겠는가? 다른 사람들에게 그 내용을 전하고 싶은 마음이 생길까?

이런 해석자들의 요한계시록을 누가 읽을 마음을 가질 것이며 누가 요한계시록을 강단에서 설교를 하겠는가?

하나님은 정말로 그런 내용으로 계시하셨을까? 마음이 아프다.

그러나 요한계시록을 마음껏 설교하지 못하는 목회자인 필자가 마음이 더 괴로운 이유는 '이 모든 재앙의 계획과 예비함과 실행하시는 이가 우리 하나님이시라' 라고 해석하는 성경학자들 때문이다. 그렇게 많은 재앙들을 쏟아 붓는 하나님은 얼마나 많은 원한이 쌓여서 재앙만을 일삼는 신이 되셨는가? 그 분이 우리 하나님이란 말이다. 그 하나님이 자기 백성들, 자기의 말씀만을 따르며, 섬기며, 예배하는 자녀들까지도 이런 재앙과 심판과 진노를 내리신다고 해석하니

어느 누가 그런 신(神)을 섬기려 하겠는가?

어느 누가 그런 신(神)에게 감사하고 찬양하겠는가?

이렇게 코너에 몰린 해석자들은 궁여지책으로 성도들은 공중 휴거하여 재앙을 당하지 아니한다고 피해 가려고 하지만 그런 면피성 해석 자체가 더 궁지에 몰리게 하고 있는 상황이다. 정말 이런 해석들은 심각한 문제이다. 하나님의 이미지와 명예에 관련된 일이기 때문이다.

필자는 나 자신 신학자의 양심에 묻고 싶다.

'우리가 섬기는 우리 아버지 되신 나의 하나님이 나에게 그렇게 환난과 재앙과 심판과 진노를 내리실까?'

'그렇지 않다면 다른 것들이 그렇게 환난을, 재앙을, 진노를 내리고 그 악함을 하나님께 뒤집어씌우는 것일까?'

정말 그런 하나님이신가?

"아니다."라는 외침이 내 신앙양심이 내린 결론이다.

도리어 요한계시록을 읽고 생각하고 주석을 하면 할수록

＊ 나는 감사했습니다.

내가 섬기는 하나님이 그런 무서운 신이 아님을 발견했기 때문이다.

＊ 나는 찬양했습니다.

단연코 나의 하나님이 사랑의 하나님이심을 발견했기 때문이다.

＊ 나는 외치고 싶습니다.

그래서 펜을 들고 「하나님의 명예 회복」하기 위하여 요한계시록을 들고 일어섰다.

필자는 일곱 봉인 제거할 때와 일곱 천사가 일곱 나팔 불 때에 일어난 재난과 환난은 우리 하나님이 내리시는 진노가 아니라고 지면을 통해 선언한다. 그러면 우리는 일곱 천사 나팔 불기가 하나님의 진노가 아니라면 누가 왜 그런 짓을 하고 있는지부터 해결하여야 한다(하나님의 명예회복 선언).

이제 필자의 둘째 기둥은 주께서 일곱 봉인을 떼어내시니 그 두루마리가 개봉되었다. 그 펼쳐진 두루마리 내용의 첫 화면은 이런 계시로 시작한다.

> **"내가 보매 하나님 앞에 일곱 천사가 서 있어**
> **일곱 나팔을 받았더라"** (8:2)

일곱 천사가 각각 나팔 하나씩을 하나님으로부터(하나님 앞에) 수여를 받고 나팔 불 준비를 하는 계시다.

그 계시는 첫 번째 천사부터 차례로 나팔 불기를 시작하여 일곱 천사가 다 한 번씩 나팔을 부는 계시이다. 이 나팔 불기 계시는 8장부터 시작하는데 8장은 첫 번째 나팔부터 네 번째 나팔 불기까지 기록이고 다섯 번째와 여섯 번째 나팔 불기가 9장에 기록되었다. 그리고 여섯 번째 나팔 불기에 포함된 계시 내용이 10장과 11장까지 계속 이어진다. 그러나 지금까지 해석자들의 해석들은 이 일곱 나팔 불기 계시는 일곱 인 떼기 안에 포함되어 귀속된 계시이거나 또는 '일곱 나팔 재앙은 일곱 인 재앙에 이어 점진적인 강도 높은 재앙'이라고 한다.

그러나 필자는 일곱 나팔 불기는 하나님의 진노에 대한 슬픈 경고나 경계의 나팔이 아니라 하나님의 응답 나팔 소리요 은혜와 사랑의 나팔 소리요 위로로 소망의 기쁜 나팔 소리이라고 생각한다.

1) 이 기쁜 나팔 소리를 듣게 된 연유는 어린양이 생명으로 값을 치루고 펼쳐지는 소중한 계시다.

어린양이신 우리 주께서 사망권세를 이기시고, 온 세상 가운데서 사람들을 피로 사서 하나님께 드리시고, 그들로 하나님 나라의 백성으로 삼으시고, 제사장으로 세우시고, 왕 노릇하게 하신 그 십자가의 죽으심이 봉인을 뗄 자격을 인정받고 하나님의 오른손에서 취하여 펼치신 그 두루마리에 기록된 내용의 시작이기 때문이다. 어린양이 놋 제단 위에 올려 네다리는 네 뿔에 매이고 온 몸은 사각으로 쪼개지고 내장은 다 꺼내져 불태워 바치고 온몸은 불살라 구원한 그 백성들을 위하여 온몸 바쳐 획득하신 그 권한으로 펼치신 시작의 역사가 그들에게 붓는 재앙으로 시작하겠는가?

2) 이 일곱 천사가 부는 기쁜 나팔 소리는 이 요한계시록의 핵심이다.

이 핵심 내용은 요한계시록의 중심부의 8장부터 첫째 나팔 불기를 시작하여 11장 일곱 번째 나팔을 불 때까지 기록인데 하나님은 이 계시를 보여 주시기 위해 요한계시록을 기록하도록 명하셨다고 생각한다. 하나님은 이 나팔 계시 안에 지상에 살고 있는 성도와 교회의 간절한 기도의 응답이 기록되었고 그리스도께서 제 2차 강림에 대한 하나님의 허락을 받았다는 알림의 기쁜 복음이기 때문이다.

그리고 요한계시의 핵심 중의 핵심은 일곱 번째 나팔 부는 날이다. 일곱 번째 부는 나팔은 요한계시록의 보석 반지 중앙에 박혀 있는 다이아몬드라고 할 수 있다.

> "일곱 번째 천사가 소리 내는 날,
> 그의 나팔을 불려고 할 때에
> 하나님이 그의 종 선지자들에게 전하신 복음과 같이
> 하나님의 비밀이 이루어지리라 하더라"(10:7)

그 날이 다이아몬드 보석이라고 하는 것은 하나님의 비밀인 중대한 프로젝트가 완성되는 날이기 때문이다.

3) 이 일곱 천사가 부는 기쁜 나팔 소리라는 이유는 일곱 번째 나팔을 불고 난 후부터 요한계시록의 계시는 급반전하는 양상이 나타난다.

11장 15절 일곱 번째 나팔을 불기 전과 후에 기록된 심판, 진노, 재앙에 대한 통계를 보면 어느 정도 계시의 양상이 다른가 보인다.

'진노' 에 대한 사용횟수가 전반부 2회. 후반부 10회.

'재앙' 에 대한 사용횟수가 전반부 3회. 후반부 9회.

'심판' 에 대한 사용횟수가 전반부 1회. 후반부 13회.

모두(진노. 재앙. 심판) 38회 사용하였는데 전반부에서는 6회. 후반부에서는 32회 사용하고 있다.

왜 그럴까? 이는 예수 재림 전후를 기점으로 지상교회들의 영적 전쟁에 대하여 하나님의 전술이 일곱 번째 나팔을 불기 전에는 수동적이며 방어적인 방법이었지만 나팔을 불고 난 후에는 능동적이고 공격적으로 전술을 바꾸셨다는 것이다.

이는 예수 재림 전과 후의 시대라는 것을 증명한다. 그리스도 2차 오시기 전 시대는 하나님의 진노, 재앙, 심판이란 단어가 6회 정도 사용되었고, 그리스도 강림 이후에는 32회를 사용하였다. 그러므로 이 나팔소리는 그리스도 강림을 알리는 기쁜 나팔소리라는 것이며 하나님은 일곱 인 떼기나 일곱 나팔 불 때는 진노나 재앙을 내리거나 심판을 하시지 아니하셨다는 증명이다.

그래서 재림 후

12장 13장에 예수의 적들에 대한 프로필과

14장부터 19장까지 그 적들에 대한 하나님의 심판이 집행된다.

그 안에 세 번째 기둥인 일곱 대접 재앙 붓기에 대한 계시가 16장에 있고 이 진노는 예수님 재림 후에 하나님의 적들에 대한 하나님의 심판이라는 것이다.

제 3 부 셋째 기둥은

예수 2차 오신 후-진노의 일곱 대접 붓기다.

진노의 일곱 대접 붓기는 예수 2차 오신 후 하나님이 1차 창조하신 세상을 황폐하게 만들고 타락시킨 붉은 용의 집단에게 붓는 재앙이다. 그것들은 악한 세상으로 전락시켰을 뿐 아니라 그런 악해진 세상을 구할 구세주 하나님이 보내시려함을 방해하고 또 그것들은 하나님의 백성들을 유혹하고 박해하고 죽인 대적들이기 때문에 그 보응으로 내리는 재앙이요 심판이다.

그래서 오직 이 셋째 기둥만이 하나님이 적들에게 붓는 재앙이요 심판이라 "진노의 일곱 대접"(16:1)이라고 칭하셨다. 그러므로 이 세 번째 기둥은 예수 그리스도 재림 후에 심판주로서 행사이다. 심판주가 16장부터 형 집행을 명하신다.

"또 내가 들으니 성전에서 큰 음성이 나서 일곱 천사에게 말하되 너희는 가서 하나님의 진노의 일곱 대접을 땅에 쏟으라 하더라"(16:1)

여기서 우리가 주목해 보아야 할 단어는 "하나님이 진노의 일곱 대접"이란 말씀이다. 앞서 두 기둥인 일곱 인봉 떼기와 일곱 나팔 불기에는 하나님의 진노나 심판이란 언질이 없다는 것이다. 그런데 유독 이 대접 쏟아 붓기에만 "하나님이 진노의 일곱 대접"이라고 명확하게 언급하신다. 그러므로 하나님께서 이제 처음 요한계시록 안에서 최초로 재앙을 내리라고 명령하셨다는 것이다.

그리고 여기부터 하나님의 진노와 재앙과 심판의 시작이란 말이다.

그럼 왜 하나님은 진노의 대접을 부으라고 하셨을까?

그리고 이 진노의 대접은 누구에게 부으라고 하셨는가?

2절

"첫째 천사가 가서 그 대접을 땅에 쏟으매
짐승의 표를 받은 사람들과
그 우상에게 경배하는 자들에게
악하고 독한 종기가 나더라"

하나님이 부으시는 이 일곱 대접 진노는 "짐승의 표를 받은 사람들과 그 우상에게 경배하는 자들에게"만 쏟아 부으셨다. 이 진노에는 성도들이 포함되지 않았다는 것이다. 성도들이 포함 안 된 것이 논란이 될 수 있다.

성도들이 이 땅위에 짐승의 표를 받은 사람들과 함께 살고 있는 상황에서 진노의 대접을 부으면 당연히 성도들도 피해를 입기 때문이다. 진노의 "그 대접을 땅에 쏟으매" 부으면 하나님의 백성들을 어떻게 제외하시고 짐승의 표를 받은 사람들만 콕 찍어서 진노를 부으실 수 있을까? 하나님은 능력의 여호와이시기 때문에 불가능한 것 없이 모두 하실 수 있다고 하겠으나 그 하나님의 능력의 방법은 무엇일까?

하나님이 애굽에 재앙을 내리실 때 이스라엘 백성에게는 재앙이 내리지 아니하고 애굽 사람들에게만 내리게 하셨다. 그렇게 할 수 있었던 것은 애굽 사람들이 이스라엘 사람들을 천하게 여기므로 함께 살지 않고 고센 땅에 살게 했기 때문에 구별하여 재앙을 내리실 수 있었다. 그런데 본문은 함께 뒤섞여 사는 사람들 중에 누가 재앙을 받고 누가 재앙 권에서 벗어날 수 있겠는가? 어떻게 무엇으로 구별하셨을까? 하는 의문을 제기 할 수 있다. 그러나 이런 오해는 예수 그리스도의 다시 오심을 19장 11절로 보기 때문에 생기는 오해이다.

> "또 내가 하늘이 열린 것을 보니
> 보라 백마와 그 것을 탄자가 있으니
> 그 이름은 충신과 진실이라 그가 공의로 심판하며 싸우더라"

많은 해석자들이 그리스도가 백마 타고 나타나신 때를 그리스도의 다시 오심의 최초의 현장이라고 보고 있다. 19장이 그리스도 강림이라면 그리스도의 재림 전 16장에서 붓는 하나님의 진노는 하나님의 표를 받은 이들이나 짐승의 표를 받은 이들이 함께 사는 세상(한 집에 함께 살고 한 침대에 함께 자기까지도 하는데)에 붓기 때문에 난해하고 혼란을 일으키고 있다.

그러나 필자는 19장에 그리스도가 백마 타고 나타난 내용은 그리스도께서 다시 오셨다는 것에 중점을 두는 계시가 아니라 이미 오신 "그가 공의로 심판하며 싸우더라" 라는 말씀을 강조하신 것이라고 생각한다. 다시 오신 그리스도는 어떻게? 어떤 방법으로 그 많은 자들을 심판하시는가? 에 대한 계시의 말씀이다.

필자는 그리스도의 다시 오심의 최초의 현장은 11장 일곱 번째 나팔 불 때 그리스도가 다시 오셨다고 이해하고 해석한다. 그래서 16장은 이미 오신 심판주께서 심판하시는 일이기 때문에 가능하다는 것이다. 그리스도가 11장에서 오셨다는 것을 성경내용의 차서가 이를 논증해 주고 있다.

11장은 그리스도가 심판주로 오셨고

12장과 13장은 그 악당들의 죄악 설명서와 기소를 하고

14장은 최후의 재판이 열린다.

재판정에 원고로 나온 하나님의 자녀들은 원고인석에 어린양과 함께 시온산에 서 있다.(14:1)

이제 재판장이 임석하시고 심판이 시작된다.

"그의 심판의 시간이 이르렀다"(14:7)

14장은 계속하여 재판관의 심리가 이어지고 실형을 선고하고 16장부터 형을 집행하신다. 그런데 참으로 절묘하고 명확하게도 하나님의 진노의 일곱 대접을 쏟아 붓기 직전에 성도들은 어디에 있는가를 요한계시록은 실감나게 14장과 16장 사이 15장에 기록한다.

"또 하늘에 크고 이상한 다른 이적을 보매
일곱 천사가 일곱 재앙을 가졌으니 곧 마지막 재앙이라

하나님의 진노가 이것으로 마치리로다"(15:1)

또 내가 보니 불이 섞인 유리바다 같은 것 있고 짐승과
그의 우상과 그의 이름의 수를 이기고 벗어난 자들이
유리 바다 가에 서서 하나님의 거문고를 가지고
하나님의 종 모세의 노래, 어린 양의 노래를 불러 이르되" (15:2)

하나님은 진노의 일곱 대접을 쏟아 붓기 전에 성도들의 피난처에 설명을 하시는데 출애굽 당시에 하나님의 능력으로 행하신 기적을 토대로 15장에 계시하신다. 출애굽 때 하나님의 백성들은 홍해 앞에 도달했다. 뒤에서는 애굽의 바로가 군마 600승을 끌고 추격해 오고 있고 앞은 홍해로 가로막혀 있었다. 그 때 하나님의 백성들은 하나님의 능력으로 홍해를 건넜다. 건넌 후에 백성들은 기뻐서 감격하며 노래를 불렀다. 그 노래가 모세의 노래로 구원의 노래다.

이런 구별의 은총이 다시 오신 주께서 심판 하실 때도 그와 같이 구별의 은총을 베풀어 주신다.

"내가 보니 불이 섞인 유리바다 같은 것이 있고
짐승과 우상과 그의 이름의 수를 이기고 벗어난 자들이
유리바다 가에 서서
하나님의 거문고를 가지고 하나님의 종 모세의 노래,
어린양의 노래를 불러"(15:2. 3)

그렇다. 하나님은 이스라엘 백성들을 능력으로 홍해를 건너 피신시키시고 바다를 합류시켜 바로와 그 탄 자들을 모두 수장시키신 것과 같이 하

나님의 백성들을 유리바다 건너편에 피신시키시고 이 땅에 재앙을 붓기 시작하신다.

지혜로우신 하나님이 아군에게 공격을 하시겠는가? 절대 아니다.

하나님께서 사랑하는 자기 자녀들까지 포함해서 진노를 내리시겠는가? 아니다. 하나님은 자기자녀들을 강 건너에 옮기고 적들에게만 진노의 재앙을 부으셨다. 그 때 하나님의 백성들은 유리 바다 건너편 강가에서 얼마나 감격하겠는가? 큰 소리로 하나님의 구원하심을 찬양한다.

"큰 소리로 외쳐 이르되
구원하심이
보좌에 앉으신 우리 하나님과
어린양에게 있도다"(7:10)

"아멘, 찬송과 영광과 지혜와 감사와 존귀와 권능과 힘이
우리 하나님께 세세토록 있을지어다 아멘"(7:12)

구원받은 성도들이 찬양하고 있을 때 진노의 일곱 대접은 바다 건너편에 부어질 것이다.

·

이렇게 요한계시록의 이 세 가지 기둥은 어린양이신 예수께서 친히 일곱 봉인 떼기와 하나님께서 자기의 천사들을 통하여 일곱 나팔을 불게 하신 계시와 또 그의 천사들에게 진노의 일곱 대접을 쏟아 부으신 것으로 정리한다.

다시 말하거니와 해석학자들은 이 세 기둥에 대한 여러 가지 주장들을 한다. 그 중에서 정통적인 해석은 이 세 가지 기둥 계시를 중복적 계시라

고 하거나 또는 점진적 반복 계시로 보기도 한다.

> "요한계시록은 점진적인 반복(progressive repetition) (혹은 평행법)을 따라 기록되어 있다."(요한계시록 어떻게 설교할 것인가? 제6장 269p)

또는 통합적 계시로 해석을 하는 이들도 있다.

그리고 절대다수의 요한계시록 강해나 서책들은 첫 번째 기둥인 일곱 봉인 제거 계시를 "일곱 인 떼기 재앙"이라고 하고 두 번째 기둥인 일곱 천사가 차례대로 부는 일곱 나팔 불기를 "일곱 나팔 불기 재앙"이라고 하며 이어서 일곱 나팔 재앙이 끝나고 이어서 "일곱 대접 붓기 재앙"이 이어진다고 해석한다. 이들은 요한계시록 해석은 일곱 인과 일곱 나팔과 일곱 대접이 모두 하나님의 재앙 혹은 진노의 시리즈라고 한다. 이 세 재앙과 진노의 기둥들이 6장부터 20장까지 박혀 있다. 참으로 무서운 21개(7×3)의 크고 작은 기둥들이 하나님의 진노 재앙이라고 하며 무서운 진노의 그림, 재앙의 메타포, 심판과 처절한 죽음의 영상들로 가득한 것으로 해석을 한다.

유사 이래 지금까지의 해석은 "일곱 재앙 시리즈에서 일곱 인은 재앙의 대략적인 개관을, 일곱 나팔은 재앙의 국부적이지만 직접적인 면을, 일곱 대접은 재앙의 전면적이고 철저한 실현을 드러낸다."라고 하여 하나님을 재앙만, 진노만, 심판만 하시는 신으로 오해하게 하였다.

그러나 필자가 설정한 첫째 기둥 일곱 인 떼기는 하나님이 내리시는 진노가 아니라 예수 1차 오실 때의(過去) 사건이며. 둘째 기둥 일곱 나팔 불기는 하나님의 진노가 아니라 예수 2차 오실 때의(現在) 사건이며. 셋째 기둥 진노의 일곱 대접 붓기는 예수 2차 오신 후(未來)에 하나님이 진노하신 것이라고 이해한다.

그래서 이 세 기둥 사이에는 반복적이거나 점진적인 진행도 없다. 그 세 개의 기둥이 각각의 독립적이고 개성 있는 기능을 가지고 있다. 그러면서 그 모두가 하나의 통합된 역사(歷史)를 이룬다. 역사적인 차서(次序)도 「전에도」 계신 주께서 하신 일과 「이제도」 살아계시면서 역사하시는 것과 「장차 오셔서 하실 사역」으로 순차적으로 질서 정연하게 전개해 가고 있는 논리전개이다. 이런 요한계시록의 논리적 전개는 예수 그리스도의 초림 → 예수 그리스도의 재림 → 예수 그리스도의 승리(심판)이다.

그러므로 요한계시록의 내용과 차서에 있는 하나님의 언약의 성취는

1)일곱 인 떼기는

구약성경 언약의 성취를 이루시는 그리스도 초림이며

2) 일곱 나팔 불기는

신약성경 언약의 성취를 이루시는 그리스도 재림이며

3) 일곱 대접 진노 붓기는

하나님의 구원 역사 전 사역의 성취를 이루시는 그리스도 강림 후 메시아의 최후의 승리를 다루고 있다고 하겠다.

> **"또 내게 말씀하시되 이루었도다.**
> **나는 알파와 오메가요 처음과 마지막이라"**(21:6)

"이루었도다." 이 말씀은 하나님의 최후 승리의 선언이요 최종 완성의 선포시다.

이 하나님의 최후 외침은 심판으로 평정하신 후의 역사적인 선언이다.

이 선언이 나오게 된 과정을 살펴보면 이렇게 요약할 수 있다.

11장 그리스도의 2차 강림으로부터 시작하여
12장 13장은 붉은 용 사탄의 집단에 대한 죄악을 설명하시고
15장은 원고들의 승리 선고 하신다.
16장은 피고들의 형 집행하시고
17장 18장은 먼저 세상을 심판하시고
19장은 적그리스도와 거짓 선지자들을 심판하시고
20장은 붉은 용 사탄의 심판 하신 후에 외치신 선언이다.

끝으로 세 기둥에 대한 필자의 견해는 이 세 가지 기둥은 중복이나 점진적이거나 통합적이 아니라 그 한 기둥, 각각의 사건들이 각각의 중요한 계시이며 시기적절한 때 필요한 곳에 세워진 기둥들이며 또한 요한계시록은 1장에서부터 22장까지 시대적으로도 순서를 바꿀 필요 없이 그 시대와 함께 한 줄기 강물이 흐르듯 하나님의 목적을 향하여 흐르고 있는 하나님의 지혜로우신 계시라고 이해한다.

그리고 이 3개의 기둥은 각각 독립된 계시로 하나님의 분명한 뜻이 각각에 담겨있다. 일곱 인은 일곱 인대로, 일곱 나팔은 일곱 나팔대로, 일곱 대접은 일곱 대접대로의 독립된 분명한 의미를 가진 계시라고 이해한다.

그래서 필자는 다음과 같이 각각의 이름을 붙이고 싶다.

1) 첫 번째 기둥인 일곱 봉인 떼기를 「예수초림 일곱 인 떼기」라고
2) 둘째 기둥인 일곱 나팔 불기는 「예수 재림 일곱 나팔 불기」라고
3) 세 번째 기둥은 2차 오신 예수님이 교회와 성도들을 괴롭힌 적들을 향하여 쏟아 붓는 「예수 승리 일곱 진노대접 붓기」라고 명명하고 싶다.

제 2 편

두 그룹

요한계시록에는 이분법적 논리가 전개된다. 창조주 하나님의 진영과 하나님께 도전하는 붉은 용의 진영이다. 하나님 진영에는 그리스도와 거룩한 일곱 영 삼위일체 하나님이시다. 이에 질세라 붉은 용은 가짜 그리스도를 만들어 내세웠다. 그리고 하나님 진영의 지상군은 예수의 제자들과 선지자를 세우시니 붉은 용의 진영에서는 거짓 선지자를 세웠다. 그리고 하나님의 진영에서 천사를 보내어

> "우리가 우리 하나님의 종들의 이마에 인치기까지 땅이나
> 바다나 나무들을 해하지 말라"(7:4)

하나님께서 땅에 사람들 중에 하늘나라의 시민들에게 시민증을 발급해 주셨다. 시민증을 받은 바울 사도는 이렇게 위로한다.

> "우리의 시민권은 하늘에 있는지라 거기로부터 구원하는 자 곧 주 예수 그리스도를 기다리노니"(빌3:20)

붉은 용의 진영에서도 거짓 선지자를 내세워 사탄왕국의 시민권을 발급해 준다.

> "그가 모든 자 곧 작은 자나 큰 자나 부자나 가난한 자나
> 자유인이나 종들에게 그 오른손에나 이마에 표를 받게 하고
> 누구든지 이 표를 가진 자 외에는 매매를 못하게 하니
> 이 표는 곧 짐승의 이름이나 그 이름의 수라"(13:16.17)

그래서 이 붉은 용에 속한 자들은 땅에 속한 자라고 칭한다.

"죽임을 당한 어린양의 생명책에 창세 이루로 이름이 기록되지 못하고 이 땅에 사는 자들은 다 그 짐승에게 경배하리라"(13:8)
"첫째 천사가 가서 그 대접을 땅에 쏟으매 짐승의 표를 받은 사람들과 그 우상에게 경배하는 자들에게 악하고 독한 종기가 나더라"(16:2)

이들은 땅에 속한 자요 땅에 사는 자들로서 하늘에 소망이 없는 자들이다. 하나님과 무관하고 하나님의 나라에 관심이 없는 자들이다. 반면에 하나님 나라의 시민들은 어린양과 함께 거룩한 하나님의 성산 시온 산에 모여 찬양하는 십사만사천의 큰 무리들이고 이들을 하나님 나라의 시민이기에 하늘에 속한 자들이라고 칭한다.

"또 내가 보니 보라 어린 양이 시온 산에 섰고
그와 함께 십사만 사천이 서 있는데
그들의 이마에는
어린 양의 이름과 그 아버지의 이름을 쓴 것이 있더라.
그들이 하나님의 거문고를 가지고
하나님의 종 모세의 노래, 어린양의 노래를… 하더라"(14:1. 15:3)

"내가 곧 성령에 감동 되었더니 보라,
하늘에 보좌를 베풀었고 그 보좌 위에 앉으신 이가 있는데"(4:2)

이 두 그룹은 갈등과 반목으로 전쟁을 한다. 이 갈등은 붉은 용이 창조주 하나님의 권위에 도전하므로 시작되었고 이 도전자들을 완전 진압하므로 전쟁은 끝난다. 이 전쟁이 영들의 전쟁이라 신령한 전쟁이라 하고 우리 성도들도 악한 영들과 싸워야 하므로 영적 전쟁이라 하며 신앙을 지키고 선하게 살기위한 싸움이라 선한 싸움이라고 한다.

"마귀의 간계를 능히 대적하기 위하여
하나님의 전신갑주를 입으라.
우리의 씨름은 혈과 육을 상대하는 것이 아니요
통치자들과 권세들과 이 어둠의 세상 주관자들과
하늘에 있는 악의 영들을 상대함이라"(엡6:11-12)

요한계시록은 이 전쟁의 상황을 과거와 현재와 미래에 대하여 어느 성경보다도 자세하고(성도들이 알아야 할 만큼) 명료하게 설명하고 있다.

그러므로 요한계시록을 상고할 때 주목해 보아야 할 부분은

이 싸움은 어떻게 전개되어 가는가?

하나님 진영의 사람들은 어떻게 싸워야 하고 이기는 비결은 무엇인가?

왜 하나님의 진영의 사람들이 전략적으로 우세하고 하나님이 함께 하시는데 환난을 당하고 핍박으로 고생하고 죽기까지 해야 하는가?

누가 최후의 승리를 하는가?

이 전쟁은 언제 끝나고 어떻게 끝나는가?

요한계시록은 이런 문제들을 심도 있게 다룬다.

구세주 오심을 거부하는 붉은 용의 진영

구세주 예수 그리스도가 이 세상에 오심을 거부하는 자들이 있는데 그들은 붉은 용의 집단이다. 이 붉은 용은 하나님 진영의 적들이다. 그리스도를 대적하는 자들이며 구세주가 오심을 극렬하게 거부하는 집단이다. 얼마나 극악한지 이들은 백마 타고 오실 신랑을 기다리는 그리스도의 신부를 유혹하고 핍박하고 죽이기까지 하는 자들이다. 마치 춘향전의 변사도 같은 자들이다. 심지어 가짜 그리스도까지 만들어 놓고 구세주라고 섬기라고 하며 거짓 선지자들을 세워 유혹하게 하는 집단적 조직체이다.

그래서 우리 신랑 예수 그리스도께서는 승천하시기 전에도 그 악한 자들이 미혹할 것을 예언하셨다.

> "그 때에 사람이 너희에게 말하되
> 보라 그리스도가 여기 있다 혹은 저기 있다 하여도 믿지 말라.
> 거짓 그리스도들과 거짓 선지자들이 일어나
> 큰 표적과 기사를 보여
> 할 수만 있으면 택하신 자들도 미혹하리라"(마24:24)

그리고 구세주께서는 자기 시민들과 함께 살 나라를 준비하러 가셨다. 얼마나 감사한지 준비하러 가신 후에도 조심하라고 당부의 편지를 띄웠다. 그 편지가 요한계시록이고 그 편지, 요한계시록 12장, 13장에서 낱낱이 그 악의 집단들의 정체를 밝혀 주셨고, 17장, 18장, 19장에서는 그 악당들의 파워와 그들의 종말을 계시하셨다.

그래서 우리는 우리의 사랑을 방해하는 그 훼방꾼 미혹하는 악당들을 먼저 알기 위하여 요한계시록을 살핀다면 우리의 전투에 큰 정보가 되어 승리를 할 수 있을 것으로 사료(思料)되어 그 악당들의 정체와 미혹의 방법과 그들의 종말을 먼저 다루려한다.

필자가 12장과 13장을 먼저 다루려고 하는 이유는 요한계시록의 내용이 그렇게 바뀌어야 한다는 것이 아니다. 또는 앞뒤에 있는 문맥이나 사건의 순서상 삽입되어야 한다든가 막간 계시로 삽입 되어야 한다는 것 때문도 아니다. 요한계시록은 1장부터 주석하는 것이 성경의 순서로도 당연하고 논리의 전개로도 하자가 없고 하나님의 프로그램 진행의 순서로도 완벽하게 차례 따라 기록 되었다. 단순히 독자들의 이해를 돕기 위한 필자의 방법일 뿐이지 내용이나 시대상으로 장절을 바꾸어야 한다는 생각은 겨자씨알 만큼도 일체 없다. 독자 여러분이 오해 없기 바란다.

두 그룹의 전쟁사는 12장에 간단명료하고 일목요연하게 계시해 주셨다. 12장을 세부적으로 구분한다면 다음과 같이 구분할 수 있다.

1. 전쟁의 원인 1-6절
2. 하늘의 전쟁 7-12절
3. 땅위의 전쟁 13-17절

이 하늘의 전쟁은 예수 진영의 미가엘과 붉은 용 진영의 싸움으로 시작되었다. 이 시작된 전쟁은 세상 끝 날까지 계속 되며 예수 진영의 대승리로 끝이 난다.

I 제 12 장 : 마귀의 왕 붉은 용 사탄

이 전쟁 시작은 '하늘의 큰 이적' 두 가지를 계시하시면서 설명하신다. 이적이란 단어는 *σημεῖον*(세메에온)으로 상징적으로 의도된 극적인 사건들을 가져올 하늘의 장면들이다. 그 이적의 하나는 한 여자가 존재하고 있음을 보여주고 또 하나의 이적은 여자가 있는 곳에 붉은 용이 등장하는 형국의 이적이다.

하늘에 첫 번째 이적은 한 여자가 있다. 이 여자는 그 동안 존재하고 있었다는 의미다.

1절

"하늘에 큰 이적이 보이니
해를 옷 입은 한 여자가 있는데
그 발아래 에는 달이 있고
그 머리에는 열두 별의 관을 썼더라."

이 여자가 누구일까? 무엇을 상징하는가에 대하여 여러 학설들이 있는 몇 가지만 다루려고 한다. 많은 학설을 불필요하게 장황하게 많이 다루다 보면 핵심이 모호해지고 필자가 주장하려는 목적이 힘을 잃기 때문이다.

로마 가톨릭 교회는 이 여자가 성모마리아이며 성모 마리아가 영광을 받으신다는 계시로 해석한다. 그러나 12장 1절 "… 머리에 열두 별의 관을 썼더라"라는 계시의 말씀과 17절에 "그 여자의 남은 자손 곧 하나님의 계명을 지키며 예수의 증거를 가진 자들과 더불어 싸우려고"하는 것에 모순이 발생한다. 마리아의 자손들에게 사탄의 핍박이 계속 될 일과 12장의 전체적인 문맥이나 내용상으로 볼 때 마리아 한 여자가 아님을 알 수 있다.

또 어떤 이들은 이 여자가 유대민족이나 유대교를 가리킨다고 주장한다(Moffatt. Walvoord). 이 학설은 많은 이들로 지지를 받고 있지만

"그 여자의 남은 자손 곧 하나님의 계명을 지키며
예수의 증거를 가진 자들과 더불어 싸우려고"

그러나 여기 '예수의 증거를 가진 자들'이 유대민족이나 유대교가 아니라 하는 학자들의 이론이 더 힘이 있다(Morris. Alford. Johnson. Bengel).

이 여자의 남은 자손이 누구인가를 알면 이 여자의 정체를 알 수가 있다. 이 여자의 남은 자손은 이렇게 정리하면 된다. 하나님의 계명은 구약성경이다. 그 구약 성경을 가지고 그 계명을 지키는 자들은 구약교회였다. 또 예수의 증거는 신약성경이다. 신약성경 즉 예수의 증거를 가진 자들은 신약의 교회이다. 그리고 신약교회는 구약성경과 신약성경을 가진 자들이다. 그러므로 이 여자는 신약교회를 낳은 어머니 구약교회이다.

그리고 붉은 용 사탄은 누구와 싸우려고 하겠는가? 하나님의 구원사역의 주체인 교회와 싸워 사역을 파괴하려는 것이지 한 여자 마리아를 상대로 전쟁할 필요를 느끼지 않는다.

여자가 교회라고 하는 의미는 구약시대에도 하나님과 교회를 부부라고 하였다.

"이는 너를 지으신 이가 네 남편이시라
그의 이름은 만군의 여호와이시며
네 구속자는 이스라엘의 거룩한 이시라"(이사야54:5)

그 다음 이 여자의 상징적 표현이 흥미롭다. 이 여자는 찬란한 빛이 나는 해로 드레스를 입고 은은한 빛을 발하는 달을 밟고 서 있다. 그리고 이 여자는 별을 장식으로 만든 아름다운 관을 머리에 쓰고 있다.

"하늘에 큰 이적이 보이니
해를 옷 입은 한 여자가 있는데
그 발아래 에는 달이 있고
그 머리에는 열두 별의 관을 썼더라"

이 하나님의 계시는 영적 전쟁의 주체인 교회의 존재가치부터 말씀하신다. 구약교회를 상징하는 이 여자는 "빛나는 해를 옷으로 입은 여자" 이다. 이 여자는 "발아래에 있는 달 위에 서 있는 여자" 이다. 이 여자는 "머리에는 열 두개의 별로 장식한 면류관을 쓰고 있는 여자" 이다. 그러므로 이 여자의 정체는 온 우주 안에 있는 발광체 세 가지 해와 달과 별들로 찬란하고 영화롭고 아름답게 꾸민 신약교회의 어머니이다.

해(태양)를 옷으로 입었다는 말은 하나님의 광채를 입은 교회를 의미한다. 하나님이 세우신 교회는 하나님의 영광을 입은 하나님의 지체다. 이 빛은 어둔 세상 밝히는 빛이다.

또 달을 밟고 서 있다는 계시는 달은 세상을 상징한다. 교회는 세상 위에 있으며 세상은 자체 빛이 없다. 어둔 달을 비추어 빛나게 하는 것은 태양이듯이 이 여자가 입은 옷이 밝게 비칠 때에 어둔 세상은 밝아진다. 그래서 주께서는 "너희는 세상의 빛이니라"고 하신 말씀과 같이 교회는 세상의 빛이며 하나님의 제사장들이다.

또한 머리에 쓴 영광의 면류관은 12별로 장식하였는데 12별은 선택을 받은 이스라엘 12지파를 의미하며 12지파는 선택받은 자들의 수이며 선택받은 자들의 모임이라는 의미이다. 그리고 그 12라는 수가 근간을 이루고 있는 택함받은 이스라엘이 교회의 명칭이며 표시라는 의미이다.

참 아름답도다.

그 이름 엘로힘의 교회여.

빛나는 교회는 보이지 아니하는 하나님의 실체이며 교회의 모습은 하나님의 모습이며 교회의 빛은 하나님의 영광을 입은 세상의 빛이다. 교회는 하나님의 권위로 세상 위에 서서 세상을 구원할 제사장이다.

하나님은 인류 구원의 역사를 아브라함 선택으로부터 하셨다. 아브라함으로 시작된 가정 교회는 하나님께서 예비하신 광야로 피한다.

광야는 애굽을 상징한다. 애굽은 하나님이 예비하신 곳이다.

> "그 여자가 광야(애굽)로 도망하매
> 거기서 천이백육십일 동안
> 그(구약교회)를 양육하기 위하여
> 하나님께서 예비하신 곳이 있더라"(6절)

그리고 하나님이 예비하신 애굽에서 양육을 받은 교회는 민족교회로 성장하였다. 또 하나님께서 그 민족교회를 통하여 인류 구원을 이루시기 위해 구세주를 보내셨고 구세주 예수를 통하여 신약의 교회가 탄생하였다.

2절

"이 여자가 아이를 배어 해산하게 되매
아파서 애를 쓰며 부르짖더라"

이 세상 인류 구원을 이루시기 위하여 구약교회는 구속자인 독생자를 잉태하여 해산하기까지 아픔과 진통이 심했다. 신약 교회는 예수 그리스도의 탄생으로 시작되며 예수 그리스도가 교회의 머리이시며 주인이시다. 분열과 포로 생활과 그리고 로마를 위시한 주변 국가들로부터 보존의 위협을 받게 되었다. 그뿐 아니라 통치자들의 타락과 우상숭배 자들의 득세로 구약교회는 신약교회를 임신하는 고통과 해산의 아픔을 당했다. 이 아픔이 얼마나 심한지 교회는 부르짖었다. 하나님은 아파서 고통하며 부르짖는 그들을 위로하시려고 이사야 선지자를 보내 외치게 하셨다.

"너희의 하나님이 이르시되
너희는 위로하라 내 백성을 위로하라"(사40:1)
"보라,
처녀가 잉태하여 아들을 낳을 것이요
그의 이름은 임마누엘이라 하리라"(사7:14)

하나님은 '임마누엘'이라고 위로하셨다. 네가 낳을 아이는 너희와 함께 하실 하나님이라고 위로하신다.

그래서 그 해산의 수고를 통하여 낳은 아기는

"오늘 다윗의 동네에 너희를 위하여 구주가 나셨으니
곧 그리스도 주시니라"(눅2:11)

세상을 구원할 구세주가 곧 하나님의 아들이라는 위로다.

그런데 그 기쁨을 앗아가려는 자가 출몰한다.

3절

"하늘에 또 다른 이적이 보이니
보라 한 큰 붉은 용이 있어 머리가 일곱이요 뿔이 열이라.
그 여러 머리에 일곱 왕관이 있는데"
"용이 해산하려는 여자 앞에서
그가 해산하면 그 아이를 삼키고자 하더니"

이 구약교회가 수고로이 낳으려는 독생자를 집어 삼키려는 악당이 도사리고 있다. 이 짐승이 바로 한 마리 큰 붉은 용이다. 이 붉은 용은 창조 때 하나님이 만드신 피조물 천사 중 하나였다. 그 천사 중 하나가 타락하였는데 타락하게 된 원인에 대하여 유다서는 이렇게 정의하고 있다.

> **"자기 지위를 지키지 아니하고 자기 처소를 떠난 천사들을 큰 날의 심판까지 영원한 결박으로 흑암에 가두셨다"**(유1:6)

이들이 피조물인 자기의 분수(자기 지위)를 모르고 창조주의 권위에 도전하는 악한 짓을 하였다.

왜? 이 붉은 용이 창조주 하나님께 도전한 것이라고 해석하는가? 그의 도전의 징후는 그의 모습으로부터 보인다.

첫째로 그의 붉은 색부터 하나님의 권위에 도전적이다. 혹자는 붉은 색은 공산당의 색이요 그들은 붉은 깃발을 들고 침략하는 용으로 중국을 상징한다고 하였다. 그러나 그 당시 붉은 색은 공산당의 색이 아니라 통치자의 색상이다. 예수께서 십자가에 못 박히기 전 군병들의 희롱을 보면 알 수 있다. 군병들은 예수께서 '내가 유대인의 왕이라' 고 하신 것에 대하여 예수를 왕처럼 꾸미고 경배하는 것처럼 희롱하였다.

> **"예수의 옷을 벗기고 홍포(붉은 옷)을 입히며 가시관을 엮어 그 머리에 씌우고 갈대를 그 오른 손에 들리고 그 앞에서 무릎을 꿇고 희롱하여 이르되 유대인의 왕이여 평안할지어다"**(마27:28. 29)

요한계시록을 기록할 당시 붉은 색은 왕의 색이었다. 이 용이 붉은 색을 입은 것은 자기가 제왕이라고 과시하는 짓이다. 온 우주의 통치자는 창조주 하나님 한 분뿐이시다. 그 하나님의 통치권에 도전하기위해 내가 통치자라는 의미로 붉은 색으로 등장한다.

둘째로 용은 하나님께 도전하기 위해 일곱 머리를 달고 나왔다. 일곱은 하나님의 전능자의 숫자이다. 하나님은 하늘의 수 3과 땅의 수 4를 합한 하늘과 땅을 창조하신 창조주로서 존재의 으뜸이시고 유일무이한 주가 되심을 상징하는 숫자가 일곱이다. 그런데 이 붉은 용 짐승은 전능하신 하나님의 권위에 도전하려고 일곱 머리를 달고 나왔다. 이 머리는 으뜸이며 우두머리라는 암시로 일곱 머리를 달고 등장한 것은 창조주의 위상에 도전이다.

셋째로 이 붉은 용은 뿔을 열 개를 달고 나왔다. 뿔은 힘을 상징한다. 하나님은 힘의 근원이시다. 하나님은 모든 것에게 힘을 공급하시는 힘의 원천이시며 전능의 주시다. 그런데 이 짐승이 뿔을 열 개나 달고 나온 것은 창조주보다 내가 힘 있고 더 능력 있음을 과시하려고 한 짓이다. 자기의 강한 힘을 과시하려고 하나님의 일곱 개보다 더 많이 열 개를 달고 나와조물주의 권위에 도전하고 있다. 그러나 몸통은 하나에 머리는 7개, 7개의 머리에 10개의 뿔, 상상만 해도 마귀의 본래의 괴물 모습 그대로 보여주게 되어 직감적으로 가짜 창조주라는 것을 알게 한다.

넷째로 온 천하의 통치자는 창조주 하나님이시다. 그런데 열 뿔 짐승은 왕이신 하나님을 무시하고 자기가 왕이라고 왕관 일곱 개를 쓰고 나왔다. 이 행위는 "이제 내가 왕이다."라는 선언이다. 참으로 가소롭게도 피조물인 짐승이 하나님의 권좌를 빼앗으려고 쿠데타를 일으킨 것이다. 이 짐승은 이 쿠데타로 하나님께 전쟁 선포를 한 것이다.

이 마귀의 도전은 이렇게 시작되었다. 그 도전은 피조물이 창조주 하나님의 권위에 도전한 것이다. 그가 피조물이요 창조주가 아니라는 증거로 그 짐승의 정체를 요한의 계시 통하여 하나님은 말씀하신다. 그 붉은 용 짐승은 무엇인가?

> "옛 뱀(에덴동산에서 감언이설로 속여 인류를 망친 자)
> 마귀(사람이 아니라 사악한 영)라고도 하고,
> 사탄(하나님 하는 일을 막아서서 방해하는 자)이라고도 하며
> 온 천하 (돌아다니며 사람들)를 꾀는 자라"(9절)

하나님은 이 말씀 속에 그 짐승은 창조주가 아니라 창조 세계를 파괴하는 악한 피조물이라고 폭로하신다.

(1) 옛 뱀

이 붉은 짐승은 에덴동산에서 인류를 파멸시킨 옛 뱀으로서 앞으로 교회를 파멸시키려고 유혹할 것이다.

(2) 마귀

이 짐승은 사악한 영이라 온 천하를 두루 다니며 삼킬 자를 찾아다니는

우는 사자 같은 마귀라 조심하라는 말씀이다.

(3) 사탄

사탄이란 히브리원어의 의미는 막는 자란 말이다. 이 짐승은 창조주 하나님이 아니라 하나님의 하시는 일 방해하는 자요 대적자 사탄으로 하나님의 거룩한 구원사역을 방해하려고 몸부림칠 것이란 계시이다.

(4) 미혹자

이 짐승은 진실한 하나님이 아니라 온 천하를 다니며 사람들에게 거짓말로 유혹하여 멸망으로 끌고 갈 자라는 계시이다.

이와 같이 붉은 용은 창조주가 아닌 가짜요 피조물일 뿐인데도 이 짐승은 자기의 힘과 능력을 과시하여 자기가 창조주라는 것을 증명하려고 피조물인 별들을 지배하고 있음을 보여 준다.

4절

"그 꼬리가 하늘의 별 삼분의 일을 끌어다가 땅에 던지더라"

그 붉은 용 마귀는 자기의 힘을 과시하기 위해 허세를 부린다.

'나는 내 꼬리 힘만으로도 하늘의 별들, 즉 영(spirit)들 3/1을 장악할 수 있다' 라고 과시한다.

그 사탄의 과시는 이런 내용이라고 추측할 수 있다. 그는 본래 타락한 천사장이다. 그가 다른 졸개들에게 자기를 따르라고 명령하여도 따르지 아니하므로 화가 났다. 화가 난 천사장은 따르지 아니하는 천사들을 움켜쥐고 땅에 내던져 버리기도 하며 위협을 한다. 이렇게 무력으로 위협하여 자기의 졸개들을 만들었다.

그 수가 하늘의 별 삼분의 일이라고 한다. 그 삼분의 일이 얼마나 될까?

수천 수만이다. 귀신의 소굴 무저갱에서 나온 황충들을 보라.(9:2.3) 그리고 이만 만이나 되는 살인마들을 보라.(9:16절) 그 수효는 천천이요 만만이다. 그러나 그 힘은 하나님의 전능에는 빙산의 일각일 뿐이다. 하나님은 무한권세자이시다.

또 그 붉은 용 사탄은 그 막강한 힘을 가진 것처럼 허세를 부리더니 이제는 정신착란자와 같은 무모한 짓을 하려고 한다.

유일하신 하나님의 독생자 하나님의 아들을 잡아먹으려 한다.

"용이 해산하려는 여자 앞에서
그가 해산하면 그 아이를 삼키고자 하더니"

이 짐승은 여자의 해산을 기다리고 있다. 도우려고 기다리는 것이 아니라 그 여자가 낳을 아이를 그 큰 입으로 잡아먹어 버리려는 짓이다. 이 짐승은 마치 먹이 사냥을 하기 위해 물속에 몸을 숨긴 악어같이 영아를 잡아먹으려고 도사리고 있다.

왜 이 짐승이 여자의 아들을 먹어치우려고 하는 것인가?

그 여자의 아들이 장차 어떤 자인 것을 알기 때문이다. 그 여자가 낳을 아들이 장차 철장으로 다스릴 자라는 것을 알기 때문이다.

5절

"여자가 아들을 낳으니
이는 장차 철장으로 만국을 다스릴 남자라"

이 여자가 낳은 아들이 "장차 철장으로 만국을 다스릴 남자"이다. 철장으로 악의 무리들 자기 사탄의 일당들을 질그릇 깨부숴 버릴 만왕의 왕 그리스도라는 것을 알기 때문에 장래에 당할 화를 먼저 치겠다는 전략이다. 그리고 이 짐승은 자기가 만국을 다스릴 왕권을 장악하고 명실공히 천하제일로 군림하려고 하나님께 도전하였는데 자기의 라이벌이 출생한다는 것이 못마땅한 것이다. 그래서 초기에 싹부터 도려내려는 수작이다. 그는 하나님의 왕권에 대한 역모이며 왕세자를 살해하려는 악당이다.

그러나 아무리 악당이 잔꾀를 부린다 할지라도 하나님의 뜻은 이루어진다. 결국 하나님의 역사는 성취된다.

"이 여자가 아들을 낳았다"

자객 같이 도사리고 있던 그 붉은 용 사탄은 하나님의 아들을 삼키지는 못했다. 아무리 악당이 날뛰고 우는 사자같이 도발한다 해도 하나님은 승리하신다.

"그 아이를 하나님 앞과 그 보좌 앞으로 올려가더라"

그 아이를 하나님 앞으로 올려갔다는 의미는 하나님께서 아들 보호차원에서 데려가셨다든지 또는 구세주가 아직 어리므로 도전을 피하였다는 것보다 하나님께서 '이 아들이 내 아들이라'는 인증이며 만천하에 공포하기 위해 하나님 앞과 그 보좌 앞으로 올려가셨다고 해석하는 것이 더욱 은혜로울 것이다.

"여호와께서 내게 이르시되
너는 내 아들이라 오늘 내가 너를 낳았도다

내게 구하라 내가 이방 나라를 네 유업으로 주리니
네 소유가 땅 끝까지 이르리로다
네가 철장으로 그들을 깨뜨림이여 질그릇 같이 부수리라
하시도다"(시2:7-9)

구약 시편에서 언약하신 하나님 언약의 성취이심을 증명하신다.
한편 그 아들을 낳은 여자 구약의 교회는 어떻게 하셨는가?

6절

"그 여자가 광야로 도망하매
거기서 천이백육십 일 동안 그를 양육하기 위하여
하나님께서 예비하신 곳이 있더라"

이 계시 안의 여자가 마리아를 상징한다면 광야가 애굽이 될 것이다. 요셉과 마리아는 헤롯이 아기 예수를 죽이려고 하므로 애굽으로 피하였기 때문이다. 그러나 그 여자가 구약의 교회를 상징하는 계시라면 광야는 이 세상을 상징한다고 하겠다. 그러므로 이 세상은 하나님이 교회를 위하여 예비하신 요람이요 피난처다. 하나님은 자기의 자녀들을 사랑하시므로 보호하실 곳을 마련해 두셨다.

어찌 광야 이 땅이 교회의 피난처가 될 수 있는가? 피난처라는 것은 피해를 줄 것으로부터 보호를 받을 수 있는 곳이라는 것이다. 붉은 용 사탄은 교회에 피해를 입히는 주범이다. 그 주범이 하늘에서 땅으로 아직 쫓겨나지 않은 때이므로 하늘보다는 이 땅이 안전한 곳이다.

이와 같이 1-6절까지 전쟁의 원인에 대하여 정리해 주신다. 전쟁의 원인은 누구에게 있는가? 전쟁의 주범이 누구라고 생각하는가? 전쟁의 원인은 하나님께 있는 것이 아니라 붉은 용이 하나님 권위에 도전하여 쿠데타를 일으켰고 그 쿠데타가 실패하자 차기 왕권 승계자인 하나님의 아들 구세주를 집어 삼키려고 자객질까지 하였다. 그리고 이 악당이 재판 받을 전쟁범이다.

이제 7절부터는 하늘에 전쟁이 일어났다. 이 전쟁의 원인은 붉은 용에게 전적으로 있음을 주지한 바 있다. 그것이 하나님의 권위에 도전하고 도발하였다. 그 악당이 하나님의 정권을 찬탈하려고 쿠데타를 일으켰다. 그래서 하나님의 정부군은 반당들을 진압하기 위해 진압작전이 실시된 것이다.

7절

"하늘의 전쟁이 있으니
미가엘과 그(미가엘)의 사자(천군)들이 용과 더불어 싸울새
용과 그의 사자(악한천사)들도 싸우나"

필자는 이 계시를 이렇게 추측해 본다.

하나님은 그 악당들의 도전에 참고 참으셨다. 또 자기의 아들을 잡아먹으려고 한 짓도 참아 주셨다. 그런데도 그 악당이 하나님의 아들을 살해하려는 것을 포기하지 않고 아들을 추격하는 것이다. 하나님이 "그 아이를 하나님 앞과 그 보좌 앞으로 올려가더라"는 말씀같이 아들이 하늘로 올라가므로 그 붉은 용과 그의 졸개들이 하나님의 독생자를 죽이겠다고 하늘까지 추격한 것이다. 그러자 하나님의 경호 대장 천사장 미가엘은 천군들을 이끌고 그 악당들의 추격을 저지하기 위해 출전한 것으로 추론해 본다.

어떤 연유이든지 하늘에 전쟁이 시작되었다.

"미가엘과 그의 사자들이 용과 더불어 싸울새"

아무리 강하다고 허세를 부린 용이라 할지라도 하나님이 보유하신 그 만능의 군사력과 견고한 천군에게 대패를 하고 말았다. 용이 참패한 것은 하나님의 힘에 역부족이다. 아무리 자기의 졸개들을 총동원하여 "그의 사자들도 싸우나" 아무래도 역부족이라 "이기지 못하여" 대패하고 말았다. 이렇게 전황은 역전이다. 대패한 악당들은 이제는 미가엘과 그의 사자들에게 추격을 당하게 되었고 숨을 곳을 찾았으나 은신할 만한 곳 하나 없어 혼비백산했고 혼쭐 난 것이다. 붉은 용 사탄의 무리들이 완전 참패다. 완전 진압된 것이다.

8절

"하늘에서 그들이 있을 곳을 얻지 못한지라"

이 말씀을 여기에 계시하신 의도는 그 악당인 용은 쿠데타의 주범이요 전쟁의 패배자요, 하늘에서 쫓겨난 도망자 신세라는 의미이다. 그러므로 성도들에게 그를 두려워하지 말라고 하시는 격려의 말씀이다.

9절

"큰 용이 내쫓기니…
그가 땅으로 내쫓기니"
"그의 사자(졸개)들도 그와 함께 내쫓기니라"

붉은 용은 큰 용이라고 호언장담하고 과시하지만 힘으로는 창조주 하나님께 이길 수 없어 자기들의 아지트까지 하늘에서 쫓겨나는 신세가 되었다. 그런즉 그 악당 붉은 용은 하늘에서 하나님의 권위에 도전한 역모반란 주모자요 하나님의 아들, 왕세자를 죽이려 한 살인미수자요. 전쟁을 일으킨 전쟁범으로 땅으로 도망친 지명수배자이다.

10절

이제 하늘에서는 "내가 들으니 하늘에 큰 음성"으로 승전가의 장엄한 선율이 흐른다
"하늘과 그 가운데에 거하는 자들은 즐거워하라"

이 노래는 승리의 노래라 기쁘고 즐거워 외치는 환호의 찬가이다.
이 승리는 미가엘의 강력한 힘이 아니라

"하나님의 구원과 능력과 또 그리스도의 권세"로 승리한 것임을 고백하며 모든 영광은 하나님께, 찬양은 그리스도께 드린다.
그리고 이 전쟁에 성도들은 무엇을 했을까?

"또 우리 형제들이 어린 양의 피와
자기들이 증언하는 말씀으로써 이겼으니
그들은 죽기까지 자기들의 생명을 아끼지 아니하였도다"

성도들은 이 전쟁에 방관자로서 피신하고 하나님의 군사에게만 맡긴 것이 아니라 하늘의 성도들도 하나님의 진영 미가엘의 군사로 동참하였

다는 것이다. 동참한 자만이 누릴 수 있는 승리의 기쁨을 성도들도 하늘의 천군 천사와 함께 그 영광과 기쁨을 누리게 되었다. 이 성도들의 승리는 그들이 믿는 어린 양의 피의 권세로 승리한 것이며, 우리는 오직 예수의 피로 구원 받았다는 확신에서 나온 증인의 증거가 그 악당들을 항복하게 만들었다는 것이다.

지금 마지막 시대를 살며 영적 전쟁을 하는 우리가 악한 마귀들과 싸워 승리할 수 있는 것은 오직 어린 양의 피의 권세와 그 피로 구원받는다는 확신이다. 이 믿음이 승리를 보장한다는 것이다. 하늘의 전쟁은 이런 값진 교훈과 사실을 증명해 보여주었다. 예수의 피가 우리에게 승리 주리라.

참으로 더 감격스러운 것은 성도들이 이 믿음을 지키기 위하여

▪ 11절

"그들은 죽기까지
자기들의 생명을 아끼지 아니하였도다"

성도들은 이 땅위에 사는 100년의 생명보다 더 보배롭고 존귀한 생명, 더 아름답고 즐거운 생명, 더 영원한 생명을 얻기 위해 이 땅에서의 생명을 아까워하지 않고 죽음을 두려워하지 않고 자기 생명 바쳐 믿음을 지켰다. 이 믿음이 감격을 주는 보배로운 믿음이다.

▪ 12절

여기 천군천사와 함께 성도들이 부른 승전가의 노랫말은 의미하는 바가 크다.

"그러므로
하늘과 그 가운데에 거하는 자들은 즐거워하라
그러나
땅과 바다는 화 있을진저,
이는 마귀가 자기의 때가 얼마 남지 않은 줄을 알므로
크게 분 내어 너희에게 내려갔음이라"

특별히 "땅과 바다는 화 있을진저"라는 이 말씀이 의미하는 바가 크다. 이 노랫말이 요한계시록을 푸는 열쇠이다. 그 악한 마귀는 쿠데타에 패배한 울분으로 하나님께 대하여 이를 갈며 이 땅으로 쫓겨났다는 것이 열쇠이다.

그 하늘에서 패배하고 쫓겨나 화가 난 마귀는 누구에게 분풀이를 하겠는가? 자명한 일로 하나님의 백성들과 교회에게 분풀이를 할 것이다. 그것들의 분풀이로 성도는 핍박을 받고 환난을 당하고 죽임을 당하게 될 것이라는 말씀이다.

그 분풀이가 일곱 인을 제거할 때도 나타나고 일곱 천사가 나팔 불 때마다 방해 책동하는 행패를 부려 하나님의 진영이 큰 피해를 입게 되는 것을 볼 수 있다. 그래서 하늘의 천군과 함께 승전가를 부르던 하늘의 성도들은 승전가가 변하여 "땅과 바다는 화 있을진저"라고 애가를 부르고 있다.

13절

"용이 자기가 땅으로 내쫓긴 것을 보고
남자를 낳은 여자를 박해하는지라"

그것들이 땅으로 내쫓기므로 그것들의 분풀이는 이제 땅에서 시작되었다. 그 악당들이 하늘에서 저지른 악한 짓은 하나님의 권위에 도전한 역모 짓을 하였고 또 하나님의 구원사역에 정면 도전하여 탄생하실 하나님의 독생자를 집어삼키려고 하다가 실패하였다. 마귀는 예수를 하늘까지 따라 올라가 살해 하려다가 도리어 대패하고 쫓겨난 것이다.

이제 땅으로 내쫓긴 마귀는 작전을 "남자를 낳은 여자를 박해하는"것으로 바꿨다. 직접적으로 창조주에게 도전하거나 창조주의 아들에게 도전하는 것보다 한 치 걸러 두 치의 어리석은 잔꾀로 하나님의 교회에 행패를 부리기로 한 것이다. 그러나 주의 교회는 주님의 몸이요 주의 성도들은 자기 생명을 아낌없이 바쳐 구원한 자기 백성이다.

그러므로 교회는 주께서 사랑하시는 그 사랑으로 승리할 것이다.

"누가 우리를 그리스도의 사랑에서 끊으리요.
환난이나 곤고나 박해나 기근이나 적신이나 위험이나 칼이랴"
"이 모든 일에
우리를 사랑하시는 이로 말미암아
우리가 넉넉히 이기느니라"(롬8:36, 37)

또 광야 같은 이 땅위에 살아가는 광야교회는 무엇으로 사탄을 이길 수 있을까? 큰 독수리 두 날개로 승리하리라.

14절

"그 여자가 큰 독수리의 두 날개를 받아
광야 자기 곳으로 날아가 거기서 그 뱀의 낯을 피하여

한 때와 두 때와 반 때를 양육 받으매"

교회는 하나님이 주시는 "큰 독수리 두 날개를 받아"야 이길 수 있다. 그럼 큰 독수리 두 날개는 무엇일까?

하나님은 자기 백성들을 애굽에서 구출하신 사건을 이렇게 말씀하셨다.

"내가 어떻게 독수리 날개로
너희를 업어 내게로 인도하였음을
너희가 보았느니라"(출19:4)

이 말씀은 하나님께서 자기 백성들을 애굽에서 구출해 내실 때 일이다. 그때 자기 백성 구출해 낸 표현과 의미와 방법을 큰 독수리 날개라는 상징적 표현으로 말씀하신다. 그 독수리 큰 두 날개는 하나님의 보호의 은혜를 상징한다.

하나님은 요한계시록에서 하나님의 사역과 은혜들을 말씀하신 때 성경 안에서 역사하셨던 일들을 가지고 계시하실 때가 종종 있다.

1. 구약 시대 성전 안에 있는 금제단의 향로를 가지고 성도들의 기도가 하나님께 드려지는 향이라고 설명하신다.(5:8. 8:3-5)
2. 구약의 선택을 받은 12지파를 가지고 하나님의 택함을 받은 백성들이 구원받을 것이라고 설명하신다.(7:4-10)
3. 구약 시대 침략자들 바벨론과 그 침략자들의 땅인 유브라데강을 가지고 성도를 해치려는 자들이 누구라는 것을 설명하신다.(9:14. 14:8. 17장-18장)
4. 두 증인에 대한 해석은 구약 스가랴서의 두 감람나무, 또는 모세의 권

세, 엘리야의 능력으로 설명하신다.(11:3. 5)

5. 구원받은 성도들을 표현하실 때는 모세 시대 홍해를 건너 기뻐하는 무리들을 가지고 설명하신다.(15:2-4)

이와 같이 하나님은 독수리 두 날개의 은혜에 대하여는 애굽에서 구출하신 은혜로 설명하신다. 하나님은 사도 요한과 오늘 말세를 살아가는 우리에게 그때 그 큰 독수리의 두 날개의 보호의 은혜를 다시 말씀하신 것이다. 예수님은 그 보호의 은혜를 다음과 같이 약속하셨다.

"내가 아버지께 구하겠으니
그가 다른 보혜사
곧 아버지께서 내 이름으로 보내실 성령을
너희주사 영원토록 함께 있게 하리라"(요14:16-27)

이 약속은 보혜사를 보내시겠다는 약속이다.

'보혜사' 는 원어로 *παράκλητος*(파라클레토스) 즉 돕는 자, 변호자, 위안자라는 명사이다. 그리고 보혜사는 성령이다. 성령이 곧 우리를 보호하시는 하나님의 영, 주의 영이시다. 이 약속으로 오순절에 성령은 강림하셨고 그때로부터 오늘까지 성령 하나님은 교회와 성도들을 보호하셨다. 마치 독수리 날개로 업어 건너듯이 말이다.

마귀의 권세를 이길 힘은 성령의 권능이시다. 그 힘으로 우리는 승리할 수 있기 때문에 주님은 그의 제자들에게 명령하셨다.

"오직 성령이 너희에게 임하시면
너희가 권능을 받고 땅 끝까지 내 증인이 되리라"

성령의 힘으로 승리하라고 당부하셨다. 성도의 보호자는 보혜사 성령 하나님이시다. 성령의 도우심으로 성도는 승리한다.

"성령도 우리의 연약함을 도우시나니"(롬8:26)

원수 악한 마귀는 성령의 능력 앞에서 힘을 발휘를 하지 못할 것이니 우리는 승리하리라. 아멘.

15절

어리석은 사탄, 옛 뱀은 주의 교회를 침몰시키려고 다른 작전으로 도전을 시작한다.

"여자의 뒤에서 뱀이 그 입으로 물을 강 같이 토하여
여자를 물에 떠내려가게 하려 하되"

그 악당 붉은 용 마귀는 집요하다. 분풀이를 포기를 하지 않는다. 그 이유는 하나님의 진노하심을 알고 있고 얼마 남지 아니한 자기의 멸망의 날에 유황불 못에 들어갈 것도 안다. 즉 자기의 때(예수 다시 오심으로 심판받아 불 못에 들어갈 날)가 얼마 남지 않음을 알고 최후의 발악을 하는 것이다.(12절)

이번에는 그 악한 붉은 용은 교회를 침몰시키려고 발광한다. 사탄은 교회를 침몰시켜 절멸(絶滅, extermination)하려는 것이 근본 목적이다. 사탄은 로마 황제들을 이용하기도 했고 공산당을 이용하여 교회와 성도들을 절멸시키려고 했다. 지금도 이슬람을 이용하고 이단들을 통하여 절멸

시키려 한다. 그러나 새로운 작전으로 교회를 침몰시키려는 방법도 효과적이지 못하고 효과가 없는 실패작이 되고 말았다. 그가 하는 짓마다 실패뿐이다.

16절

물로 교회를 침몰시키려는 그런 방법은 현실에 무지한 처사였다. 교회가 피하여 있는 땅은 메마른 땅, 광야(14절)다. 아무리 많은 물도 땅은 다 흡수할 수 있는 곳이다. 마귀는 여자가 사는 환경이 많은 물도 흡수하게 될 것을 예측 못하는 무지의 소치로 패배하고 말았다.

"땅이 여자를 도와 그 입을 벌려
용의 입에서 토한 강물을 삼키니"

이 계시는 사탄, 붉은 용은 어리석은 마귀라는 것이다. 그는 하는 작전마다 실패하는 거듭된 패배자가 되었다는 것을 설명하신다. 그러므로 너희는 두려워하지 말라는 하나님의 계시다.

17절

"용이 여자에게 분노하여 돌아가서"

패배자 마귀, 용은 계속 실패하고 패배하고 망할 짓만 하였다. 용은 더욱 화가 났다. 얼마나 분통이 터지겠는가?

"분노하여 돌아가서" 밤새도록 한 잠을 자지 못했을 것이다. 그렇게 매일 밤마다 잠 설치는 마귀는 머리 터지도록 생각하고 생각하여 전략을 또 수정해 본다.

그가 이번에 전략을 수정한 방법은 다음과 같은 것이다.

'구약교회는 수천 년 내려오면서 만고풍상을 다 겪은 터라 견고하여 흔들리지 않는다. 그렇다면 신생 교회인 신약교회를 공략하기로 하자.' 라는 작전이다.

> "그 여자의 남은 자손 곧
> 하나님의 계명"(구약성경)을 지키며
> 예수의 증거(신약성경)를 가진 자들(신약성도)과
> 더불어 싸우려고 바다 모래 위에 서 있더라"

그 여자의 남은 자손은 누구를 말하는가?

첫째는 하나님의 계명은 구약성경을 의미한다. 성경 중에 '하나님의 계명' 은 다 구약성경을 의미한다는 말이 아니라 여기서는 구약성경을 의미한다고 하겠다. 그 여자의 남은 자손은 구약성경을 지키는 자들이며,

둘째는 예수의 증거는 신약성경을 의미한다. 그 여자의 남은 자손은 신약성경을 가진 사람들이다. 그런즉 신구약성경을 가진 성도들이다. 신구약 성경을 가진 자는 오직 신약의 성도들뿐이다. 그러므로 그 여자의 남은 자손들은 신약교회를 의미한다.

이렇게 요한계시록에서 계시하시는 신(神)은 참으로 세밀하신 지혜의 하나님이시다. 그 악한 원수마귀의 작전까지 훤히 다 꿰뚫고 말씀하신다. 일점일획도 불완전하지 않은 정확한 작전이다. 또 얼마나 정확하게 계시하셨는지 생각해 보라. 여기 구약교회와 신약교회와의 관계와 구약성경과 신약성경을 가진 신약의 성도들의 삶을 참으로 잘도 구분하여 표현하셨다. 감탄치 않을 수가 없다. 할렐루야. 아멘.

그런데 그 붉은 용 사탄 마귀는 예수의 증거(신약성경)를 가진 자들(신

약성도)과 더불어 싸우려고 바다 모래 위에 서 있더라.

붉은 용은 성도들과 싸우려고 모래 위에 서 있다. 광야에 살고 있는 신약의 성도들과 싸우려면 광야에 서서 기다려야 하는데 왜? 바다 모래 위에 서 있을까? 그는 거듭되는 작전의 실패로 침울한 마음을 달래려고 바닷가에 서 있는 것일까? 먼 바다를 바라보며 긴 한 숨을 쉬는 것일까? 그렇지 않으면 심도 있게 작전을 세우려고 사색을 하는 것일까?

이런 생각을 했는지도 모른다.

'나는 왜 이렇게 창조주에게 패배만 하는가?
나도 창조주 하나님처럼 작전을 수정하자.
그는 자기가 직접 세상을 구원하려고 하지 않고
그의 아들 예수 그리스도를 대신 세상에 보내어
구원사역의 업무를 나누어 분업을 하고 있지 않은가
나도 분업을 하자 나도 그리스도를 만들자.'

이렇게 창조주 하나님의 작전을 모방하려고 그리스도를 만들려는 것을 생각할 수도 있다. 그래서 사기를 잘 치는 사탄은 이번에도 또 가짜 그리스도를 만들 생각 말이다. 그는 그렇게 가짜 그리스도를 만들기로 한 후 바닷가에 서 있다.

왜? 무엇을 기다리고 있는가?

독생자 예수 그리스도와 비슷한 가짜 그리스도 곧 붉은 용의 아들놈을 기다리고 있다.

12장에 이어 연속되는 13장 1절 말씀을 보라.

"내가 보니
바다에서 한 짐승이 나오는데
"뿔에 열이요, 머리가 일곱이라"(13:1)

Ⅱ 제 13 장 : 1-10절 | 열 뿔 짐승 적그리스도

모사(模寫)꾼의 대가 붉은 용은 이번에도 가짜를 만들었다. 참과 가짜는 하늘과 땅 차이다. 그런데 오늘날 교회와 성도는 참과 가짜를 엇비슷하다고 생각한다. 큰 착오다. 참은 진리라 말씀대로 이루어지지만 가짜는 다 거짓이라 이루어짐도 없고 응답도 없고 소리도 없고 협잡일 뿐이다. 허망한 결과만이 있는 것이 가짜이다.

바닷가에 서서 기다리는 붉은 용에게 가짜 그리스도가 등장한다.

1절

"바다에서 한 짐승이 나오는데(자기를 빼닮은 아들 놈)
"뿔이 열이요, 머리가 일곱이라"

하나님은 요한에게 보여주신 환상의 계시를 통하여 붉은 용의 거짓을 폭로하신다. 이름은 예수 그리스도와 비슷하게 '그리스도'라고 지어주었으나 생긴 모양은 그리스도와 전혀 다르다는 것을 폭로하신다. 예수 그리스도와 비슷한 것이 아니라 붉은 짐승을 쏙 빼닮은 '가짜 그리스도'이다. 예수 그리스도와 같은 것이 아니라 붉은 용을 닮은 것이다.

"한 큰 붉은 용이 있어 머리가 일곱이요 뿔이 열이라"(12:3)

바다에서 나온 그 짐승은 머리가 일곱 개가 붉은 용과 같고 뿔이 열 개로서 그리스도와 전혀 다르고 붉은 용과 같다. 그리스도와 닮거나 비슷한 것이 하나도 없다. 생물학적으로도 본질적으로도 다르다. 그래서 우리는 바다에서 올라온 짐승을 가짜 예수, 가짜 그리스도라고 한다. 그리고 필자는 예수 그리스도와 붉은 용과 구별하기 위해 그 가짜 그리스도를 열 뿔 짐승이라고 명명하려고 한다. 그 열 뿔 짐승이 아무리 예수와 비슷하게 하려고 노력했다 할지라도 우리는 그것이 가짜라는 것을 명확하게 알 수 있다. 예수 그리스도와 비교해 보자. 그러면 그 열 뿔 짐승이 가짜인 것이 극명하게 드러날 것이다.

(1) 열 뿔 짐승이 가짜라는 것은
그리스도의 모습과 비교해 보면 안다.

2절

하나님은 가짜 그리스도라는 것을 사도 요한에게 이렇게 보여 주셨다.

"내가 본 짐승은 표범과 비슷하고
그 발은 곰의 발 같고
그 입은 사자의 입 같은데"

열 뿔 짐승의 애비 마귀 붉은 용 사탄은 그리스도가 어린양이라고 하니 짐승인 줄 알고 짐승을 만들어 세웠다.

어떤 짐승인가? 그 가짜는 양 같은 짐승이 아니라

1) 양들을 잡아먹으려고 호시탐탐 노리는 포악한 "표범 비슷하고"

2) 양들을 발로 짓밟고 이빨로 물어뜯는 짐승 "곰의 발 같고"

3) 양들을 한 입에 물어뜯어 삼킬 듯한 "사자의 입 같은데"

이렇게 하나님은 가짜인 비밀을 폭로하였다.

진짜 그리스도는 양들을 위해 목숨까지 버리신 목자요 자기 목숨을 대속물로 주신 어린양이시다.

"나는 양을 위하여 목숨을 버리노라"(요10:15)

그러나 가짜 그리스도는 양들을 자기 배를 채울 먹거리로 생각하는 포악스런 이리들, 이단들이다.

"이리가 양을 물어가고 또 헤치느니라"(요10:11)

(2) 열 뿔 짐승이 가짜라는 것은

그리스도와 경력을 비교해 보면 안다.

3절

"그의 머리 하나가 상하여 죽게 된 것 같더니
그 죽게 되었던 상처가 나으매
온 땅이 놀랍게 여겨 짐승을 따르고"

진짜 예수 그리스도는 인류를 위하여 십자가에 진짜 죽으셨다가 3일만에 부활하셨다.

"그 중 한 군인이 창으로 옆구리를 찌르니
곧 피와 물이 나오더라" (요10:15)

그런데 가짜는 이 십자가의 희생과 사망권세를 이기신 경력을 어떻게 속이는가?

"그의 머리 하나가 상하여 죽게 된 것 같더니"

진짜로 죽은 것이 아니라 조금 상해를 입은 것뿐이다.

"그 죽게 되었던 상처가 나으매"

여기 상처의 원어는 플레게(πληγη)로 구타, 상처, 부상에 쓰이는 단어이다. 그리고 이 단어 바로 뒤에 이어서 형용사 역할을 하는 투 다나투 아우투(τοῦ θανάτου αὐτου)가 뒤따라 와 "죽음에 이르게 할 만한 상처"를 입었는데로 번역하고 그 뒤에 따라오는 단어 에데라퓨데(ἐθεραπεύθη)는 고치다, 치료하다로 번역한다. 그러면 죽은 것이 아니고 심각한 상처를 입었는데 치료해서 회복 되었다는 의미이지 죽었다가 살아났다는 의미는 아니다. 즉 그리스도처럼 죽었다가 부활한 것이 아니고 죽은 것 같이 보인 상처를 치료받은 것이다. 그리스도처럼 해 보려 한 흔적은 있으나 그것은 사망과 부활 사건이 아니라 병에서 회복한 것뿐이다. 그것은 사람들을 유혹하기 위한 눈속임일 뿐이다.

"병 나은 것 때문에 온 땅이"

그런 병에서 회복한 것을 기적이요 부활이요 생명이라고 눈속임하고 있다. 그래서 사람들은 속임수 미혹에 넘어간다.

"놀랍게 여겨 짐승을 따르"도록 쇼를 했을 뿐인데 무지한 사람들은 그 가짜 속임수에 놀라움을 표한다. 여기 놀랍게라는 원어인 다우마조(θαυμάζω)는 '기이히 여기다' 라는 뜻이다. 즉 종교적인 개념으로는 기적이나 신비로운 일들이 목격자들에게 미치는 효과를 기술하기 위하여 사용된 단어다. 예수 그리스도께서 신의 능력으로 거라사인 지방의 더러운 귀신이 들려 절대적인 힘을 과시하며 무덤 곁에서 살던 사람을 돼지 2000마리에게 귀신을 내쫓고 정상인으로 만드신 이적을 베푸실 때에 사용된 단어이다. 그때 사람들이 다우마조라고 외쳤다.(막5:19)

다우마조 기적은 사람의 힘으로 할 수 없는 것을 신의 능력으로 하는 것이다. 그런데 가짜 그리스도는 사람들도 고칠 수 있는 병에서 회복된 것을 가지고 부풀려 죽었다가 부활했다고 기적이라고 속이고 있다. 이렇게 속임수로 사람들을 현혹시킨다.

"속지 말라 성도들이여!"

(3) 열 뿔 짐승이 가짜라는 것은

그리스도와 존재 이유를 비교해 보면 안다.

4절

"누가 이 짐승과 같으냐?
누가 능히 이와 더불어 싸우리요 하더라"

이 짐승이 진짜 예수 그리스도와 전혀 다른 이유는 그가 이 땅에 존재하는 이유부터 다르다. 예수 그리스도는 우리 인류를 구원하시려고 이 땅에 오셨다.

"내가 온 것은
양으로 생명을 얻게 하고 더 풍성히 얻게 하려는 것이라"(요10:10)
"내가 온 것은
세상을 심판하려 함이 아니요
세상을 구원하려 함이로라"(요12:47)
"인자가 온 것은
섬김을 받으려 함이 아니라 도리어 섬기려하고
자기 목숨을 많은 사람의 대속 물로 주려(구원하려)
함이니라"(마20:28)

예수는 사람들의 목숨을 구원하려고 오셨다. 자기 목숨까지 바쳐서 구원하려고 오셨고 그 일을 위하여 이 땅에 오셨던 것이다.

그런데 가짜 예수, 가짜 그리스도는 이렇게 과시한다.

"누가 이 짐승과 같으냐?
누가 능히 이와 더불어 싸우리요 하더라"

가짜는 희생 제물로 온 것이 아니라 싸우러 왔다.
가짜는 세상을 구원하려고 온 것이 아니라 싸워서 이겨 지배하려 왔다.
가짜는 섬기러 온 것이 아니라 싸워서 종으로 굴종시키러 왔다.
누구와 싸우려고 온 것인가?
가짜 그리스도의 전쟁 상대, 주적은 누구인가?
하나님의 백성들인 성도들이다.

"또 권세를 받아 성도들과 싸워"(7절)

하나님의 백성인 성도들과 싸우려고 온 것이지 성도를 사랑하고 섬기려고 온 것이 아니다. 성도를 이겨 제압하고 노예로 사로잡으려 한다. 속지 말아야 한다. 미혹 당하지 말아야 한다. 가짜 그리스도는 성도와 싸우려고 온 우리의 적이다. 가짜 그리스도는 우리의 구세주가 아니라 적그리스도다. 그래서 우리는 그 가짜 그리스도를 적그리스도라고 부른다.

(4) 열 뿔 짐승이 가짜라는 것은

그리스도와 사고와 언어를 비교해 보면 안다.

붉은 용이 하늘 전쟁에서 패배하고 도망친 자다. 그로부터 울분과 악감정을 그대로 전수 받아서 창조주 하나님을 대적하는 것을 임무로 받은 것이다.

5절

"또 짐승이 과장되고 신성 모독을 말하는 입을 받고"

적그리스도 열 뿔 짐승은 하나님을 모독하는 대변인으로 임명 받은 자다. 이것이 적그리스도가 받은 임무이요 사명이다. 그 악한 대변인은 어떻게 조장하여 말하는가 보라. 가짜들은 사실이 아닌 것을 사실처럼 부풀리고, 작은 것을 "짐승이 과장되고" 큰 것처럼 부풀린다.

그리고 적그리스도는 붉은 용이 하나님을 비방하고 모독하는 것을 작성해 준 원고대로 지껄여 대는 대변인이다. 적그리스도는 하나님을 모독하기 위해 만들어진 짐승이다. 신성모독을 위하여 세움을 입었다는 것이다. 신성모독이란 창조주 하나님의 신적 위엄에 해가 되는 불경스럽고 치욕적인 말이다. 이 가짜들은 이 신성모독을 일삼는다. 생각의 출처인 머리에서부터 신성모독이다.

"그 머리들에는 신성(창조주 하나님)
모독하는 이름들이 있더라"

머리로 신성모독할 것을 생각하고 입으로 토로하는 것이다. 그래서 그 입으로부터 나오는 말이 신성모독이다.

6절

"짐승이 신성 모독을 말하는 입을 받고" (5)
"입을 벌려 하나님을 향하여 비방하되
그의 이름과 그의 장막 곧 하늘에 사는 자들을 비방하더라"

우리는 참 하나님이신 창조주 하나님을 섬긴다. 이 분만이 하나님이심을 인정하는 유일신론을 주장한다. 이에서 벗어나는 것은 우리에게는 가짜들이요 우상이다. 그러므로 진짜와 가짜의 차이는 창조주를 어떻게 대하는가를 보면 알 수 있다. 가짜들은 하나님을 모독하는 반면 진짜들은 하나님 영광을 위해 산다.

진짜 그리스도는 이렇게 말씀하셨다. 제자들이 기도를 가르쳐 달라고 간청할 때 기도를 가르쳐 주셨다.

그 가르쳐 주신 기도가 어떤 내용인가 보라.

"대개 나라와 권세와 영광이 아버지께 영원히 있사옵나이다"(마6:13)
"아버지여 아버지의 이름을 영광스럽게 하옵소서"(요12:28)

진짜 그리스도는 오직 하나님 아버지께 (비방이 아니라)영광이다. 그리고 그리스도께서 말씀하시기를 진짜인지 가짜인지 구별할 수 있는 방법은 그 입에서 스스로 하는 말을 들어보면 안다고 하셨다.

"보내신 이의 영광을 구하는 자는 참되니라"(요7:18)

그리스도는 이 땅에 보냄 받았다. 하나님이 보낸 자는 하나님의 영광을 구할 것이요. 붉은 용의 보냄을 받은 자는 붉은 용을 위해 살 것이다. 보내신 이가 참 하나님이시면 진짜 그리스도이시다. 진짜 그리스도는 하나님의 영광을 구할 것이요. 그러나 붉은 용으로부터 보냄 받은 자는 가짜 그리스도요 가짜는 진짜 참 하나님의 영광을 위해 살지도 못하고 도리어 그 하나님의 이름을 모독을 할 것이다. 하나님을 비방할 것이며 하나님의 사역과 나라와 백성들까지 비난할 것이다.

그러므로 말세에 사는 우리도 가짜와 진짜에 대한 구별 방법은 하나님의 영광을 위하는지 자기의 영광을 구하는지 보면 알 수 있고 하나님의 나라와 사역과 백성을 비방하는지 사랑하는지 보면 안다.

가짜는 왜 하나님의 영광을 구하지 않고 도리어 하나님의 이름을 모독하는가? 그가 받은 것들이 하나님으로부터 받은 것이 아니라 붉은 용으로부터 능력과 보좌와 권세 받았기 때문이다.

"용이 자기의 능력과 보좌와 큰 권세를
그에게 주었더라"

가짜 그리스도는 사탄의 능력과 사탄의 권세와 사탄의 보좌(왕권)를 수여받은 완전 사탄의 복사판이지 하나님으로부터 보내심을 받은 그리스도가 아니라는 것이다. 겉으로는 그리스도처럼 포장하고 '내가 그리스도'라고 한다 할지라도 그의 사상과 목적은 사탄의 하수 대리인일 뿐이다.

"거짓말하는 자가 누구냐
예수께서 그리스도이심을 부인하는 자가 아니냐?
아버지와 아들을 부인하는 그가 적그리스도니라"(요일2:22)

7, 8절/ 적그리스도는 붉은 용으로부터 권세를 받았다.
어떤 권세를 받았는지 주의해 보라.

"권세를 받아 성도들과 싸워 이기게 되고
각 족속과 백성과 방언과 나라를 다스리는 권세를 받으니
죽임을 당한 어린양의 생명책에 창세 이후로 이름이 기록되지 못하고 이 땅에 사는 자들은 다 그 짐승에게 경배하리라"

열 뿔 짐승 적그리스도가 성도들과 싸워 이기게 된다고 한 말은 참으로 놀라운 일이다. 적그리스도가 막강한 권세로서 성도들을 이길 힘을 받았

다는 의미이다. 또 그가 받은 권세가 얼마나 강한지 가공할 만한 파워로 세상 나라를 다스리는 행정권, 재정권, 문화권, 군통수권 등 이 땅 나라들과 세상을 장악할 권세들을 받았다는 의미이다. 이런 막강한 권세를 가진 적그리스도에게 성도들은 패배할 수밖에 없다.

주께서 우리에게 이렇게 이르셨다.

"나는 너희에게 이르노니 악한 자를 대적하지 말라
누구든지 네 오른 편 뺨을 치거든 왼편도 돌려 대며"(마5:39)
"나는 너희에게 이르노니 너희 원수를 사랑하며
너희를 박해하는 자를 위하여 기도하라"(마5:44)

그래서 성도는 주의 명령 따라 비폭력과 원수까지 사랑하고 사탄은 무력으로 도전을 할 때 성도는 그것들을 당해 낼 수가 없다. 그것들이 잡아다가 감옥에 넣으면 들어가 자유를 박탈 당하고 매로 치면 맞아야 하고 십자가에 못 박으려 하면 양팔을 벌려 주어야 하고 톱으로 켜 죽여도 항거하지 아니하며 굶주린 사자 굴속에 던져진다 할지라고 거부하지 아니하니 패할 수밖에 없다. 이렇게 열 뿔 짐승에게 성도들이 패한 것은 육체적이고 물리적인 패배이지 영혼을 정복 당한 것은 아니다. 짐승의 승리는 외형상의 승리요 일순간의 승리일 뿐이지 영원한 승리 영혼의 승리는 성도들의 상급이다. 그러나 성도들에게 이런 육체적인 고통과 환난과 핍박을 받는 날, 순교의 날이 이르리라는 준비된 각오는 있어야 하리라. 그러한 날, 그때 어떻게 할 것인가? 주님은 이렇게 하라고 외치신다.

"누구든지 귀가 있거든 들을 지어다.
사로잡힐 자는 사로잡혀 갈 것이요

칼에 죽을 자는 마땅히(피할 수 없이) 칼에 죽을 것이다
성도들의 인내와 믿음이 여기에 있느니라"

그 날에 너희들이 사로잡혀 가고 죽임을 당할 때 어떻게 해야 하는가?

이 말씀은 너희가 그 짐승들에게 육체는 패배할 지라도 영혼은 승리하라는 격려의 말씀이다.

"몸은 죽여도 영혼은 능히 죽이지 못하는 자들을 두려워하지 말고
오직 몸과 영혼을 능히 지옥에 멸하실 수 있는 이를 두려워하라"
(마10:28)

40에 하나 감한 매를 맞아 온 몸이 피멍이 들고 팔 다리가 부러져 움직일 수 없는 고통을 당한다 할지라도 참 성도의 믿음을 보여 주어라. 내일 이른 새벽 굶주린 사자 굴에 던져져 사자들이 물고 찢고 그 포악스런 이빨로 씹어 삼켜 진다할지라도 두려워하지 말고 끝까지 인내로 믿음을 지키라는 말씀이다.

우리 성도들의 최후 승리를 위한 격려의 말씀이다. 최후의 승리의 비결은 단 한 가지, 인내뿐이다. 인내는 믿음에서 나온다. 믿음은 창조주의 말씀을 믿는 것이요. 주께서 이 요한계시록에서 약속하신 미래를 믿는 것이다. 이 믿음이 힘이요. 이 믿음이 참게 할 것이다. 믿음으로 인내하라.

이렇게 읽고 쓰고 있는 필자 자신도 이러한 일을 당한다면 믿음을 지킬 수 있을까? 믿음을 포기하게 될까? 순교자들의 아름다운 믿음이 부럽구나. 가슴이 멍~해진다. 심장이 멈추는 듯하다. 이 고통을 당한 초대교회 성도들은 이 말씀을 읽고 또 읽고 붉은 펜으로 몇 번이고 치고 또 그었고 마음 심비에 새겨 놓았을 것이다. 그 마음에 새긴 말씀이 그들을 이기게

했으리라. 그 승리한 순교자들이 우리에게 이렇게 격려할 것이다.

"요한계시록의 영원한 생명과 축복들과 상속들을 생각해 보라"고,

이 두루마리 책에 기록된 말씀은 사실이요 이루어진다고….

주님은 우리를 다시 위로해 주신다.

이 붉은 짐승과 열 뿔 짐승이 그 짓. 모된 짓을 언제까지 할 것인가?

성도를 주적으로 삼고 하나님을 비방하는 짓을 언제까지 할 것인가?

"마흔 두 달 동안 일할 권세를 받으니라"

요한계시록은 적그리스도의 제한된 활동 기간은 마흔 두 달(11:2. 13:5) 한 때 두 때 반 때(12:14)라고 표현하였다 그러나 성도들과 하나님의 교회 은혜 기간은 일천이백육십일(12:6. 11:3) 그리고 성도들의 고난 기간은 사흘 반, 삼일 반(11:9. 11) 으로 묘사한다. 이 날들이 모두 같은 기간을 이렇게 다양하게 기록하고 있다. 이것은 하나님의 지혜로운 위로와 격려다.

이런 하나님의 표현 방법은 쇼핑할 때 판매대에 가격표시를 보면 이해하기가 쉽다. 일백만 원짜리 상품을 999,999원이라고 적어 놓았다. 왜 그렇게 했을까? 일백만 원과 구십구만 구천 구백 구십 구 원은 1원 차이다. 1원 차이가 구매자의 의식을 자극하게 만든다. 1원 차이가 마음을 가볍게 만든다.

그와 같이 하나님께서는 그것들과 우리 증인들의 활동 기간과 환난을 당하는 시간들이 제한적이고 같은 기간이지만 적그리스도의 활동은 단축된 느낌을 주려고 마흔두 달, 42개월이라고 한다. 그러나 우리가 하나님의 권세를 가지고 능력 있게 증거 하는 기간은 1260일로 장구하게 느끼게 하신 표현이다. 이 날들은 모두 같은 기간으로 완전 수 7년의 절반인 3년 반과 사흘 반과 삼일 반으로 절반이란 제한된 활동 기간들이다.

어떤 이는 이 기간이 문자적으로 해석하여 전 삼년 반 후 삼년 반으로 7년 대환난의 날이라고 한다. 그러나 이 기간은 창조 때부터 시작하여 주께서 다시 오시는 재림의 날까지 이 땅위에서 계속될 기간 중에서 각각 그(것)들이 존재(활동)하는 날 동안까지임을 의미한다.

짐승들의 포악한 활동 기간은 짧으리라. 그러나 너희들의 축복받은 생명의 날은 영원하리라는 말씀이다. 힘들어도 참으라. 고통스러워도 인내하라. 생명의 위협을 당하여도 믿음으로 이기라고 하신 말씀이다.

이렇게 하나님은 또 한 마리 열 뿔 짐승에 대하여 끝을 맺고 11절부터 다른 짐승에 대하여 계시하신다.

III 제 13 장 : 11-18절 | 두 뿔 짐승 거짓 선지자

예수 그리스도께서 세상에 계시는 동안 자기를 따르는 자들 중에 제자들을 삼아 사도로 세우시고, 세운 그 제자들에게 더러운 귀신을 쫓아내며 모든 병을 고치는 권능을 주셨다.(마10:1) 그리고 그들에게 "천국이 가까이 왔다."라고 전하라고 명하셨다. 그리고 부활 후 승천하시기 전 갈릴리에서 만나 다음과 같은 사역을 명령하셨다.

> "하늘과 땅의 모든 권세를 내게 주셨으니
> 너희는 가서 모든 민족을 제자로 삼아
> 아버지와 아들과 성령의 이름으로 세례를 베풀고
> 내가 너희에게 분부한 모든 것을 가르쳐 지키게 하라
> 볼지어다 내가 세상 끝 날까지 너희와 항상 함께 있으리라"
> (마28:18-20)

예수 그리스도께서 하신 이 방법이 부러워 보였는지 적그리스도는 이것까지 비슷하게 보이려고 눈속임하는 것인지 자기의 졸개들을 세운다. 그리스도처럼 제자들을 세운다. 가짜 그리스도가 세운 제자들을 우리는 거짓 선지자라고 한다. 이 거짓 선지자들은 어떤 자들인가?

"여호와께서 내게 이르시되
선지자들이 내 이름으로 거짓 예언을 하도다
나는 그들을 보내지 아니하였고 그들에게 명령하거나
이르지 아니하였거늘 그들이 거짓 계시와 점술과 헛된 것과
자기 마음의 거짓으로 너희에게 예언하는도다"(렘14:14)

거짓 선지자는 하나님이 보내지 아니 하셨는데 하나님으로부터 왔다고 거짓말하는 자요. 하나님 말씀을 주시지 아니하였는데 하나님으로부터 받은 말씀이라고 거짓말하는 자요. 하나님의 말씀이 아닌 것을 하나님의 말씀이라고 거짓말하는 자들이다. 적그리스도는 이런 거짓말을 하도록 하게 하려고 거짓 선지자들을 세운 것이다. 그 거짓 선지자들은 하나님의 말씀이 아닌 것을 하나님 말씀이라고 속여 하나님의 자녀들을 유혹하여 멸망시키려는 것이다.

11절

"또 다른 짐승이 땅에서 올라오니"

이 짐승이 거짓 선지자다. 이 짐승을 다른 짐승이란 말은 13장 1절의 열 뿔 짐승(적그리스도) 외에 새로운 짐승이란 말이다. 이 짐승은 땅에서 올

라왔다. 땅에서 올라왔다는 것은 하늘에서 보낸 자가 아니라는 말이다. 하늘에 계신 하나님이 보낸 자가 아니고 땅에서 적그리스도가 세운 자라는 의미다. 그들은 참 선지자가 아니라 가짜 선지자란 의미다. 그런데 문제는 이들이 진짜인지 가짜인지? 겉만 보면 모르게 위장하고 나타난다는 것이다.

예수님께서 하신 말씀을 생각해 보라.

"거짓 선지자들을 삼가라."

여기 삼가라는 원어는 *προσέχω* <프로세코>라는 이 단어는 (*πρός*) 프로스와 (*ἔχω*)에코의 합성어로 가까이 대하기를 조심하라. 이 조심하라는 것은 배를 육지에 댈 때 조심하듯이 조심하라는 의미이다. 왜 조심하라고 하시는가? 하나님이 보내신 참 선지자인지 가짜 선지자인지 분간하기 어려울 정도로 위장술이 뛰어나기 때문이다.

"양의 옷을 입고 너희에게 나아오나
속에는 노략질 하는 이리라"(마7:15)라고 하셨다.

양의 옷은 겉으로는 내가 예수의 제자다. 내가 예수의 사도, 또는 내가 목사라고 하는 자들 중에 거짓말하는 자들이 있다는 것이다. 속에는 노략질하는 이리가 들어 있기 때문이다. 노략질하는 이리는 자기 목적을 위하여 하나님의 말씀이 아닌 것을 하나님의 말씀인 것처럼 빙자하여 착취하는 자들이다. 이렇게 거짓말을 하기 때문에 우리는 이들을 거짓 사도, 거짓 선지자, 거짓 선생, 거짓 목사라고 부른다. 주께서는 그런 자들이 말세에 많이 창궐할 것을 말씀하셨다.

사도 바울도 이런 자들이 거짓 사도요 속이는 일꾼이니 경계할 것을 고린도 교회에게 편지했다. 이런 자들은

"만일 누가 가서
우리가 전파하지 아니한 다른 예수를 전파하거나 혹은
너희가 받지 아니한 다른 영을 받게 하거나
너희가 받지 아니한 다른 복음을 받게 할 때…"(고후11:4)

주께서 세상에 계실 때 하신 이러한 경고를 요한계시록에서도 다시 말씀하신다. 절대적으로 삼가 조심해야 할 일이기 때문이다.

"다른 짐승이(바다에서 올라온 열 뿔 짐승과 다른)
땅에서 올라오니
어린 양 같이 두 뿔이 있고 용처럼 말을 하더라"

겉으로 볼 때는 선한 양 같이 생겼는데 속에 들어 있는 사상은 붉은 용 사탄의 철학을 가지고 있다는 것이다. 말세에는 겉과 속이 다른 선지자, 목사, 선생들이 많이 일어날 것이라고 예언하셨다. 이들이 진짜인지 가짜인지 알 수 있는 방법은 그들의 말을 들어보면 안다.

가짜들은 "용처럼 말한다." 용은 옛 뱀이다.(12:9) 이 뱀은 에덴동산에서 하와를 유혹하여 사망으로 끌고 갔다. 이 옛 뱀, 용처럼 유혹한다는 것이다. 이 거짓 선지자도 붉은 용처럼 성도들을 미혹하여 시험 들게 하고 파멸시키려고 유혹할 것이란 의미이다.

"이것은 이상한 일이 아니니라
사탄도 자기를 광명의 천사로 가장하나니 그러므로
사탄의 일군들도 자기를 의의 일군으로 가장하는 것이
또한 대단한 일이 아니니라"(고후11:14. 15)

이렇게 가짜들도 그룹을 형성했다.

(1) 붉은 용(옛 뱀. 사탄. 마귀)(12:3)

(2) 바다에서 올라온 열 뿔 짐승(적그리스도)(13:1)

(3) 땅에서 나온 두 뿔 짐승(거짓 선지자들)(13:11)이다.

필자가 요한계시록에 깊은 관심을 기우리지 아니할 때는 이 셋을 명확하게 구분하지 못하고 혼동하기도 했다. 또 어떤 이는 이 셋을 사탄의 삼위일체라고 언급하지만 기독교의 삼위일체와는 구성원이 전혀 다르다.

우리 여호와 하나님의 삼위일체는 성부. 성자. 성령 삼위 즉 성부 하나님, 성자 하나님, 성령 하나님의 일체를 말하는 것이지 선지자들까지 포함한 것은 아니다. 그런데 사탄의 셋은 붉은 용과 열 뿔 짐승은 피조물 중 영물(神)들이고 거짓 선지자는 영이 아니라 사람이다. 그래서 영의 삼위가 아니라 단지 사탄과 적그리스도 속에 인간 가짜가 또 하나 더 플러스 된 것뿐이다.

그럼 두 뿔 짐승, 거짓 선지자는 무슨 짓을 하는가?

주의하여 살펴보라.

12절

"그가 먼저 나온 짐승(적그리스도)의 모든 권세를 행하고,
땅과 땅에 사는 자들을 처음 짐승(적그리스도)에게
경배하게 하니
곧 죽게 되었던 상처가 나은 자니라"

여기 먼저 나온 짐승 또는 처음 짐승은 열 뿔 짐승을 지칭한다(13:1).

12장에도 붉은 용이 먼저 출몰하고 13장에도 열뿔 짐승이 출몰한다. 그

래서 독자들이 처음 등장한 짐승이 붉은 용이라고 착각할까봐 친절하게도 곧 가르쳐 준다. 이 짐승은 "죽게 되었던 상처가 나은 자다."라고(13:3).

즉 붉은 용(마귀, 사탄)과 열 뿔 짐승(적그리스도) 중에 무엇일까 혼동말라고 하나님은 친절하게 가르쳐 주신 것이다.

그 거짓 선지자가 하는 짓은 적그리스도의 제자로 세움 받았으니 적그리스도의 권세를 가지고 적그리스도를 섬기게 하는 일이다. 즉 참 교회 목사님같이 예수의 이름으로 예수 그리스도를 주로 섬기게 하듯이 그 거짓 선지자들은 적그리스도를 섬기게 하는 자들이다.

그럼 그 적그리스도를 섬기는 자들은 누구인가?

땅과 땅에 사는 자들이다. 그들은 하늘에 속한 자가 아니다. 하나님의 나라의 시민으로 생명책에 등록된 자들이 아니다. 거짓선지자는 그들의 리더가 되어서 적그리스도를 섬기게 하는 자들이다.

그리고 땅에서 올라온 그 두 뿔 짐승 거짓 선지자들은 더 못된 짓을 하는데 에덴동산의 옛 뱀 마귀처럼 성도들을 미혹하여 이기고 장악하고 다스리려 한다는 것이다. 그 거짓 선지자들은 세상 사람들을 장악하여 적그리스도에게 경배하고 섬기게 하려고 나온 자이지만 그들은 우리가 예수를 전파하여 제자 삼으려고 할 때 우리 뒤 따라다니면서 성도들을 유혹해서 적그리스도를 섬기게 하려는 못된 짓을 하는 자들이다.

또한 우리는 그것들이 가진 능력과 권세에 더 주목해야 할 것이 있다. 그것들은 '모든 권세'를 행한다(12)는 것이다. 모든 권세는 무엇을 의미하는가? 어떤 권세를 말하는가?

그 거짓 선지자가 받은 그 권세는 열 뿔 짐승에게서 받은 것이다. 그럼 열 뿔 짐승의 권세는 무엇인가? 열 뿔 짐승은 "용이 (열 뿔)짐승에게 권세를 주므로"(13:4) 열 뿔 짐승이 가진 권세는 붉은 용 사탄의 권세다. 즉 붉은 용(사탄)권세 -> 열 뿔 짐승(적그리스도) -> 두 뿔 짐승(거짓 선지자)에게 전수된 것이다.

그런데 그 중에 열 뿔 짐승, 적그리스도는 그 붉은 용의 권세를 이용하여 땅의 권세를 강탈한 자다.

"그 권세로 성도들과 싸워 이기게 되고
각 족속과 백성과 방언과 나라를 다스리는 권세를 받으니" (13:7)

열 뿔 짐승이 성도들과 싸워서 이김으로 땅의 정치적 권세, 물리적 권세, 세속적 권세를 쟁취한 것이다. 열 뿔 짐승이 쟁취한 이 권세를 두 뿔 짐승 거짓 선지자들에게 전수하여 세상을 뒤흔들도록 하고 있다 하겠다.

"큰 이적을 행하고 심지어 사람들 앞에서
불이 하늘로부터 땅에 내려오게 하고"(13)
"짐승(적그리스도)이 하던 이적 행한다"

그러므로 그 거짓 선지자들의 능력들은 악한 영(사탄. 귀신)의 지배를 받고 있는 신적인 능력이다.

(1) 그 신적인 능력은 큰 이적을 행할 수 있는 능력이다.

(2) 그 능력은 하늘에서 불을 끌어내리기도 하는 능력이다.

(3) 그 능력은 우상에게 생기를 불어 넣는 능력이다.

(4) 그 능력은 우상으로 말하게도 하는 능력이다.

그런 능력은 귀신 들린 자들도 행하기도 했다. 바울 사도가 마게도냐 첫 성 빌립보에 전도하러 갔을 때다. 그 도시에 귀신들려 그 귀신이 가르쳐 주는 것으로 점치고 귀신이 말하는 소리를 하는 여인이 있었다. 그래서 그 도시 사람들을 현혹한 것이다. 그 귀신들린 여인이 귀신이 가르쳐 주어 얼마나 잘 아는지 "이 사람들은 지극히 높은 하나님의 종으로서 구원의 길을 너희에게 전하는 자라."고 여러 날 귀찮게 말을 했다. 그렇게 귀신은 여인의 입을 자기 마음대로 말하도록 만들었다. 귀신이 사람들을 속이는 방법 중에 하나이다. 예수께서도 그런 자를 만난 적이 있다.

> "회당에 더러운 귀신 들린 사람이 크게 소리 질러 이르되 아, 나사렛 예수여, 우리가 당신과 무슨 상관이 있나이까? 우리를 멸하러 왔나이까? 나는 당신이 누구인 줄 아노니 하나님의 거룩한 자니이다"(눅4:33. 34)

그 귀신들린 사람이 예수인 것도 알고, 나사렛 출신인 것도 알고, 자기들을 멸하실 만왕의 왕 그리스도라는 것도 알고, 하나님의 거룩한 자임도 알고 있다고 말한다. 그렇게 잘 아는 것은 사람의 지혜가 아니라 그 속에서 역사하는 귀신이 하는 소리들이다.

그와 같이 거짓 선지자들의 속에서 사람들을 현혹하는 귀신이 역사하고 있는 것이다. 즉 거짓 선지자들은 열 뿔 짐승인 귀신이 그 속에서 역사하는 자들이다. 그런 악한 영의 지배를 받는 그들이 거짓 선지자들이다. 그들이 그런 귀신의 방법으로 미혹할 때 넘어가지 않을 사람이 몇이나 될까? 심각한 일이다. 그동안 나타났던 이단들이 이런 권능으로 도전하였다. 그동안 우리 주변에서 일어났던 이단들을 눈여겨 보라. 그들의 말은 허무맹랑한데 어떻게 저 많은 사람들이, 저 지식인들이 거기에 빠져 허우적대고 있는지 말이다. 그것은 단순하다 그 거짓 선지자(목사) 속에서 악한 영이 조종하고 능력을 행하게 하기 때문이다.

그리고 그들은 그 귀신들의 힘을 가지고 어떻게 도전하는가? 보라.

"악한 자의 나타남은 사탄의 활동을 따라
모든 능력과 표적과 거짓 기적과 불의의 모든 속임으로
멸망하는 자들에게 있으리니"(살후2:9)

14절

"짐승 앞에서 받은바 이적을 행함으로
땅에 거하는 자들을 미혹하며 땅에 거하는 자들에게 이르기를
칼에 상하였다가 살아난 짐승을 위하여 우상을 만들라 하더라"

필자가 주목하는 그 거짓 선지자의 권세 중에서 "땅에 거하는 자들에게 이르기를 칼에 상하였다가 살아난 짐승을 위하여 우상을 만들라"는 거짓 선지자의 말이다.

이 말에 대한 직역은 짐승에게서 받은 이적을 행하며 외친 말이 "열 뿔 짐승(적그리스도)를 위하여 우상을 만들라"라는 말이다. 이 말을 혹자는 "문맥상 우월성을 나타내는 여격으로 이해된다. 따라서 이것은 마치 '짐승에 대한 예배, 존경, 그리고 복종을 위하여' 라는 뜻을 지니고 있다."(F. Junius) 고 한다. 이 의미를 가지고 우리말 성경이 기록한 대로 다시 구성해 보면 "칼에 상하였다가 살아난 짐승을 존경하고 섬기고 예배하기 위하여 우상을 만들라."

여기 칼에 상하였다가 살아난 짐승은 열 뿔 짐승 적그리스도이다. 적그리스도를 위하여 우상을 만들라는 말이다. 거짓 선지자가 초능력을 행하며 땅에 사람들을 미혹하여 완전 영혼을 장악하고 하는 말이 '이 초능력을 보았느냐? 이 능력자가 그리스도다. 이제는 이 그리스도 신을 위하여 우상을 만들어 세우자.' 는 의미이다. 이 의미는 보이지 않는 적그리스도를

위하여 보이는 적그리스도 형상을 세우자는 것이다. 그런 초능력의 적그리스도를 섬기기 위해서 우상을 만들자' 는 것이다. 우리는 이런 경우 보통은 어떤 구조물 형상을 상상하고 있다. 그러나 필자는 만들어진 구조물 형상만이 아니라 인간을 우상화한다든가 또는 기관 단체를 또는 돈을 우상으로 만들 수도 있다고 이해하려 한다.

예를 든다면 로마의 황제를 우상으로 만들고 섬기라고 하지 아니하였는가? 요한 사도 당시 황제를 신으로 섬기기 시작한 AD37년 갈리굴라 황제로부터 시작한 황제 숭배의 최절정기 AD81년 도미티안황제를 숭배 하도록 하였다.

그런 황제 숭배에 대한 본문 말씀의 구도는 이런 형식이 될 것이다.

'거짓 선지자는 붉은 용의 권세를 가지고 사람들을 현혹시키고 미혹된 사람들에게 이 큰 권세와 초능력을 행하는 적그리스도를 섬기자 경배하자. 그리고 이 능력자는 보이지 아니하니 보이는 자를 세워 섬기자고 제의하고 세운 것이 황제 숭배로 황제인 네로를 우상으로 만들어 놓은 것이다. 그리고 네로의 배후에는 적그리스도가 역사하고 조종할 것이다.'

적그리스도는 시대마다 또는 수시로 각처에 그런 우상들을 만들어 지배하고 있었다. 일본 왕을 천황으로 만들어 한국의 기독교를 말살시키려 하였다. 사탄은 공산당을 만들어 이 땅에서 기독교를 뿌리째 뽑으려고 할 때 많은 성도가 희생을 당하였고 교회가 환난을 당하였고 불타기도 하였다. 지금도 이슬람권에서는 이런 일들이 일어나고 있다.

그러므로 어떤 이들이 로마 황제나 네로를 적그리스도라고 하기도 했다. 또는 어떤 시대는 유대인이 적그리스도라고 하기도 했다. 또 개신교는 교황이 적그리스도라고 하기도 했다. 적그리스도로 거론되는 인간이나 정부나 단체나 기관은 예수 그리스도의 진영을 핍박하였다. 그들은 적그리스도가 아니라 적그리스도가 그 배후에서 그(것)들을 조종하고 이용하여 예수의 진영을 대적하게 만들었다. 그러므로 우리 사람들의 눈으로 볼 때는 적그리스도로 보였을 것이다.

> **"많은 사람이 내 이름으로 와서 '나는 그리스도라' 하여 많은 사람을 미혹하리라"**(마 24:5)

우리가 접하는 적그리스도는 하나가 아니라 많다고 주님은 말씀하신다. 적그리스도는 열 뿔 짐승 하나이지만 그의 조종을 받는 자가 많을 것이다. 그런 미혹들은 황제의 권세나 국가의 권력이나 연합체의 권세를 등에 업었기에 파급효과가 막대하다.

그러나 우리가 더 긴장해야 할 것은 15절에 "그가 권세를 받아"라는 말이다. 어떤 힘을 빌린다는 말인가?

15절

"그가 권세를 받아
그 짐승의 우상에게 생기를 주어
그 짐승의 우상으로 말하게 하고"

여기 15절에 권세는 ἐδόθη(에도테/ 주다. 하사하다.) 이 단어는 다양하게 사용되는데 필요한 것을 공급하는 것, 요구하는 것을 주는 것, 어떤 것을 넘겨주거나 제공하는 것, 맡기거나 위탁하는 것, 허락하는 것 등이다. 그 거짓 선지자에게 어떤 것들이 제공될까? 참으로 가공할 만한 것들도 제공한다는 것이다. 적그리스도는 거짓 선지자가 하고 싶은 대로 다 할 수 있는 권세를 제공한다는 것이다.

황제를 따르고 섬기고 경배하는 자들이 더욱 많아지자 우상이 된 네로 황제는 생기가 돌고 황제의 말은 신(神)이 하는 말씀으로 받아들이게 될 것이다. 헤롯같이 작은 국가 그 중에서도 지역마다 세운 분봉왕 정도의 왕이 하는 말도 신의 소리라는 칭송의 권위를 얻었다.

"헤롯이 날을 택하여 왕복을 입고 단상에 앉아 백성에게
연설하니 백성들이 크게 부르되
이것은 신의 소리요 사람의 소리가 아니라 하거늘" (행12:21. 22)

황제 우상화는 배후에서 역사하는 사탄의 농간으로 힘을 얻고 교만해져서 더욱 극렬하게 성도들과 교회를 탄압하는 제왕이 될 것이다.

그것들은 마침내

"또 짐승의 우상에게 경배하지 아니하는 자는 몇이든지
다 죽이게 하더라"

황제가 교만해져 자기의 명령을 따르지 아니하는 자는 죽이기까지 할 수 있는 파워를 가졌다. 그 거짓 선지자의 권세는 그런 방법으로 한 나라 한 제왕만이 아니라 전 세계적으로 그 힘을 뻗칠 수 있게 되었다.

"용이 짐승에게 준 권세를 받아(13:4)
**"그 권세로 성도들과 싸워 이기게 되고
각 족속과 백성과 방언과 나라를 다스리는 권세를 받으니"**(13:7)

그런 권세들은 붉은 용 사탄이 적그리스도인 열 뿔 짐승에게 주고 열 뿔 적그리스도는 두 뿔 짐승 거짓 선지자들에게 양도하는 권세라는 것이다. 그 권세를 가지고 성도들과 싸워서 이긴 패권이다. 그 마귀가 "각 족속과 백성과 방언과 나라를 다스리는 권세"를 장악하고 이런 열국까지 다스릴 권세까지도 부여받았다는 것이다. 즉 족속(패거리 연합체)을 다스릴 권세, 백성(여론)을 다스릴 권세, 방언(문화)을 다스릴 권세, 나라(행정)를

다스릴 권세까지 장악하고 지배한다는 것이다.

거짓 선지자가 받은 그런 권세를 성경은 요점만 간단하게 기술한다.

1) 첫째는 자유 박탈권(自由剝奪權)(16절)

"그 짐승(적그리스도)의 표를 강제로 받게 할 수 있는 권세"를 받았다.

2) 둘째는 경제 박탈권(經濟剝奪權)(17절)

"그 짐승(적그리스도)의 표를 받지 아니하는 자들을 매매하지 못하게 할 수 있는 권세"도 받았다.

3) 셋째는 생명 박탈권(生命剝奪權)(15절)

"그 짐승의 우상에게 경배하지 아니하는 자 몇 명이든지 죽일 수 있는 권세"까지 받았다.

그 막강한 권세는 지상에 살고 있는 교회와 성도들에게 핍박을 가할 수 있는 수단으로 이용되었으며 앞으로 계속 핍박의 수단으로 사용될 것이다. 그 권세로 그 동안도 많은 선지 사도들을 핍박해 왔고 많은 교회가 불타기도 했고 파괴되기도 했다.

주의 사역자들과 성도들은 많은 매를 맞기도 하였고 감옥에 감금되기도 하였으며 재산을 다 빼앗기기도 하였고 죽임을 당하기도 하였다.

> "어떤 이들은 조롱과 채찍질뿐 아니라 결박과 옥에 갇히는
> 시련을 받았으며 돌로 치는 것과 톱으로 켜는 것과 시험과
> 칼로 죽임을 당하고 양과 염소의 가죽을 입고 유리하여
> 궁핍과 환난과 학대를 받았으며
> 광야와 산과 동굴과 토굴에 유리하였느니라"(히11:36-38)

성도와 교회를 박해할 힘은 거짓 선지자가 행사하는 능력만이 아니고 사탄이 국가와 기관과 개인의 파워를 이용하여 행사한다. 당시 로마라는

국가의 권력과 네로나 도미티안 같은 제왕의 권세를 이용하여 각처에서 수시로 기독교회에게 핍박과 환난을 가한다는 것이다. 최초 일곱 교회 안에서도 그 사탄은 이렇게 역사하였다고 주께서 지적한다.

"내가 네 환난과 궁핍을 알거니와
너는 장차 받을 고난을 두려워하지 말라.
볼지어다.
마귀가 장차 너희 가운데에서 몇 사람을 옥에 던져 시험을
받게 하리니 너희가 십일 동안 환난을 받으리라"(2:9. 10)

"네가 어디에 사는지를 내가 아노니 거기는 사탄의 권좌가
있는 데라 네가 내 이름을 굳게 잡아서 내 충성된 증인
안디바가 너희 가운데 곧 사탄이 사는 곳에서 죽임을 당할 때
에도 나를 믿는 믿음을 저버리지 아니하였도다"(2:13)

"그러나 네게 책망할 일이 있노라 자칭 선지자라 하는 여자이세벨을 네가 용납함이니 그가 내 종들을 가르쳐 꾀어 행음하게 하고 우상의 제물을 먹게 하는 도다"(2:20)

"보라 사탄의 회당 곧 자칭 유대인이라 하나 그렇지 아니하고 거짓말하는 자들 중에서 몇을 네게 주어 그들로 와서 네 발 앞에 절하게 하고 "(3:9)

"또 짐승의 우상에게 경배하지 아니하는 자는
몇이든지 다 죽이게 하더라"(13:15)

거짓 선지자들은 그렇게 현혹할 만한 능력을 가진 자요 그런 가공할 만한 권세를 가진 자라는 것을 계시하신 하나님은 결론의 말씀으로 18절은 이렇게 말씀하신다.

"지혜가 여기 있으니
총명한 자는 그 짐승의 수(하나님의 수는 777)를 세어 보라.
그것은 사람들의 수니(사람이 사용하는 수)
그의 수는 육백육십육(사탄의 수는 666)이니라"

이 본문 말씀이 논란이 심한데 그 중에서도 666이란 숫자에 관하여 관심들이 꽤나 많다. 필자는 먼저 이 말씀에 대한 전제를 하고 해석하려 한다. '이 숫자는 하나님께서 우리에게 주신 위로의 말씀으로 주셨다는 전제이다. 그리고 이 말씀은 짐승인 적그리스도가 누구인가를 지목(指目)하는 말씀이 아니라 그 짐승들의 힘(force / violent action. strong effect)이 어느 정도인지 측량해 보란 상징적 표현의 말씀이다. 곧 창조주 하나님의 능력은 완전 수 7로 삼위일체로 표현 한다면 777이라고 할 수 도 있을 것이다. 그러나 이 666의 의미는 그 짐승의 능력은 무능한 실패자다. 그의 작전은 온전치 못한 패배자다(12장 해설 참조). 그는 교만하여 하나님께 도전하다 하늘에서 쫓겨난 자다. 그러므로 그의 작태는 완성할 수 없다는 수 6이라는 말씀이다.

그리고 666은 사탄 마귀의 그룹을 통칭하는 수이다. 육백은 하늘에서 쫓겨난 붉은 짐승이요(12장). 육십은 마흔 두 달 후에 유황불에 들어갈 적그리스도 열 뿔 짐승 이고(13:1-10). 육은 가짜 사기꾼 거짓 선지자 두 뿔 짐승이다(13:11-18). 그것을 다 싸잡아 육백육십육이라고 통칭하는 상징적 수일 뿐 이다. 그것들이 아무리 강하다 할지라도 패배자요 이룰 수 없는 실패자들이다.

"지혜가 여기 있으니 총명한 자는 그 짐승의 수를 세어 보라."

우리는 여기서 깊이 생각해 봐야 할 것이 있다.

왜 하나님은 이런 난 수표 같은 용어를 사용하셨을까? 그리고 하나님은 왜 심각한 논란을 불러일으킬 수 있는 수 666을 말씀하신 것일까?

또 하나님은 이 말씀을 하시므로 어떤 은혜를 주시려고 하셨을까?

필자는 믿는다. 우리 하나님은 이 666이란 숫자를 통하여 분명히 우리에게 은혜를 주시고 우리들 신앙의 강화를 하시려고 말씀 하셨을 것이지 마음의 혼동과 의견의 혼란을 초래하려고 하지 아니하셨을 것이다.

지혜로우신 하나님은 그 당시 성도들이 당면한 그 악당들의 강한 힘에 눌려 패닉에 빠져 있음을 목격하셨을 것이다. 그리고 지치고 낙망하고 좌절하고 두렵고 떨고 있는 성도들에게 하나님이 하신 말씀이 666이다. 하나님은 이 666이란 숫자를 통하여 패닉에 빠진 성도들에게 용기를 주시려고 하신 말씀이란 것이다. 그것들이 아무리 강하다 할지라도 패배자요 이룰 수 없는 실패자들이란 의미로 하신 말씀이다. 그러므로 '성도들아 두려워하지 말라. 이것들의 힘에 놀라지 말라'는 주님의 강력한 위로의 말씀이다.

여기에 표현된 숫자는 게마트리아(Gematria) 방법이라고 하는데 혹자는 네로의 이름의 숫자가 666이라고 하며 네로가 적그리스도라고 한다. 필자는 차라리 네로였으면 좋겠다. 왜냐하면 그는 죽었고 그의 영향력은 남아 있지 않은 시대에 살고 있기 때문이다.

성경은 적그리스도에 대한 말씀을 많이 언급하고 있다. 그 중에서 주께서 이 세상에 계실 때 하신 말씀도 이러하다.

"많은 사람이 내 이름으로 와서 이르되 나는 그리스도라 하여 미혹

하리라"(마24:4. 5)(마24:24)

"거짓 선지자가 많이 일어나 많은 사람을 미혹하겠고"(마24:11)

"그 때 사람들이 너희에게 말하되 보라 그리스도가 여기 있다 혹은 저기 있다 하여도 믿지 말라"(마24:23)

"골방에 있다 해도 광야에 있다 해도"(마24:26)

"거짓 그리스도와 거짓 선지자들이 일어나 큰 표적과 기사를 보여 할 수만 있으면 택하신 자들을 미혹하리라"(마24:24)

주님의 말씀은 적그리스도가 하나 둘이 아니라 많다는 말씀이며 거짓 선지자들도 수없이 많다는 말씀이다. 네로나 로마가톨릭만이 아니라 곳곳에 산재해 있다고 하셨다. 또한 "내가 예수다." "내가 그리스도다"라고 하는 자들은 천이든 만이든 모두 적그리스도들이라는 것이다.

그리고 "그리스도가 과천에 있다." "예수가 용문산에 있다."라고 말하는 자도 천이든 만 명이든 모두 거짓 선지자들이라고 하셨다.

우리가 깊이 생각하며 유념해 두어야 할 일은 예수 교회와 성도들을 박해하여 말살시키려는 네로나 로마 정권이나 로마가톨릭이나 공산당이나 일본 천황의 힘이 아니라 그들의 배후에서 붉은 짐승 사탄이 역사하고 있다는 것이다(살후 2:9). 그들은 사탄의 조정을 받아 한갓 몽둥이로 이용당한 것 뿐 이다. 사탄은 그렇게 그 국가나 단체나 권력을 이용하여 성도들과 예수교회를 파멸 시키려고 하나 도리어 자기들이 다 패망하는 망할 수 6이요. 교회와 성도들은 더욱 더 굳건하게 성장해 온전히 보존 받고 승리하는 승리의 수 7이란 것이다.

그러므로 666이란 상징적 의미는 지금은 가공할 만한 권세를 가지고 핍박을 하고 죽이고 가공할 힘을 가지고 있을지라도 이루지 못할 실패자라는 의미요. 또한 사탄이 행사하는 '6' 이란 강함보다 10배 많은 '60' 이 된다 해도, 100배 많은 힘과 권력을 가진 '600'이라 할지라도, 그리고 모두 합한 '666'이 되어 아무리 강하다 할지라도 하나님의 힘에 역부족으로 하늘에서 쫓겨난 패배자 '6' 일뿐이라 것이다. 그러므로 666이란 말씀은 완전하지 못하고 성취하지 못하고 실패할 수밖에 없다는 상징적 표현이다. 이 해석이 저명한 신학자들(Irenaeus, Newman, Ladd, Morris, Hendriksen, Walvooed, Johnson, Gaebelein)의 지지를 받는다. 오직 하나님만이 전능하신 숫자 7이라는 말씀이다. 그러므로 사탄의 수는 666이요. 하나님의 수는 777이다.

우리 하나님은 완전하신 하나님 온전히 이루시는 하나님이시다.

> "보좌에 앉으신 이가 이르시되
> 이 말은 신실하고 참되니 기록하라.
> '이루었도다.'
> 나는 알파와 오메가요 처음과 마지막이라"(21:5. 6)

우리 하나님은 우리의 구원을 시작하신 자이시며 우리 구원을 완성하시는 하나님이시다. 그래서 그 분의 수는 완전수 777이다.

할렐루야 아멘.

예수 오심을 환영하는 어린양의 진영

이제는 그 사악한 집단들과 싸워야 할 교회와 성도에 대한 연구를 해보자.

왜 싸워야 하는가?

왜 꼭 이겨야하는가?

진정한 승리는 무엇인가?

어떤 작전으로 이길 수 있을 것인가? 등의 많은 과제가 있다.

그러나 그 보다 먼저 연구할 과제는 요한계시록 안에서 예수 진영의 사람들은 어떤 이들인가? 이들에 대한 정보를 아는 것이 중요하다.

1. 요한계시록은 어린양의 진영의 사람들에 대한 정의를 다음과 같이 내리고 있다.

"이 예수의 사람들은

1) 여자와 더불어 더럽히지 아니하고 순결한 자라.

2) 어린양이 어디로 인도하든지 따라가는 자며.

3) 사람 가운데 (예수의 피로)속량함을 받아 처음 익은 열매요.

4) 하나님과 어린양에게 속한 자들."(14:4절)이라고 한다.

2. 어린양의 진영의 예하 부대의 성격을 2장과 3장의 일곱 교회에서 간결하면서도 분명하게 설명하고 있다. 이기는 자, 이기는 부대가 되라고 하신다.
3. 7장은 어린양의 진영의 규모와 명예와 영광을 보증한다는 명세서가 기록 되어 있다. 그 규모의 상징적 숫자는 십사만 사천 명이요. 실제적인 숫자는 세계 각 나라와 족속과 백성과 방언에서 아무도 능히 셀 수 없는 큰 무리들이다. 이들은 어린양의 피로 환난을 이긴 자들이다.
4. 11장은 예수의 사람과 아닌 사람의 구별법을 제정하셨다. 예수의 사람들은 하나님의 성전 안에서 경배하는 자들 만이라고 한다.
5. 14장은 예수의 사람이 된 근거와 그들의 속성에 대한 기록이다.
6. 15장은 예수의 사람들이 유리바다 건넌 후 바다 가에 서서 어린양의 노래로 승리한 방법을 노랫말로 표현한다. 우리의 승리는 짐승과 그의 우상과 그의 이름의 수를 이기고 벗어나는 것이다.
7. 19장은 예수 진영의 최후 승리, 영광의 날에 빛나고 깨끗한 세마포 드레스를 입고 어린양 혼인 잔치에 초대 받은 신부들에 대하여 기록하고 있다. 옳은 행실로 깨끗한 드레스를 지급 받는 자들이 되는 것이다.

이들이 하나님의 진영의 사람들이다. 이 하나님의 진영의 지상군은 각 부대에 소속하여 선한 싸움을 싸우고 있다. 그 대표적인 부대는 에베소. 서머나. 버가모. 두아디라. 사데. 빌라델피아. 라오디게아교회들이다.

I 제 14 장 : 승리한 시온 산 진영

어떤 이들은 14장을 막간 계시라고 하며 분위기 반전을 위한 삽입된 계시로 격하시킨다. 그러나 필자는 14장이 앞에 있는 12장과 13장의 연결고리와 뒤에 있는 15장과의 연결되는 말씀을 보고 이는 삽입이나 짜깁기가 아니라 얼마나 전지(全知)하신 하나님의 계획된 연속계시임을 인지하고 하나님의 지혜에 감탄하는 바이다.

그리스도는 11장에서 이 땅에 심판 주로 파루시아 하셨다. 이어서 12장과 13장은 심판받을 자들을 계시하고 곧 이어서 14장은 그리스도의 심판과 진노를 받을 자들과 비교하여 영광 받을 자들에 대한 기록으로 자연스럽게 계시하신다.

1절

"또 내가 보니 보라,
어린 양이 시온 산에 섰고 그와 함께 십사만 사천이
서 있는데 그들의 이마에는 어린 양의 이름과
그 아버지의 이름을 쓴 것이 있더라"

구원 받은 성도들의 아름다운 승리의 모습을 잘도 표현하셨다.

그 한마디 한 계시가 모두 구원자의 영광을 말씀하지 않는가?

'보라' (*ἰδοὺ*)

요한의 입에서 저절로 감격의 탄성소리가 흘러난다. 이는 하나님 스스로도 감격스러워 감탄하시면서 그 영광의 얼굴들을 똑똑히 보라고 보여주신 것이다. 이들이 누구인가 그 영광의 얼굴들을 자세히 보라는 감탄사이다.

'어린 양이 시온 산에 섰고 그와 함께 십사만 사천이 서 있다.'

이들은 다시 오신 그리스도와 함께 서 있는 영광스런 얼굴들이다. 그 아름다운 십사만 사천 성도들이 거룩한 산 시온 산에 승리하신 주와 함께 서 있는 아름다운 그림으로 계시하셨다.

이 환상적인 계시는 7장에서 계시 해주신 인침의 계시와 절묘한 조화를 이룬다.

1) 이들의 이마에 하나님의 이름의 인침을 받았다.

'그들의 이마에는
어린 양의 이름과 그 아버지의 이름을 쓴 것이 있더라' (14:1)

'우리가 우리 하나님의 종들의 이마에 인치기까지' (7:3)

더욱더 분명하게 누가 승리한 자들인지 영광스럽게 그 표식을 이마에 받았다. 이마에 받았다는 의미는 이들이 구원 받은 자들이라는 것을 확실하게 보여줄 것이라는 식별방법의 수단을 상징적으로 표현한다.

2) 이들이 부르는 승리의 찬양이 승리의 비결이다.

'구원하심이 보좌에 앉으신 우리 하나님과 어린 양에게 있도다.' (7:10)

이 찬양은 7장의 인 침 받은 자들의 찬양의 노랫말이다. 이 찬양의 노랫말이 구원은 우리의 힘이 아니라 보좌에 앉으신 이와 어린양의 공로뿐이라고 하며 14장에서는 많은 물소리와도 같고 우렛소리와도 같은 큰 소리지만 시끄러운 소리나 요란한 소리가 아니라 수천억 명이 기쁨이 충만하여 외치는 우렛소리 같지만 거문고 타는 자들이 거문고를 타는 것 같은 아름다운 소리라고 한다.

그들의 찬양은 청아하고 아름다운 찬양이요 기쁨 넘쳐 외치는 웅장하고 장엄한 찬양을 한다는 의미다. 이 찬양이 지금도 들리는 듯하다.

> '그들이 보좌 앞과 네 생물과 장로들 앞에서 새 노래를 부르니
> 땅에 속량함을 받은 십사만 사천 밖에는
> 능히 이 노래를 배울 자가 없더라' (14:3)

3) 이들이 어떻게 영적 전쟁에 임하였는가?

이 큰 승리 얻은 자들은 7장에서 하나님의 인 침 받은 자들이다.

> '이는 큰 환난에서 나오는 자들인데
> 어린 양의 피에 그 옷을 씻어 희게 하였느니라' (7:14)

이들이 환난에서 어떻게 승리했는지 14장은 가르쳐 준다.

이들이 전투병으로 차출 받고(인침 받고) 어떻게 싸움에 임했는가?

이들의 전투 방법을 아주 구체적으로 우리에게 계시하신다.

> '이 사람들은 여자와 더불어 더럽히지 아니하고 순결한 자라.
> 어린양이 어디로 인도하든지 따라가는 자며,
> 사람 가운데에서 속량함을 받아 처음 익은 열매로
> 하나님과 어린 양에게 속한 자들이니
> 그 입에 거짓말이 없고 흠이 없는 자들이더라' (14:4. 5)

이 말씀은 앞에 기록한 12장과 13장에 활동하던 가짜 그리스도를 따르지 아니 함과 연결하여 증명한다. 사악한 붉은 용이 유혹해도, 가짜 그리

스도가 유혹을 해도 음탕한 여자들처럼 막 살지 않았다. '이 사람들은 여자와 더불어 더럽히지 아니하고 순결한 자라.' 신랑 그리스도에 대한 순결을 지켰다. 그리고 '어린양이 어디로 인도하든지 따라가는 자며,' 진짜 그리스도만 따라 산 사람들이다. 이들은 그리스도가 말씀하신 대로 순종하며 살았다. 곁길로 가려고 하지도 않았다. 험한 골짜기 죽음의 계곡에서도 황량한 광야에서도 그리스도의 말씀대로 따랐다.

그리고 10장과 11장과 연결하여 증인으로서 예언자로서 '그 입에 거짓말이 없고 흠이 없는 자들.' 이다. 이들은 거짓 선지자들 처럼 거짓말을 하지 아니하고 주신 사명을 주신 말씀대로 순수하게 진실하게 외쳤다. 자기 마음대로 말하지 않고 불리해도 진실하게 전하고 설교한 자들이다.

이렇게 7장과 14장은 연결되었고 7장에서 14장까지 연결된 진리에 감탄할 수밖에 없는 하나님의 계시다.

이 하나님의 계시의 중심 내용은 세계 역사나 종말이 아니다. 사탄이 중심이 될 수 없다. 오직 인침을 받은 성도들이다. 어떤 이들은 성도들에 관한 7장. 10장. 11장. 14장의 말씀은 중간계시나 막간계시라고 한다.

그러나 필자는 이 성도들에 대한 말씀이 기록된 장들 중심으로 하나님은 계시 하고 있다고 본다.

1장은 계시의 주체인 계시자와 피 계시자가 누구인가를 말씀하신다.
2-3장은 계시를 받은 성도들에게 이기라고 권고하신다.
4-5장은 계시의 주체들의 총본부에서 결정된 사항을 설명해 준다.

6장은 환난당하는 성도들을 구출하려고 구세주의 1차 강림하심이다.
7장은 구세주가 구출 할 자들이 누구인가 지정하고 약속하신다.
8-9장은 환난 중에 기다리는 성도들에게 약속하신 구세주가 곧 다시 오신다고 사인(sign)한다.
10-11장은 구세주가 오시기까지 기다리는 성도들이 할 일과
11장은 구세주 그리스도께서 성도들에게 2차 강림하신다.
12-13장은 성도들을 유혹하고 박해하고 괴롭힌 자들을 심판하신다.
14장 이후는 약속대로 다시 오신 구세주는 성도들을 구출하고 괴롭힌 악의 무리들과 타락한 세상을 심판하신다.

그렇다.

처음부터 여기까지 계시는 연속적으로 순서 바꿀 필요도 없이, 고민할 필요도 없이, 억지로 꿰맞추려고 할 필요도 없이 하나님의 지혜로 한 줄기 빛같이 계시 하셨다. 놀라운 하나님의 지혜의 계시다. 그 계시의 중심은 성도들 구원이다. 할렐루야. 아멘.

II 제 4 장 : 하늘 본부 총사령관

이제 우리는 예수 진영의 총사령관이 계시는 사령부에 대하여 생각할 때이다. 붉은 용의 진영의 본부는 하늘에서 이 땅 무저갱으로 쫓겨났다.

이제 하늘은 하나님의 진영 본부만이 있는 곳이며 그래서 하늘은 오직 인침을 받은 자들의 본부요 본향이다. 하나님은 인치시면서 이곳을 너희에게 주시겠다고 약속하셨다.

> "그러므로 그들이 하나님의 보좌 앞에 있고
> 또 그의 성전에서 밤낮 하나님을 섬기매
> 보좌에 앉으신 이가 그들 위에 장막을 치시리라"(7:15)

그래서 바울 사도는 우리의 시민권에 대한 개요를 다음과 같이 고백한다.

> "우리의 시민권은 하늘에 있는지라.
> 거기로부터(오실) 구원하는 자
> 곧 주 예수 그리스도를 기다리노니"(3:20)

이 고백의 내용은 우리는 하늘나라의 백성이다. 우리는 본향을 찾아 가야할 사람들이다. 그리고 우리의 구원자가 거기 계신다. 이는 우리 주께서 승천하신 것을 믿기 때문이다. 또한 그분이 거기로부터 우리를 데리려고 오실 것이라고 우리는 믿는다. 그 곳이 우리의 본부이기 때문이다.

그러나 우리는 내 본향. 내가 가야할 곳에 대하여 너무 무지하다. 그래서 우리 주 예수 그리스도께서 계신 하나님의 나라에 대한 의문은 많다. 어떤 공간이 형성되었을까? 거기에는 하나님과 성도들이 어떻게 함께 살까? 하나님의 거처와 생활공간은 어떻게 구분되어 있을까? 예수님의 모습은 어떤 모습으로 계실까? 거기서는 하루 종일 무엇을 할까? 현세상과 무엇이 다르고 무엇들이 같을까? 하는 의문들이 많다. 이에 대한 부분적이지만 4장은 조금이라고 우리들의 의문을 해소시켜 주는 계시가 기록되어 있다.

1절

"이 일 후에 내가 보니 하늘에 열린 문이 있는데
내가 들은 바 처음에 내게 말하던 나팔 소리 같은
그 음성이 이르되 이리로 올라오라
이 후에 마땅히 일어날 일들을 내가 네게 보이리라 하시더라"(4:1)

하나님은 하나님의 나라를 요한에게 보여주시기로 작정하시고 문을 열어 주셨다. 이 작정은 요한에게만이 아니라 이 계시의 말씀을 읽는 모든 이에게 개방하시려는 목적이셨다. 문을 열고 권고하신다. '이리로 올라오라' 고 부르셨다. 언젠가 나의 총사령관께서 나를 이렇게 부르실 것이다. "김천기야 이제 이리로 올라오라"하실 때 할렐루야 하리라. 그 곳이 나의 본부요 나의 본향이요, 내 나라 내 집이 그곳에 있기 때문이다.

"이르시되 네가 보는 것을 두루마리에 써서
에베소, 서머나, 버가모, 두아디라, 사데, 빌라델비아,
라오디게아 등 일곱 교회에 보내라"(1:11)

그 열린 문으로 요한사도는 들어갔을 것이다. 하늘은 우리에게도 언젠가는 이렇게 실재로 활짝 열어 놓고 들어오라며 우리가 들어오길 기다릴

게다. 그런데 의문이 있다.

"내가 들은 바 처음에 내게 말하던 나팔 소리 같은 그 음성이"(4:1)

누구실까?

누구의 음성이기에 이렇게 힘 있는 나팔 소리 같은 아름답고 감미로운 리드미컬한 음성일까 알고 싶은 것이다. 이 의문은 '내가 처음에 내게 말하던 나팔소리 같은 그 음성'이라는 힌트를 준다. 사도가 들은 처음에 내게 말하던 그 음성은 누구실까?

"주의 날에 내가 성령에 감동되어
내 뒤에서 나는 나팔 소리 같은 큰 음성을 들으니"(1:10)

"이르시되 네가 보는 것을 두루마리에 써서
일곱 교회에 보내라 하시기로"(1:11)

"나에게 말한 음성을 알아보려고 돌이킬 때에
일곱 금 촛대를 보았는데
촛대 사이에 인자 같은 이가"(1:12. 13)

우리는 이 말씀들을 다 읽지 않아도 그분은 우리 주 예수 그리스도이심을 직감할 수 있다. 사도는 그렇게 보고 싶으신 주님을 보았다. 얼마나 감격적인가? 하늘 문이 열리고 처음 들어서서 들은 첫 음성도 주님의 음성이었고 처음 맞아주신 이도 주님이셨다. 그 언젠가 주님은 우리에게도 이렇게 하나님 집의 큰 대문을 활짝 열어놓고 문 앞에서 기다리시고 계실 게다.

그러나 여기 4장에서 보여주는 하늘나라는

"이 후에 마땅히 일어날 일들을 내가 네게 보이리라 하시더라"(4:1)

이 말씀의 내용을 보면 천국을 다 보여 주신 것 같지는 않다. 우리에게 계시하고 싶은 내용만큼 부분적이요 제한적이라고 생각한다. 여기에 보여 주신 하나님의 나라에 관한 계시는 앞으로 일어날 일들과 관계된 부분만 보여 주신 것이다. 그래서 우리는 계시의 내용을 해석할 때에 유념할 것은 '앞으로 전개될 계시들은 하나님의 구원사역에 관한 의미로 보여 주실 것이라' 고 이해하고 보려고 노력해야 할 것이다.

2절

"내가 곧 성령에 감동 되었더니"(4:2)

혹자는 성령의 감동을 황홀경으로 이해하기도 한다. 그러나 분명한 것은 원어 본문은 *ἐγενόμην ἐν πνεύματι*·(에게노멘 엔 프뉴마티)인데 직역하면 '내가 성령 안에 있게 되었다.' 라는 의미다. '하나님께서는 인간의 죄악 된 이성으로서는 당신의 오묘한 진리를 깨닫지 못할 것을 아시고 요한을 성령 안으로 인도하셨고 성령 안에서 깨닫도록 하셨다.' 즉 인간의 감각을 초월한 영의 세계로 인도하신 것이다. 성경은 성령의 감동으로 기록되었다. 그런즉 성경의 기록자들은 이러한 영광의 세계에서 기록한 것이다. 사도 요한은 성령 안, 영광의 세계 안에서의 눈으로 본 계시가 요한계시록이다.

"보라 하늘에 보좌를 베풀었고 그 보좌 위에 앉으신 이가 있는데"
(4:2)

사도가 본 것은 감격스러운 하늘나라의 핵심을 보았다. 하늘나라의 핵심은 하늘 보좌와 그 위 보좌에 앉으신 분이다. 이 보좌를 본 사도는 얼마나 감격스러운지 <보라>라고 감탄한다. 보라의 원어는 *ἰδού*(이두)다 이두는 구약 히브리어 הִנֵּה(히네)와 같은 의미로 독자나 듣는 이들에게 말하는 내용에 주의하라고 명함으로써 말씀이나 사건에 독특한 활기를 불어 넣는 단어다. 그러나 여기서는 사도의 감동이 그대로 표현된 감탄사로 이해된다. 얼마나 아름답고 장엄하고 거룩한 보좌였을까.

우리는 옛날 왕실 근정전의 왕의 보좌들을 보았다. 그것만 보아도 위풍당당함과 아름다움을 보았다고 생각하는데 하나님의 보좌는 상상할 수 없을 만큼 거룩한 아름다움이었을 것이다. 그 아름다운 광경을 다음과 같이 스케치하였다.

3절

1) 보좌에 앉으신 이의 형상

"앉으신 이의 모양이 벽옥과 홍보석 같고
또 무지개가 있어 보좌에 둘렸는데
그 모양이 녹보석 같더라"(4:3)

앉으신 이의 모습은 볼 수없는 신이시고, 보고 살자가 없기 때문에 보여주시지 않았고 오직 그 분의 속성을 의미하는 빛만 볼 수가 있었다. 그 분을 의미하는 영롱한 빛은 벽옥이었다. 벽옥은 깨끗한 하얀색에 푸른빛이 감도는 청결함의 극치의 보석이다. 이는 하나님의 거룩하심과 정결하심과 의로우심을 의미한다. 우리 하나님은 공의의 하나님이시다.

그리고 홍보석은 따뜻하고 온화한 감을 주는 빨강색이 영롱한 보석이다. 따뜻하면서도 정열적인 사랑의 빛이다. 하나님의 온화하고 따뜻한 사랑을 의미하는 빛이다.

그리고 하나님의 후광은 무지개처럼 보였다. 일곱 색깔 무지개가 아니라 녹보석이다. 무지개는 노아의 무지개를 연상하게 하신다. 언약의 무지개 말이다. 녹색은 위로와 평화의 색이다. 이런 하나님의 모습에서 보이는 것은 우리에게 약속하신 말씀의 신실성을 의미한다. 내 언약을 믿고 너희는 위로와 평화를 누리라는 메시지다. 하나님은 신실하신 분이시다. 그 하나님의 약속들은 이루어지리라. 아멘.

오 신실하신 주 내 아버지여 늘 함께 계시니 두렴 없네
그 사랑 변찮고 날 지키시며 어제나 오늘이 한결 같네
오 신실하신 주 오 신실하신 주 날마다 자비를 베푸시며
일용할 모든 것 내려 주시니 오 신실 하신 주 나의 구주.

4절

2) 보좌에 앉으신 이의 사랑 받는 영광의 장로들

"보좌에 둘려 이십사 보좌들이 있고"

24 보좌가 있는데 보좌에 앉으신 이를 중심으로 빙~ 둘려 있다. 이는

보좌에 앉으신 이를 보좌하며 섬기기 위해 존재하는 보좌관들 같은 의미다. 누가 최 측근 거리에서 하나님을 섬기는가? 하나님은 누구를 최측근 거리에 두고 함께 하시길 원하시는가? 최 측근 거리에서 가까이 두고 싶은 이는 제일 사랑하는 이들이기 때문이다. 이들이 24장로들이다.

"그 보좌들 위에 이십사 장로들이…앉았더라."

이 영광스런 이들은 누구인가? 24장로는 무엇을 의미하는가?

구약시대 선택받은 12지파와 신약시대 선택 받은 12사도를 상징한다. 이들은 구약의 선택받은 성도들과 신약의 택함을 받은 성도들을 의미한다.

"첫째 부활에 참여한 자들은 복이 있고 거룩하도다.
그들이 하나님과 그리스도의 제사장이 되어 천년동안
그리스도와 더불어 왕 노릇 하리라"(20:6)

택함받은 성도들이 왕과 같은 제사장으로 주와 함께 살 것이다. 이런 은혜는 어린양이신 주 예수의 공로이시다.

"그들로 우리 하나님 앞에서
나라와 제사장들을 삼으셨으니
그들이 땅에서 왕 노릇하리로다"(5:10)

그 영광을 주신 주께 찬양과 영광을 돌려야 한다.

"흰 옷을 입고 머리에 금관을 쓰고 앉았더라"(4절)

이 영광은 흰옷을 입었기 때문에 더욱 품위가 있다. 이 흰옷은 주의 피로 구속받은 증거이다.

"이 흰 옷 입은 자들이 누구냐?"
"이들은 큰 환난에서 나오는 자들인데
어린양의 피에 그 옷을 씻어 희게 하였느니라"(7:14)

흰 옷은 주의 피로 죄 사함을 받은 증거이며 그 구원 받은 하나님의 자녀들이요 하나님의 자녀는 왕자들의 영광으로 금관을 쓰고 있는 존귀한 자들이다.

5절

3) 보좌에 앉으신 이의 능력 있는 음성.

"보좌로부터 번개와 음성과 우렛소리가 나고"

어떤 이는 이 소리는 하나님의 위엄을 나타내는 소리인데 이 세상에 일어나는 모든 재앙을 상징적으로 나타낸다고 하며 하나님의 성난 소리라고 한다. 그러나 성경은 하나님의 음성을 표현하는 방법일 뿐이다. 하나님의 노여움의 큰 소리를 내심을 표현하기도 하지만 위엄 있는 음성(10:3). 심판주의 음성(16:18). 또는 찬송의 큰 소리(14:2)로 표현하기도 한다.

"또 내가 들으니
허다한 무리의 음성과도 같고
많은 물소리와도 같고
큰 우렛소리와도 같은 소리로 이르되

할렐루야 주 우리 하나님
곧 전능하신 이가 통치하시도다"(19:6)

이 노래는 어린양의 혼인잔치에 초대 받은 자들의 기쁨의 우렁찬 찬양 소리를 이렇게 우렛소리와도 같은 소리로 찬양함을 표현하였다. 그런즉 여기에 보여주신 음성은 하나님의 위대한 소리이며 능력의 말씀을 의미한다.

4) 보좌에 앉으신 이의 거룩한 영(Holy Spirit)

"보좌에 켠 등불 일곱이 있으니
이는 하나님의 일곱 영이라"(4:5)

그 다음 사도가 본 것은 보좌 앞에 켜져 있는 일곱 개의 등불을 보았다. 하나님의 보좌는 그 등불로 어둡지 아니하였을 것이다. 밝은 빛으로 보좌의 아름다움을 더욱 돋보이게 하는 조명이었을 것이다. 그래서 우리는 그 빛에 관심을 가지고 오해를 할까봐 사도는 바로 그 등불은 하나님의 일곱 영이라고 가르쳐 준다. 그 하나님의 영은 거룩한 영이며 거룩한 영은 우리가 믿는 성령이요 그 분이 주의 영이신 성령 하나님이심을 믿는다. 성령 하나님은 빛이시다. 우리 심령의 어둠을 밝히시는 지혜의 영이시며 주의 말씀을 밝히 가르쳐 주시며 하나님의 뜻을 깨닫게 하시는 영이시다. 잘 이해가 안 되는 요한계시록도 성령의 도우심으로 깨달아야 하리라.

6절

5) 보좌에 앉으신 이의 깨끗한 이미지

"보좌 앞에 수정과 같은 유리 바다가 있고"

그 다음 사도가 본 하늘나라 본부의 이미지다. 보좌 앞에 있는 바다에 관한 이야기다. 여기서 바다라고 하는 규모는 독자의 상상에 맡기련다. 요한 사도는 조그마한 갈릴리 바다나, 보다 큰 지중해 같이 큰 바다를 보았을 것이다.

그는 작은 갈릴리 바닷가에서 자라나서 그 바다에서 어부로 살았고 그 후로 지중해 연안에 있는 에베소 교회에서 사역을 하였고 요한계시록을 기록할 당시는 지중해 연안의 한 섬, 밧모 섬에서 큰 지중해 바다를 바라보면서 이 계시록을 쓰고 있다. 그 바다들을 상상하며 하나님 보좌 앞에 있는 유리 바다를 보았을 것이다. 그 바다는 보좌의 아름다운 환경으로 만들어 주었을 것이다. 그 바다가 하나님 나라의 이미지를 표현한다.

하나님의 나라는 수정같이 맑은 유리 바다가 있는 나라라는 것이다. 수정같이 맑고 깨끗한 나라. 유리같이 맑고 투명한 나라가 하나님의 나라이며 하나님의 보좌이시며 하나님이시다.

■ 6절

6) 보좌에 앉으신 이의 부리시는 네 스랍들

"보좌 가운데와 보좌 주위에 네 생물이 있는데
앞뒤에 눈들이 가득하더라"

이제는 보좌 가운데 주위에 있는 네 생물이 무엇을 의미하는가? 네 생물은 온통 눈으로 표현한다. 앞뒤에 눈들이 가득하고 여섯 날개가 있는데 그 날개에도 안과 주위에 눈들이 가득하다고 한다. 그리고 네 생물은 하나는 사자 같고, 또 다른 하나는 송아지 같고, 또 하나의 얼굴이 사람 같고, 또 하나는 날아가는 독수리 같다. 이런 각각의 신기한 생물이 무엇일까?

다음 글을 읽고 그림을 그려보자 어떤 모습인가?

> "그의 머리와 털의 희기가 흰 양털 같고 눈 같으며
> 그의 눈은 불꽃같고,
> 그의 발은 풀무 불에 단련한 빛난 주석 같고
> 그의 음성은 많은 물소리와 같으며
> 그의 입에서 좌우에 날선 검이 나오고
> 그의 얼굴은 해가 힘 있게 비치는 것 같더라"(1:14-16)

어떤 그림인가? 그런 사람은 없을 것이다. 예수님을 상징적인 의미로 계시하셨기 때문이다. 그러므로 네 생물도 그림으로 그리면 아름답지 못한 것 같다. 네 생물도 그 모습을 의미로 풀어야 한다. 상징하는 의미가 무엇일까? 해석자들은 구약성경 에스겔서에 있는 환상과 비슷하다고 여겨 에스겔서와 관련하여 그 의미를 찾으려고 한다.

에스겔 선지가가 본 환상은 다음과 같다.

> "그 네 생물의 얼굴과 날개가 이러하니 그 얼굴의 모양은
> 넷의 앞은 사람의 얼굴이요
> 넷의 오른쪽은 사자의 얼굴이요
> 넷의 왼쪽은 소의 얼굴이요
> 넷의 뒤는 독수리의 얼굴이니"(에스겔1:10)

이 에스겔서의 말씀을 기초하여 초대교회 시대부터 전통적인 해석으로 내려오는 정의는 이 네 생물이 에스겔서에 나오는 네 생물과 유사하다고 하며 신약의 네 복음서와 연관 지어 이해해 왔다.

필자도 어려서부터 마태복음은 왕을 상징하는 사자복음. 마가복음은 사람 같은 종의 복음. 누가복음은 희생제물인 송아지복음. 요한복음은 신령하다고 독수리복음이라고 이해하며 살았다. 그러나 요즘 들어서는 이런 전통적인 해석 방법을 받아들이는 사람은 거의 없다. 최근에는 절대 다수의 해석학자들이 에스겔 선지자가 본 생물과 요한 사도가 본 네 생물이 일치점도 있으나 다른 점도 있다는 점에 착안하여 요한계시록의 네 생물에 대하여 해석하고 있다.

현대 신학은 '네 생물이 각 분야의 최고 성을 드러내는 것으로 본다. 사자는 야생의 동물의 왕이다. 독수리는 새들의 왕이다. 또한 소는 가축 중에서 최고다. 그리고 사람은 만물의 영장이다. 다시 말하면 모든 피조물을 대표하는 것이라고 한다.

또는 어느 학자는 '사도 요한 당시 교회가 받을 환난을 생각하면서 이 환난에 대처하는 교회가 되길 바라시는 하나님의 계시' 라고 한다. 그래서 사자는 용기를, 송아지는 인내를, 사람은 지혜를, 독수리는 아주 먼 곳을 바라 볼 수 있는 눈을 상징' 하므로 환난을 당한 교회를 권고 하고 있다는 의미라고 한다. 그러나 우리는 에스겔 선지자의 환상만이 아님을 안다. 이사야 선지자가 처음 사명을 받을 때 본 환상도 닮은꼴이 많다.

"내가 본즉 주께서 높이 들린 보좌에 앉으셨는데
그의 옷자락은 성전에 가득하였고
스랍들이 모시고 섰는데 각기 여섯 날개가 있어
그 둘로는 자기의 얼굴을 가리었고

그 둘로는 자기의 발을 가리었고
그 둘로는 날며 서로 불러 이르되
거룩하다, 거룩하다, 거룩하다, 만군의 여호와여
그의 영광이 온 땅에 충만하도다"(이사야 6:1-3)

이사야 선지자가 본 스랍과 요한 사도가 본 네 생물이 일치점이 많다는 것을 느꼈을 것이다. 그래서 우리는 '네 생물의 모습들이 무엇을 의미하는가?' 하는 것보다 더 중요한 것은 사도 요한이나, 이사야 선지자나, 또 에스겔 선지자나, 이 환상을 본 때가 모두 처음 사명을 받을 때라는 것이다. 이사야도 처음 환상을 보고 두렵고 떨리는 심정으로 그는 외친다. "화로다 나여 망하게 되었도다."라고 토로했고. 에스겔 선지자도 처음 사명을 받을 때 그 환상을 보고 두려워 엎드려 부복하고 떨고 있을 때

"내가 보고 엎드려 말씀하시는 이의 음성을 들으니라."
"그가 내게 말씀하실 때에 그 영이 내게 임하사
나를 일으켜 내 발로 세우시기로
내가 그 말씀을 하시는 자의 소리를 들으니"
"인자야 너는 그들을 두려워하지 말라
그들의 말을 두려워하지 말며
그 얼굴을 무서워하지 마지막이라"(겔 1:28. 2:2. 6)

요한 사도 역시 처음 사명을 받을 때의 심정을 이렇게 기록하고 있다.

"내가 볼 때에 그의 발 앞에 엎드려져 죽은 자 같이 되매
그가 오른손을 내게 얹고 이르시되
두려워하지 말라 나는 처음이요 마지막이라"(1:17절)

주의 사명을 받은 선지자들의 공통된 두려움이다. 그렇게 두려워하며 사명을 받은 선지자들을 위하여 주께서 그들에게 보여 주신 것은 이사야 선지자의 스랍들과 같이 여섯 날개가 있는 것이었다.

"그 둘로는 자기의 얼굴을 가리었고
그 둘로는 자기의 발을 가리었고
그 둘로는 날며 서로 불러 이르되
거룩하다, 거룩하다, 거룩하다, 만군의 여호와여
그의 영광이 온 땅에 충만하도다"(이사야 6:1-3)

이 말씀들을 살펴볼진대 필자는 이를 어떤 자세로 사명을 어떤 자세로, 어떤 마음으로 헌신할 것인가에 대한 환상으로 보고 싶다. 네 생물들은 하나님 앞에 모셔 서있는 헌신의 생물들이라는 것이다. 사명에 헌신할 자들에게는 사자 같은 용기로 사람들과 권세들과 환난의 환경을 극복하라는 의미일 것이며, 소의 새끼 작은 송아지 같은 순결한 순종과 헌신으로 섬기라는 의미와 또 사람의 지혜로 환경을 타개하며 사명을 지혜롭고 슬기롭게 감당하라는 의미이며 또 날아가는 독수리 같이 멀리 바라보고 신속하게 헌신하라는 계시이다.

우리 말세를 살아가는 사명 자들은 네 생물과 같은 인격과 영성을 갖추고 내 영광 나타내려는 얼굴을 가리고 내 수치스런 발도 가리고 밤낮 쉼 없이 날며, 헌신하며, 하나님께 찬양과 영광을 돌려야 할 것이다.

9절

7) 보좌에 앉으신 이의 영광

"그 생물들이 보좌에 앉으사 세세토록 살아계시는 이에게 영광과 존귀와 감사를 돌릴 때에"(4:9)

사도가 본 하늘나라에 대한 스케치에 빠지지 않고 보여준 것은 보좌에 앉으신 이에게 돌리는 찬양과 영광이다. 네 생물들은 밤낮 쉬지 않고 찬양을 한다. 그 찬양에 이어 연속하여 이십사 장로들이 살아계신 하나님께 찬양과 경배를 드린다.

"이십사 장로들이
보좌에 앉으사 세세토록 살아계시는 이에게
경배하고 자기의 관을 보좌 앞에 드리며"(4:10)

오직 상천하지에 찬양을 받으실 분은 보좌에 앉으신 이라는 것을 강조하는 찬양이다. 이분이 만물을 창조하신 창조주 하나님이시며 이분이 만물을 다스리며 섭리하시는 능력의 하나님이시다 라고 찬양한다. 또 이 분이 앞으로 일어날 일들을 기획하시고 주관하시는 분임을 밝혀 주었다.

이들의 노랫말이 4장에 대한 결론이며 우리 하나님의 본질을 바로 전해준다.

"우리 주 하나님이여
영광과 존귀와 권능을 받으시는 것이 합당하오니
주께서 만물을 지으신지라.
만물이 주의 뜻대로 있었고
또 (만물이 주의 영광을 위해)지으심을 받았나이다"(4:10)

우리 하나님은 창조주 하나님이시며 만물을 통치하시는 통치자시며 자기의 영광을 위하여 만물을 창조하신 창조주시라는 것이다. 그러므로 그분이 공간세상의 역사를 창조로 시작하셨으므로 처음 창조하신 역사를 마감하실 권한을 가지신 분이시라는 강한 메시지를 주고 있다.

"또 내가 새 하늘과 새 땅을 보니
처음 하늘과 처음 땅이 없어졌고 바다도 다시 있지 않더라
또 내가 보매 거룩한 성 새 예루살렘이
하나님께로부터 하늘에서 내려오니
그 준비한 것이 신부가 남편을 위하여 단장한 것 같더라"(21:1. 2)

우리 하나님은 만물에 대한 새로운 기획을 세우신 분이시라는 것이다. 이제 우리 하나님은 새 하늘과 새 땅을 창조하실 기획을 수립하셨다. 이 일이 메시아의 왕국건설이다. 이 왕국건설에 대한 하나님의 설계도와 플랜이 다 작성되었고 이 일이 앞으로 일어날 일들이다.

이 일들은 악한 자들에 대한 심판만이 아니라 처음 하늘과 처음 땅에 대한 정리도 포함된다. 그리고 지금까지 장악하고 있던 붉은 용 사탄의 집단에 대한 처벌도 포함된다. 또 그 나라 백성의 인선 작업도 필요한 사항이다. 또한 그 나라의 정권과 기초 작업들이다. 인수자는 영원히 그 나라의 왕이 되실 것이다.

다음 5장은 이 일을 누구에게 맡기시길 원하시는가? 하는 중차대한 임명과 위임식에 대한 계시가 전개될 것이다.

Ⅲ 제 5 장 : 메시아 되신 어린 양

참 중요한 5장이다. 하나님은 하나님의 나라 건설을 완료하셨다. 그런데 새 하늘과 새 땅에 대한 최근 신학계의 동향은 전혀 다른 체계가 아니라 현 체계을 새롭게 만드신다는 회복 쪽으로 기울고 있다. 그러나 주님은 가시면서 이렇게 말씀하셨다.

"내 아버지 집에 거할 곳이 많도다.
그렇지 않으면 너희에게 일렀으리라
내가 너희를 위하여 거처를 예비하러 가노니
가서 너희를 위하여 거처를 예비하면
내가 다시 와서 너희를 내게로 영접하여
나 있는 곳에 너희도 있게 하리라"(요14:2. 3)

이렇게 확실하게 내 아버지 집에, 거처 예비하러 간다. 거쳐 예비하면 다시 오겠다. 너희를 내게로 영접하여 나 있는 곳에 있게 하겠다는 말씀을 하셨는데 회복이라고 주장하는 이들은 누구의 말을 듣고 그런 말을 하는지 모르겠다.(천지 회복에 대하여 22장에서 다시 설명하겠다)

5장은 새 하늘과 새 땅 준비를 완료하시고 이제 참 아름다운 새나라 즉 새 하늘 새 땅 인수위원회 위원장을 누구에게 맡길 것인가 하는 인선 작업이 이루어진다.

그 인선 작업에서 일어난 사건과 추대 받은 만왕의 왕으로 등극하는 즉위식이 하늘에서 거행되는데 그 하늘의 축제가 성대하다. 24장로들이 거기에 있고, 네 생물이 거기에 있고, 천천만만의 천군천사들이 있고 그리고 모든 피조물들이 찬양한다.

"내가 들으니
하늘 위에와 땅 위에와 땅 아래와 바다 위에와
또 그 가운데 모든 피조물"(5:13)

이 5장은 온 우주 전체의 피조물들이 참석한 가운데 거행되는 우주적 축제를 스케치 했다.

1. 하나님의 초특급 비밀문서

1절

"내가 보매
보좌에 앉으신 이의 오른손에 두루마리가 있으니
안팎으로 썼고 일곱 인으로 봉하였더라"(5:1)

1) 신비의 두루마리를 그 보좌에 앉으신 이가 들고 나오셨다. 그 초특급 비밀문서가 창조주 하나님의 오른손에 들려져 있다. 하나님이 두루마리를 들고 계신 것이다. 이 계시는 이 두루마리가 얼마나 소중한 것인가를 말씀하신다. 새 하늘과 새 땅을 창조하신 창조주 하나님의 오른손에 들려져 있다는 것이다.

2) 또 하나는 일곱 인을 봉한 것이 중요함을 의미한다. 두루마리 책이 중요한 것이 아니라 그 책 안에 기록되어 있는 내용이 중요함을 시사해 주고 있다. 그 내용이 얼마나 소중한지 어느 누구도 함부로 볼

수 없도록 엄격하게 봉인하셨다는 것이다.

3) 또 얼마나 더 중요한지는 봉인의 숫자에서도 읽을 수 있다. 일곱은 완전수이다. 하나님께서 하나만 봉인하셨더라도 지엄하신 말씀일 터인데 일곱 봉인이라면 완벽하게 완전하게 절대 극비의 문서로 봉인하셨다는 것이다. 이는 유사 이래 초특급 비밀문서임을 의미하고 있다.

4) 힘 있는 천사는 큰 음성으로 봉인을 제거할 이를 찾고 있다.

"또 보매 힘 있는 천사가 큰 음성으로 외치기를
누가 그 두루마리를 펴며 그 인을 떼기에 합당하냐?"

이 힘 있는 천사라는 힘은 권세가 있다는 말일 것이다. 그 권세는 그 비밀문서의 봉인을 제거할 자를 찾아오라는 하나님의 특명을 받을 만큼 하나님의 신임을 받은 천사이기 때문이라는 의미일거다. 하나님 신임을 받은 천사에게 특별히 맡긴 임무는 그 문서의 중요성을 더해 주고 있다. 그리고 큰 소리로 온 천지에 울리도록 외친다. 꼭 찾아야 하기 때문이다.

어느 사람이 비행기를 타고 창공을 날아가다가 갑자기 기절해 쓰러졌다. 그 주위에 있는 사람들은 웅성웅성 거린다. 그러나 어느 누구하나 그 사람을 깨우질 못한다. 그 때 어느 승무원이 (외친다.) '승객여러분 지금 승객 한분이 쓰러지셨는데 (누가) 이 분을 고칠 수 있는 의사 선생님 안계십니까?' 라고 큰 소리로 외칠 것이다. 비행기 안에 탑승한 모든 사람들이 다 알아들을 만큼 큰 소리로 말이다.

여기 천사는 한 생명보다 더 소중한 전 인류의 생사에 관한 일이기에 천상천하 모든 이들이 듣도록 외칠 것이다. 중대한 일이다. 꼭 해결해야만

하는 사건이다.

5) 천상천하에 어디에도 해결할 수 있는 능력자가 없었다.(3절)

> "하늘 위에나 땅 위에나 땅 아래에
> 능히 그 두루마리를 펴거나 보거나 할 자가 없더라"

참으로 절망적인 서글픈 사건이다. 창조 이후 수천억의 인류 중에서 하나도 없었다는 것은 참으로 슬픈 일인 동시에 그 봉인한 문서가 그만큼 어느 누가 함부로 열 수가 없는 중차대한 일이라는 것이다. 우리는 단순히 쉽게 아무도 없구나 하고 지나칠 수 있다. 그러나 이 문서는 꼭 펼쳐져야 한다. 하늘이 두 쪽 나도 펼쳐져야 한다는 의미다. 만약에 펼칠 자를 찾지 못한다면, '하나님의 구원 계획과 하나님의 백성들의 승리는 비누거품처럼 날아가 버릴 것이다.' 그렇게 중대한 일이다. 그러기에 요한사도는 슬픔을 그대로 노출하고 있다.(4절)

> "그 두루마리를 펴거나 보거나 하기에 합당한 자가
> 보이지 아니하기로 내가 크게 울었더니"

우리는 이 두루마리가 펼쳐져야 하는 것에 중요성을 두지 않기 때문에 그 슬픔을 느낄 수 없다. 이 슬픔을 느낄 수 없는 우리는 요한계시록의 내용이 그렇게 중요한 내용이라고 생각하지도 않을 수 있다.

그러나 사도는 안다. 너무 혹독한 시련과 환난을 당하고 있다. 사도의 시대 성도들은 주의 나라가 이 땅에 임하길 갈망하며 살았다. 메시아의 왕국 건설을 위하여 인생의 일생을 송두리째 다 바치며 살았기 때문이다. 그런데 그 사모하는 왕국의 건설이 좌절된다는 것에 대한 슬픔은 하늘이 무너지는 슬픔이다.

느헤미야의 슬픔은 통곡의 눈물이었다.

> **"내가 이 말을 듣고 앉아서 울고 수 일 동안 슬퍼하며 하늘의 하나님 앞에 금식하며 기도하였다"**(느1:4)

느헤미야의 슬픔은 예루살렘 성이 훼파되고 성문들은 불탔다는 소식이다. 이 소식은 전쟁을 치루고 패전하여 포로로 잡혀간 뒤의 일로 예견된 일이고 다시 세우면 되는 작은 일이다. 그러나 사도의 눈물은 온 인류의 구원에 관한 일이며 무참하게 짓밟는 사탄의 세력에게 억울한 일을 당하는 슬픔이다. 사도는 세상 어디에서도 보상 받을 수 없는 현실이며 또는 세상 어느 사람에게서도 위로 받음으로 해결될 사안이 아니기 때문에 슬픔은 더 한 것이다. 절망 그 자체다

사도의 눈물에서 우리는 그 펼쳐야 할 두루마리의 내용이 얼마나 중요한 내용임을 직감 할 수 있다. 시시한 것 그냥 지나쳐도 될 일이면 90여세가 되어가는 대 사도가 울겠는가? 그동안 복음을 위하여 만고풍상 모진고통을 다 겪어 오면서도 꿋꿋하게 견뎌온 대 사도가 이 슬픔만은 참지 못하고 울었다. 그것도 크게 소리 내어 엉엉 울었다고 자기의 슬픔을 기록해서 만고의 모든 성도에게 알리고 있다.

'내가 정말 슬펐다' 는 여기 원어의 의미는 우리의 가슴을 더욱 뭉클하게 한다.

καὶ ἔκλαιον πολυ,(카이 에클라이온 풀루) 에클라이온은 '클라이오' 의 통곡하다 슬퍼 하다란 뜻에 1인칭 단수 능동태 미완료 직설법 으로 실망한 채로 주체하지 못하고 하염없이 계속 울고 또 큰 소리로 통곡했다는

의미이다. 어떤 이는 '두루마리 책을 열어 하나님의 목적을 실행시킬 중재자가 없음으로 하나님의 역사가 연기될 것이기에 요한이 심히 슬퍼하여 울었다.' (*Χαιρδ*)라고 하지만 그보다 더 심각한 것은 시련의 시기에 하나님의 자녀에 대한 어떤 보호도 못해 주며, 박해하는 세상에 대한 어떤 심판도 하지 못하며, 믿는 자들의 궁극적인 승리도 보장해 주지 못하며, 새 하늘과 새 땅도 없고 미래의 소망이 사라짐으로 인한 슬픔이라는 것이다. 한 마디로 말해서 하나님이 하실 요한계시록의 사건들을 열어보지도 못하고 송두리째 폐기될 위험에 처하기 때문이다.

6) 장로 중의 한 사람의 위로가 큰 힘이다.(5절)

"장로 중에 한 사람이 내게 말하되 ~울지 말라~"

그 슬픔은 장로 중 하나의 위로가 해결해 주었다. 이 장로의 한마디는 세기의 위로였다. 지구촌의 위로의 말이다. ~울지 말라.~ 이 한 마디 위로가 우리에게 힘이다. 우리의 능력이다. 우리의 꿈이 살아난다.

"울지 말라."

이 글을 읽는 모든 형제자매들에게 주의 위로하심이 있기를 축원한다. 장로가 위로해 주었다. 그 위로는 그 인을 떼실 수 있는 권한을 인정받으신 분이 있다는 말이다. 그 능력자가 어린양 되신 예수 그리스도시요 우리의 구주이시라는 위로의 말씀이다. 이 어린양이 그런 권한을 보유하신 것은 사망권세와 싸워 이기셨다는 것이다. 뿐만 아니라 또한 자기 사람들의 존귀하고 영화로운 삶까지 책임을 지실 수 있는 분이라는 것이다.

"각 족속과 방언과 백성과 나라 가운데에서

사람들을 피로 사서 하나님께 드리시고
그들로 우리 하나님 앞에서 나라와 제사장을 삼으셨으니
그들이 땅에서 왕 노릇 하리로다"(5:9, 10)

이런 혁혁한 공을 세우신 구세주이시기 때문에 가능하다고 한다. 구세주의 모습이 어린양으로 보인다.

"내가 또 보니
보좌와 네 생물과 장로들 사이에 한 어린 양이 서 있는 데
일찍이 죽임을 당한 것 같더라
그에게 일곱 뿔과
일곱 눈이 있으니
이 눈들은 온 땅에 보내심을 받은 하나님의 일곱 영이더라"(5:6)

여기에서 보여 주신 어린양의 모습과 1장에 계시자로서 모습과 10장에 보이신 힘센 다른 천사의 모습과 많은 부분에서 다르다.

왜? 그럴까?

"주의 날에 내가 성령에 감동되어
내 뒤에서 나는 나팔 소리 같은 큰 음성을 들으니
나에게 말한 음성을 알아보려고 돌이킬 때에
일곱 금 촛대를 보았는데
촛대 사이에 인자 같은 이가
발에 끌리는 옷을 입고
가슴에 금띠를 띠고
그의 머리와 털의 희기가 흰 양털 같고 눈 같으며

그의 눈은 불꽃같고
그의 발은 풀무 불에 단련한 빛난 주석 같고
그의 음성은 많은 물소리와 같으며
그의 오른손에 일곱별이 있고
그의 입에서 좌우에 날선 검이 나오고
그의 얼굴은 해가 힘 있게 비치는 것 같더라"(1:10-16)

요한이 1장에서 상징적인 처음 본 구세주의 모습은 요한 사도와 교회들을 위로와 권면을 하시기 위한 모습이었을 것이다. 많은 학자들이 말하는 주후 95년경 로마 황제 도미티안(Domitian)이 통치하던 시기에 종교적 핍박으로 많은 고난을 당하고 밧모라는 작은 섬에 유배된 상태인 요한은 구세주의 사역을 위하여 헌신하다가 말년까지 모진 고난을 당한 것이다. 그때 요한의 마음속에는 "주님 오신다는 약속대로 언제 오시렵니까? 우리가 신앙 지키기가 너무 힘이 듭니다."

요한 사도는 자기 자신의 고통보다 많은 교회와 성도들을 생각하는 애정에서 하는 질문이리라. 이에 대한 주님의 대답은 요한계시록과 주님의 모습으로 대답하셨다. 그러므로 주님의 모습이 교회와 성도들에게 위로와 힘을 주는 모습으로 보여 주셨다는 것으로 이해를 하여야 한다.

그리고 이 모습 속에는 그리스도의 제사장으로서의 사역과 왕으로서의 사역과 선지자로서의 사역을 상징하고 있고 또한 예수의 신성과 인성이 내포되어 있다.

1) 인자 같은 이는 예수의 인성을 상징하고
2) 그의 얼굴은 해가 힘 있게 비치는 것 같더라는 변화 산에서의 광채 나는 영광의 모습과 흡사하여 그리스도의 신성을 상징한다.
3) 발에 끌리는 옷을 입고는 발에 끌리는 옷은 성경에 7회 나오는데 1

회를 제외하고 모두 제사장과 연관을 가지고 있는 말씀이다.그러므로 거룩한 그리스도의 제사장 사역을 상징한다.

4) 가슴에 금띠를 띠고는 제사장들의 의복 에봇과 함께 띠는 띠로서 그리스도의 제사장 사역의 존귀성을 상징한다.
5) 머리와 털의 희기가 흰 양털 같고 눈 같으며 는 머리털과 그 몸의 모든 털의 희기는 그리스도 제사장 사역의 영원성과 순결성을 상징한다.
6) 눈은 불꽃같고 는 모든 사물을 꿰뚫어 볼 수 있는 혜안이 있는 그리스도의 왕 사역의 공의성과 선과 악의 공정성과 심판권을 상징한다.
7) 발은 풀무 불에 단련한 빛난 주석 같고는 그의 원수들을 장악할 수 있는 힘과 강인함으로 그리스도의 왕직의 승리성을 상징한다.
8) 오른손에 일곱별이 있고는 오른 손은 능력이요 일곱은 완전성이요 별들은 주의 사역자들로 그리스도의 선지자적 사역의 주권성을 상징한다.
9) 음성은 많은 물소리와 같으며는 그리스도의 선지자적 사역 힘과 능력과 통치력을 상징한다.
10) 입에서 좌우에 날선 검이 나오고는 율법과 복음의 근원되시는 그리스도의 선지자적 사역의 심판과 승리를 상징한다.

그리스도의 3대 사역을 상징하며 그리스도의 양성을 의미하는 모습으로 그리스도의 속성을 잘 설명하고 있다. 그리고 그리스도는 하늘에 멀리 있는 존재가 아니라 너희 가까이 성전 안에서 거닐고 계시다는 상징으로 위로해 주신다.

그러나 여기 본문에서 보여 주신 그리스도의 모습은 우리 인류를 능히 구원하실 수 있는 자격자의 모습으로 보여 주신다.

1) 그 분은 어린양이시다.

어린양은 희생 제사에 기초한 구속사상의 핵심이며 속죄제물을 상징한다. 곧 어린양이기 때문에 하나님의 백성을 위한 희생으로 구속과 승리를 성취하셨다는 의미를 부각시킨다. 어린양이신 예수 그리스도께서는 천군천사들의 찬양과 같이 충분한 자격을 갖추신 분임을 증명한다.

> "큰 음성으로 이르되 죽임을 당하신 어린 양은 능력과 부와 지혜와 힘과 존귀와 영광과 찬송을 받으시기에 합당하시도다 하더라"(5:12)

이보다 더 훌륭한 스펙을 갖춘 구세주가 어디에 있겠는가? 처음엔 이런 분을 찾지 못하여 사도 요한이 울고 있었던 것이 아닌가?

2) 그 분은 일곱 뿔이 있으신 분이시다.

일곱이란 완전을 의미하는 숫자이며 뿔은 힘과 권세와 능력을 상징하며 대적들과 싸움에서 승리하실 것을 부각 시켜 자격자이심을 보여 주신 상징이다.

3) 그 분은 일곱 눈(하나님의 일곱 영)이 있으신 분이시다.

일곱은 완전 숫자라고 하였다. 눈은 살핀다는 의미로 온 세상에 살고 있는 자기 백성들을 항상 관찰하시고 보살피신다는 의미이며 이 눈은 하나님의 일곱 영을 의미한다고 본문이 설명하고 있다.

하나님의 일곱 영은 자기 백성들을 보호하시며 도울 수 있는 능력이 충분한 보혜사이심을 의미한다. 이러므로 예수는 우리를 구원하시려고 희생을 하신 분이기에 우리의 구원의 보증이 되시기에 합당하신 자격을 가추신 구세주이시다.

구세주란(the Savior) 인류를 죄악과 파멸의 상태에서와 어려움이나 고통에서 구해 주신 분이다. 예수 그리스도가 구세주 되심을 24장로들은 성도들의 기도를 품에 품고 찬양한다. 이 찬양의 노랫말 속에 예수가 구세주로서 인을 떼기에 합당하심의 사역을 만천하에 공언하고 있다. 예수께서 어떤 사역을 하셨기에 인 떼기에 합당하신가?

① 어린양은 온 세상 모든 사람들이 죄와 사망의 노예로 팔려갈 때 자기가 흘린 피로 값을 지불하고 사서 하나님의 것으로 드린 사역을 하셨다.

② 어린양은 자기 피 값으로 사온 노예들을 하나님의 나라의 노예 신분에서 자유민으로 명예를 회복시키신 사역을 하셨다.

③ 어린양은 그 노예들을 하늘나라 왕국에서 하나님을 섬기는 제사장직을 부여해 주시도록 사역하셨다.

④ 어린양은 그 노예들을 이 땅위에서는 하나님의 나라 분봉 왕으로 세우는 사역을 하셨다.

이렇게 큰 역사를 이루신 어린양 예수 그리스도는 구세주로서 하나님의 구원계획을 완성하실 능력을 갖추신 분으로 합당하기에 모든 피조물들은 찬양함이 당연하다.

> "내가 또 들으니 하늘 위에와 땅 위에와 땅 아래와 바다 위에와 또 그 가운데 모든 피조물이 이르되 좌에 앉으신 이와 어린 양에게 찬송과 존귀와 영광과 권능을 세세토록 돌릴지어다"(5:13)

이제 그의 구원의 확인 도장을 받은 모두는 네 생물과 24장로들과 함께 그 분께 엎드려 경배하며 "아멘" 하여야 하리라.

제 3 편

첫째 기둥 세우기 (예수 1차 오심)

일곱 봉인 떼어 내기

필자는 앞부분에서 기술한 바와 같이 붉은 용 사탄이 권능과 권세를 가지고 하나님의 권위와 능력에 도전하다가 참패하고 하늘에서 쫓겨났다는 말씀을 다루었다. 그 붉은 용은 하늘에서 쫓겨난 것으로 하나님의 권위에 도전하는 것을 포기하지 아니하고 그 보복으로 하나님의 구원사역을 파괴하기 위해 성도들을 핍박하고 교회들을 파멸시키려한다. 그것들의 훼방과 방해책동은 하나님의 구원사역의 시작인 첫째 기둥 일곱 인 떼기부터 시작한다. 그리고 독자들은 그것들이 에덴동산부터 시작한 짓이었다는 것을 잃어버리지 말고 기억해야 한다.

요한계시록 강해 자들이 가장 해석의 어려움을 호소하는 부분이 6장이다. 왜냐하면 1-5장까지는 일반적으로 성경에 대한 기초적인 상식만 있어도 해석할 수 있는 평 이한 문장이고 내용이다. 그리고 은혜롭다. 그러나 일곱 인 떼기가 시작되는 6장부터는 난해하다.

그 이유는 몇 가지가 있겠지만 필자가 볼 때에는 1-17절까지는 일곱 개 인 중에서 6개 인 만을 제거한 기록이다. 아직 한 개의 인을 제거할 일이 남아 있는 상태에서 그 다음 7장은 구원 받은 성도들이 천상에서의 삶을 계시한 것으로 보기 때문이다. 그러면 '일곱 번째 인은 천상에서의 사건인가 지상에서 일어나는 사건인가?' 하는 난제가 있다.

또 인 떼기 계시가 난해한 이유는 "어린양이 인을 떼시므로 어린양에게 책임이 있다는 사실로 인하여 인을 떼므로 일어나는 모든 현상들이 어린양에 의한 집행이라고 받아 들여야 하는 것과 피조물을 대표하는 4가지 생물의 등장은 하나님의 심판이 피조 세계의 파괴를 초래한다는 점을 말해준다."는 것이 부담이 된다고 하겠다. 즉 어린양께서 파괴와 재앙을 내리신다고 하는 것이요. 그것도 그 무서운 진노들이 초반부터 내린다고 하는 것에 혼란을 느끼게 하기에 충분할 것이다. 그래서 혹자는 "요한계시록의 재앙 때문에 하나님을 마치 무섭게 분노하고 화를 내시는, 비인격적인 진노의 신으로 취급하려고 한다."라고 걱정하면서 이런 독자들의 마음을 달래기 위해서 "요한계시록에서 막간(여섯째 인과 일곱째 인 사이에 7장)은 요한이 의도적으로 글을 구성할 때 삽입한 것으로, 재앙이 쏟아지는 상황을 직면하고 살아야 하는 하나님 백성들이 받아야 할 위로와 서 있어야 할 사명적 위치를 알려 주는 것이다."라고 변명한다. 그러면서 솔직하고 겸손하게 "모르는 것에 집착하기보다는 아는 것으로 풀어가라"고 조언한다.

그러나 필자는 이렇게 난해한 계시를 푸는 열쇠는 전에 언급했듯이 12장 12절에 있다고 생각한다.

> "우리 형제들을 참소하던 자
> 곧 우리 하나님 앞에서 밤낮 참소하던 자가 쫓겨났으니
> 하늘과 그 가운데에 거하는 자들은 즐거워하라
> 그러나 땅과 바다는 화 있을진저
> 이는 마귀가 자기의 때가 얼마 남지 않은 줄을 알므로
> 크게 분 내어 너희에게 내려갔음이라"(12:10, 12)

지금까지의 요한계시록 해석자들이나 강해하는 이들은 어린양께서 인을 떼시는 주체가 되시므로 인을 떼므로 일어나는 환난과 재난이 모두 어린양이 내리시는 재앙으로 보기 때문에 해석이 풀리지 아니하고 그 해석으로 인하여 더 막히게 되어 어렵다. 그러나 필자는 어린양께서 인을 떼실 때에 이것을 방해하는 자가 그 환난과 재난을 일으킬 수도 있다고 이해하면 어떨까 한다. 그리고 또 6장의 인 떼기에서의 난해한 계시를 풀 수 있는 열쇠는 본문 안에 있는 계시 중 대다수의 강해 자들이 버리는 한 단어 "오라" (ἔρχου 에르큐)라는 단어이다. 이 단어는 첫째 인부터 넷째 인을 뗄 때

까지 연속하여 매 인을 뗄 때마다 네 생물이 한 번씩 나와 한 번씩 '오라' 라고 이야기 하여 4회 나오는 단어이다. 이 한 마디 하기 위해 매 인을 뗄 때마다 한 생물씩 등장한다.

해석자들은 말들의 등장과 말을 탄자들에게만 관심이 있지 그 생물이 나와서 왜 그 한마디만 하고 마는지 또 그 한마디가 어떤 의미를 주는지에 대해서는 관심이 없다. 네 생물들이 하나씩 나와서 외친, 그것도 우레 소리같이 큰 소리로 외친 이유는 무엇일지에는 관심들이 없기 때문에 이 6장의 해석이 어려운 것이라고 생각한다. 그러므로 먼저 "오라" (*ἔρχου* 에르큐)라는 단어부터 상고하기로 한다.

ἔρχου(에르큐. 오소서 혹은 오라)

6장의 인 떼기에서 주목해 봐야 할 단어는 대다수의 강해 자들이 버리는 한 단어 "오라"(ἔρχου 에르큐)라는 명령이다. 이 "오라"는 명령어는 첫째 인부터 넷째 인을 뗄 때까지 계속 4번이나 나오는 단어이다.

"어린 양이 일곱 인 중의 하나를 떼시는데
그 때에 내가 들으니
네 생물 중의 하나가 우렛소리 같이 말하되
'오라' 하기로"

"둘째 인을 떼실 때에 내가 들으니
둘째생물이 말하되 '오라' 하니"

"셋째 인을 떼실 때에 내가 들으니
셋째 생물이 말하되 '오라' 하기로 내가 보니"

"넷째 인을 떼실 때 내가 넷째 생물의 음성을 들으니
말하되 '오라' 하기로"

이 단어 *ἔρχου*(에르큐)는 *ἔρχομαι*(엘코마이)의 동명령, 현재, 2인칭, 단수이다. 그래서 직역하면 "너는 오라" "당신이 오시오" "당신이 오소서"라고 한다. 그러면 네 생물 중 하나가 나와서 한 번만 외친 이 명령을 누구에게 하는 것일까?

손아래 것에게 하는 명령으로 번역을 한다면 "너는 오라"고 해야 할 것이고 손윗사람에게 명령 하는 것이라고 번역을 한다면 "당신이 오시오"라고 해야 할 것이고 극존칭을 써야 할 분에게 하는 간청이라면 "당신이 오소서"라고 번역을 해야 할 것이다. 우리는 우리 성경에 "오라"고 번역했기 때문에 네 생물이 아무렇게나 명령해도 되는 상대라고 생각하도록 독자들의 해석을 제한하고 있다. 그래서 명령을 받은 자는 요한이 아닐 것이고 어린양도 아니고 단 하나 말들이나 말 탄 자들이 아니겠는가 생각하게 만든 번역이다.

(1) 만일 이 생물의 명령이 말들에게 한 명령이라면 네 생물이 재난을 불러들인 꼴이 된다. 마치 천사들이 대접 재앙을 쏟아 붓듯이 네 생물이 이 땅위에 재난을 쏟아 붓기 위해 너는 와서 온 세상에 재앙을 부으라는 의미가 된다. 그래서 인을 떼시는 어린양이 재앙을 명령하셨다고 해석을 하게 되므로 해석상의 어려움과 어린양이 재앙을 내리시는 분으로 각인시켜버린다.

(2) 만일 이 생물이 사도 요한에게 한 명령이라면 어린양이 인을 떼시므로 일어나는 환상을 보러 오라고 부르는 소리라고 할 것이다. 그러면 우리는 "오시오" 또는 "와서 보시오"라고 번역해야 할 것이다. 그러나 첫째 인을 뗄 때 이미 사도 요한은

> "내가 보매 어린 양이 일곱 인 중의 하나를 떼시는데
> 그 때에 내가 들으니
> 네 생물 중의 하나가 우렛소리 같이 말하되 오라 하니" (6:1)

사도 요한은 이미 보고 있었다. 요한은 이미 듣고 있는데 명령할 이유가 없고 요한 사도에게 하는 명령이라면 매 회 때마다 "오라"고 부를 이유가 있을까? 그리고 지금 옆에 있는 요한에게 우렛소리 같은 큰 소리로 외칠 이유는 없다.

(3) 만일 이 생물의 명령이 붉은 용에게 하는 명령이라면 "오라"고 큰 소리로 외쳐야 할 것이다. 우리는 의외로 사건의 현장에 없는 붉은 용을 부른다고 하는 것에 찬성을 할 수 없을 것이다. 그러나 요한계시록의 주체는 어린양과 그의 편지를 받는 신부된 교회요 성도들이다.

그리고 요한계시록의 계시 내용 중 주요 내용과 많은 부분을 차지하는 두 그룹이 있다고 언급했다. 그 두 그룹 중에 당사자인 신랑과 신부는 한 팀이 되고 그 다른 팀은 붉은 용이다. 그래서 그 붉은 용은 요한계시록 사건 현장에 항상 배수진을 치고 있다가 주의 사역을 방해 하는 훼방꾼이다. 그리고 그 붉은 용은 이 세상, 하나님이 창조하신 처음 세상을 망쳐놓은 옛 뱀이다. 그가 망쳐 놓은 것에 대한 변명이나 진술을 듣고자 할 수도 있고 또는 책망하기 위해 부를 수도 있다고 생각할 수 있다.

그러나 그 붉은 용을 불렀다면 그 후에 일어나는 모든 재앙들의 책임은 그것을 불러들인 하나님께 있을 것이다.

(4) 만일 이 생물의 외침이 구세주(救世主 세상을 구원할 주)에게 하는 간절한 애원이라면 "주여 오소서"라고 번역을 해야 할 것이다. 우리는 네 생물 중 하나가 나와서 붉은 용을 부르는 것 보다 구세주를 부른 것이 더욱 친근감이 있다고 느낄 것이다.

붉은 용, 옛 뱀이 인류를 에덴에서부터 파멸시켰고 하나님이 창조한 세상을 광야와 악의 소굴로 전락하게 만들었다. 이런 타락한 도시에 살고 있는 인류는 이 땅을 회복 시킬 구세주를 기다리고 있다. 인류가 구세주를 기다림은 하나님이 주신 약속에서부터 시작되었다. 하나님의 약속은 구세주 초림 전부터 약속하신 옛 언약은 구약이다. 그리고 구세주를 다시 보내시겠다는 새 언약은 신약성경이다.

하나님은 악의 소굴에 살고 있는 롯의 가족을 구원하심같이 자기의 백성을 구원하시려고 구세주를 보내겠다고 약속하셨다. 이 초림의 약속이 구약성경의 전체적인 내용이다.

이 구세주에 대한 약속은 아담과 하와가 범죄 한 바로 직후부터 하나님은 구세주를 보내주시겠다고 약속하신다.

> **"여호와 하나님이**
> **아담과 그의 아내를 위하여 가죽 옷을 지어 입히시니라"**(창3:21)

우리가 옷을 입고 사는 이유는 멋을 위해, 또는 추위와 더위에서 몸을 보호하기 위해 입지만 궁극적인 최초의 옷은 아담과 하와가 수치를 가리기 위한 나뭇잎 이었다.

> **"이에 그들의 눈이 밝아져 자기들이 벗은 줄을 알고**
> **무화과나무 잎을 엮어 치마로 삼았더라"**
> **"이르되 내가 동산에서 하나님의 소리를 듣고**
> **내가 벗었으므로 두려워하여 숨었나이다"**(창3:7. 10)

그들은 나뭇잎 옷으로 수치를 가릴 수 있다고 생각했다. 그러나 하나님은 온전히 수치를 가릴 수 있는 가죽 옷을 지어 입히셨다. 이는 죄로 오는 수치를 가릴 수 있는 것은 양이나 소의 피를 흘림으로 얻을 수 있는 가죽 옷과 같이 우리 죄를 위해 피 흘림으로 수치를 가리워 주실 구세주를 보내시겠다는 의미이다.

이렇게 구세주를 보내시겠다는 하나님의 약속은 최초 인류의 범죄 직후부터 시작하여 구약성경 마지막 기록까지 계속된다. 구약 성경 전체의 내용이 초림의 구세주를 보내시겠다는 하나님의 약속이요, 구세주의 대망 사상이다. 구약성경의 마지막은 말라기요. 말라기의 마지막 장은 4장이고 4장의 마지막 절은 6절이다. 그 6절은 구세주의 약속으로 마감한다.

> "보라 여호와의 크고 두려운 날(예수 초림 하시는 날)이 이르기 전에 내가 선지자 엘리야(요한)를 너희에게 보내리니 그가 아버지의 마음을 자녀에게로 돌이키게 하고 자녀들의 마음을 아버지에게로 돌이키게 하리라 돌이키지 아니하면 두렵건대 내가 와서 저주로 그 땅을 칠까 하노라 하시니라"

구약의 마지막 말씀은 구세주 되신 그리스도의 초림에 앞서 선지자 엘리야라고 칭하는 세례요한을 보내시겠다는 약속이다. 그 약속대로 세례요한은 와서 외쳤고 그 외친 메시지는

"회개하라(마음을 돌이키라) 천국이 가까이 왔느니라"

이 외침이 구약과 신약의 가교 역할을 한다. 이 구약의 마지막 선지자의 예언이 신약의 세례요한의 외침, 구세주의 초림에 대한 약속으로 연결(이루어지는)되어진다.

누가복음은 1장에서 세례요한의 출생부터 시작하고, 요한복음은 1장에서 세례요한이 빛에 대한 증언으로부터 시작하며, 마가복음은 1장에서 세례요한의 광야에서 외침에서부터 시작하고, 마태복음은 3장에서 "회개하라 천국이 가까이 왔느니라."라는 그의 메시지로 시작한다.

이렇듯 구약교회의 사모함은 오직 구세주의 강림하심이다. 그들의 간절한 간구는 "구세주여 오소서" "호산나" "오셔서 우리를 구원하소서."이다. 그들이 얼마나 사모하였는지를 우리는 예수님이 할례받기 위해 성전에 가셨을 때 만난 시므온이란 사람을 통해 알 수 있다.

성경에 시므온은 이렇게 표현되어 있다.

> "이 사람은 의롭고 경건하여 이스라엘의 위로(구원자)를 기다리는 자라. 성령이 그 위에 계시더라. 그가 주의 그리스도를 보기 전에는 죽지 아니하리라 하는 성령의 지시를 받았더니 성령의 감동으로 성전에 들어가니 마침 부모가 그 아기 예수를 데리고 오는지라."

성령의 지시하심을 따르는 시므온 선지자는 이스라엘의 위로(구세주)를 기다리다가 아기 예수를 만났고 감격하여 찬송을 하였다.

> "주재여
> 이제는 말씀하신 대로 종을 평안히 놓아 주시는도다.
> 내 눈이 주의 구원을 보았사오니"(눅2:25-31)

그는 구세주를 보고 구원을 본 것에 감격한다. 그의 이런 감격은 사모함에서 나온다. 그 사모함은 구원자 예수를 보고 싶은 심정의 발로이다.

그 뿐이랴 구세주를 보고픈 선지자 안나 할머니는 100살이 넘어 까지 살게 해 주시므로 성전을 떠나지 아니하고 주야로 금식하며 (메시아를)기다리다가 성전에서 그 아기 예수를 보고

> "하나님께 감사하고
> 예루살렘의 속량(구세주)을 바라는
> 모든 사람에게
> 그(예수)에 대하여 말하니라"(눅 2:38)

이렇게 구약시대가 구원의 갈망함이 절정에 이르렀을 때 구세주는 강림하셨다.

신약시대 성도들은 구세주께서 다시 오시길 사모 한다. 요한사도 시대는 다시 오실 주님을 100여년을 기다렸고 우리는 2000년 이상을 기다리고 있다. 우리보다 요한 시대의 성도들은 더 간절한 사모함이 있었을 것이다. 그 때 교회는 많은 수난을 당하였다. 그리고 많은 성도들이 주를 기다리다가 매를 맞고 감옥에 가기도 하고 순교한 이들도 있다. 이런 핍박과 환난은 주의 강림하심을 더욱 간절하게 한다.

그 간절한 우리들의 기다림을 주께서도 아신다. 주께서도 그 날을 사모하는 이들에게 내가 가겠다고 약속 하신다. 오시겠다고 하신 그 약속이 제일 많은 성경이 이 요한계시록이다. 요한계시록 안에서 13번이나 거듭거듭 말씀하신다. 친히 말씀하시기도 하시고 요한을 통하여 말씀하시기도 하셨다.

1:8절	"나는 알파와 오메가라…장차 올 자요."
1:4절	"요한은…편지 하노니 장차 오실 이와…"
1:7절	"볼지어다. 그가 구름을 타고 오시리라."
2:5절	"회개하지 아니하면 내가 네게 가서 네 촛대를 옮기리라."
16절	"회개하라 그리하지 않으면 내가 네게 속히 가서…"
25절	"다만 너희에게 있는 것을 내가 올 때까지 굳게 잡으라."
3:3절	"만일 일깨지 아니하면 내가 도둑 같이 이르리니"
11절	"내가 속히 오리니 네가 가진 것을 굳게 잡아 "
20절	"내가 문 밖에서 두드리노니"

16:15절 "보라 내가 도둑 같이 오리니 누구든지 깨어"

22:7절 "보라 내가 속히 오리니"

12절 "보라 내가 속히 오리니"

20절 "이것들을 증언하신 이가 이르시되 내가 진실로 속히 오리라"

이렇게 주님은 오시겠다고 약속하셨다. 이 약속을 받은 성도들은 사도 요한과 같이 부르짖고 있다.

> "이것들을 증언하신 이가 이르시되 내가 진실로 속히 오리라 아멘 주 예수여 오시옵소서"(22:20)

이 부르짖음이 2000년간 천만 성도들의 한결같은 부르짖음이다.

ἔρχου κύριε Ἰησοῦ. (에르큐 큐리에 예수) "주 예수여 오시옵소서."

네 생물이 우렛소리같이 외친 "오라"라는 부르짖음은 사도요한과 함께 온 세상 주를 따르는 모든 성도들과 주를 기다리다 먼저 천국에 간 성도들의 간절한 소원인 "주 예수여 오시옵소서." 라고 외치는 합창을 대변한 애원이라고 생각한다.

필자도 외치고 있다.

ἔρχου κύριε Ἰησοῦ. "주 예수여 오시옵소서."

주를 기다리는 모든 성도들은 모두 함께 이렇게 우렛소리 같이 큰 소리로 외쳐야 하리라.

제 6 장 1-8절 | 처음 하늘과 처음 땅을 망친 옛 뱀, 사탄의 악행

여기서 인 떼기에 대한 해설을 하기 전에 우리가 꼭 한 가지 유념해야 할 사소한 일이 하나 있다. 유치원생에게 하는 질문 같은 질문을 하나 하련다. 두루마리에 봉인한 것을 왜 제거하려는가?

두 말할 것 없이 그 두루마리를 개봉하려는 것이다. 개봉하므로 열어 펼쳐 볼 수 있기 때문일 것이다. 그러면 그 두루마리는 봉인이 일곱 개로 되어 있는데 몇 개를 제거해야 그 안에 내용을 볼 수 있을까? 너무 바보 같은 질문이다. 그러나 이 질문은 요한계시록이 어렵답고 말하는 이들에게 큰 도움이 될 것이다. 봉인이 7개면 7개 다 제거해야 개봉되고 그 안에 내용을 펼쳐 볼 수 있다. 6개라면 6개를 제거해야 열린다. 그런데 요한계시록을 읽는 이나 해석하려는 이들은 7개를 다 제거하기 전 말씀들도 두루마리 안에 기록된 내용으로 착각하고 그렇게 해석하려 한다.

다시 말하거니와 그들은 두루마리 안에 내용이 펼쳐지지도 아니하고 봉인을 제거하고 있는 사건까지 두루마리 내용으로 포함시킨다. 그래서 지금 개봉을 위하여 떼어내는 일곱 인 떼기 내용도 앞으로 속히 일어날 사건의 계시로 착각한다.

그리고 다른 해석자들은 일곱 인 재앙부터 점진적 계시나 반복적 계시라고 운운한다. 이렇게 주장하는 이들은 첫째 인을 제거할 때에 한 장면이 나타나고 둘 째 인을 제거하자 또 한 장면이 나타나고 일곱 인을 다 제거할 때마다 한 장면씩 나타나는 것이라고 한다. 그래서 일곱 번째 인을 제거하므로 일어난 사건이 8장부터 22장까지라고 범위를 설정한다. 그러므로 일곱 인 안에 일곱 나팔도 있고 그 안에 일곱 대접 재앙도 포함된다고 하는 점진적이나 반복적 해석을 하게 된다. 그러나 필자는 이 세 가지 사건 일곱 인. 일곱 나팔. 일곱 대접이 하나 하나씩의 독립적인 사건이요. 이 세 사건이 요한계시록의 큰 세 기둥이라고 생각한다.

그래서 필자가 하고 싶은 말은 7개의 봉인이면 7개를 다 제거하고 그 두루마리를 펼칠 수 있으며 그리고 그 안에 내용을 보라. 지금 봉인 제거 작업 때에 나타나는 사건은 그 두루마리 안에 내용이 아니다. 일곱 인을 제거하는 과정에서 나타나는 내용일 뿐 "반드시 속히 일어날 일들"(1:1) "이 후에 마땅히 일어날 이들"(4:1)이 아니라는 것이다. 이것들은 지난 일들이다.

1장에서부터 3장까지 말씀은 지금 존재하고 있는 일곱 교회 이야기다. 이 이야기는 교회 개척부터 지금까지 걸어온 교회에 대한 주님의 평가와 위로와 권면이다. 그러므로 이 기록은 과거의 일들을 기록하고 있다. 그리고 4장과 5장의 말씀은 하나님의 손에 들고 계신 두루마리에 관한 말씀으로 이것을 어린양이 받으셔서 지금 일곱 인을 제거하게 되었다는 지난 정황이야기다.

이렇게 요한계시록 1장부터 5장까지 기록은 앞으로 일어날 일 속에 포함되는 것이 아니듯이 6장과 7장에 있는 인을 제거하는 과정의 일도 일곱 개의 인을 완전히 제거하기전의 이야기로 봐야 할 것이다.

그러므로 2장과 3장의 일곱 교회에게 보낸 편지. 또 4장과 5장의 천상에서의 두루마리 수여식. 이어서 6장과 7장의 일곱 인 떼기는 미래의 일이 아니라는 것을 유념하고 해석해야 한다.

어린양은 그 안에 내용을 개봉하기 위해 일곱 개의 인을 하나씩 제거하신다. 제거하시는 주님은 감회가 새롭다. 이 세상에 처음 오실 그 때 그 일들이 되살아나신 것이다. 어떻게 해서 이 세상을 구원하려오시게 되었는가? 그 때에 내가 왜 이 세상에 오게 되었는가? 내가 처음에 올 때의 세상은 어떤 세상이었는가? 주님은 이런 상황을 다시 독자들에게 반복하여 말씀하시고 싶으신 것이다. 그리고 이제 구원을 완성 하러 다시 오실 주님은 구원의 시작부터 우리에게 말씀하고 싶으신 것이다.

그리고 지금 인을 떼고 있는 두루마리는 그 구원을 완성을 하기 위하여 다시 오셔야 할 상황에 대한 설명이며. 주께서 말씀하신 "내가 속히 오리라"는 약속한 그 날을 준비 완료하고 기다리는 성도들에게 그 날에 대한 응답이다. 그리고 이 두루마리는 때와 기한의 권한을 가지신 하나님의 결재와 같은 것이다. 이제 세상을 구원할 때가 이르러 다시 가도 좋다는 하나님의 허락이다.

그래서 그 두루마리를 취하신 주님은 기쁨과 감격으로 오늘 일곱 개의 인을 제거하며 재림의 그 날을 생각하신다. 그리고 이 세상에 처음 오실 때와 다시 오실 날이 오버랩(overlap) 되신 것 같다. 세상에 처음 아기로 오실 때를 회상하면서 이번에는 세상에 있는 자기 신부를 보고 싶은 마음으로 다시 가야 하는 행복한 마음으로 인을 떼고 계신 것 같다.

그러므로 필자는 일곱 인 제거 할 때 일어난 사건들은 어린양께서 초림하실 때 일어난 일들인데 그 때에도 구세주가 세상에 오심을 환영하고 기다리는 그룹은 '주 예수여 어서 오시옵소서' 하고 부르짖으나 방해자들은 주님을 부르는 소리 자체가 싫어서 방해하고 대적하였다.

대적하는 자가 사탄이요 원수 악한 마귀 붉은 짐승이다. 이 붉은 짐승이 초림 때에도 구세주 오심을 훼방하기 위해 인을 뗄 때마다 나타나서 방해 책동하고 있다. 이제부터 독자들은 이것들의 훼방을 자세히 눈여겨 살펴보아야 한다.

I 1-2절 : 이겨야 사는 세상 만든 짐승

"어린 양이 일곱 인 중의 하나를 떼시는데
그 때에 내가 들으니
네 생물 중의 하나가 우렛소리 같이 말하되
'오라' (오소서) 하기로"

이 말씀은 주께서 첫째 인을 제거하실 때에 일어난 사건이다. 이 계시 중 필자의 의문은 "오라"라는 명령어라고 했다. 이 명령은 네 생물중 하나가 외친 명령인데 누구한테 한 것일까?

혹자는

1) 어떤 이는 등장하는 말들에게 한 명령이라고 한다.
2) 또 혹자는 사도 요한에게 한 명령이라고 한다.
3) 또는 다가오는 재앙의 시대들에게 한 명령으로 해석해야 한다고 한다.

그러나 필자는 주를 사모하고 기다리는 성도들과 피조물들의 절규라고 했다. 왜냐하면 이 "오라" (*ἔρχου* 에르큐)라는 단어의 쓰임새를 살펴보자. 이 단어는 일반적으로 오다. 가다로 많이 사용하지만 기도할 때 하나님의 임재나 성령의 임재를 간구할 때 "오소서"로 많이 사용하고 있다. 특히 요한 사도가 쓴 성경 요한복음에서는 예수님의 오심을 갈망함에 많이 사용되었다. 또한 네 생물은 피조물의 대표성을 상징 한다 그러면 피조물들이 구세주가 나타나기를 갈망하는 애원의 기도가 될 것이다. 인간이 에덴동산에서 하나님의 벌을 받고 쫓겨날 때 같이 저주 받았던 자연계(창 3:17) 또한 인간이 구속받을 때 함께 구속 받을 것을 갈망하는 로마서의 말씀을 듣는 듯하다.

"피조물이 고대하는 바는 하나님의 아들이 나타나는 것이니
그 바라는 것은
피조물도 썩어짐의 종노릇 한 데서 해방되어
하나님의 자녀들의 영광의 자유에 이르는 것이니라"(롬8:21-23)

그러므로 네 생물중 하나인 피조물의 대표가 부르짖는 *ἔρχου* 에르큐는 구원자가 오시길 갈망하는 자연계의 애원의 소리다. 자연계가 얼마나 구세주가 오시길 갈망하는지 그들의 간구의 형용사를 보라.

"네 생물 중의 하나가 우렛소리 같이 말하되 오소서 하기로"

네 생물들이 하나씩 나와서 외친다. 그것도 우렛소리같이 큰 소리로 외친다. 그 얼마나 큰 소리인가, 우렛소리만큼 큰 소리도 존재하지 아니한다. 지축을 흔드는 외침이다. 왜 이렇게 큰 소리로 외칠까?

예수께서 베다니 벳바게에서 어린 나귀를 타시고 예루살렘에 들어가실 때 일이다. 그 때 군중들은 나뭇가지를 꺾어 길에 펴기도 하고 손에 들고 환호하기도 했다.

"앞에서 가고 뒤에서 따르는 무리가 소리 높여 이르되
호산나 다윗의 자손이여 찬송하리로다
주의 이름으로 오시는 이여
가장 높은 곳에서 호산나 하더라"(마21:9)

그 얼마나 간절한 애끓는 호소인가, "호산나" 우리를 구원하소서. 군중들은 너무 간절하여 온 천지 울리도록 큰 소리 외치고 있다. 오늘도 주의

강림을 사모하는 성도들은 그들과 같이 "주여!" "주여!" "주여!"하고 외친다. 호산나의 군중의 심정으로 얼마나 애절한 절규인가? "호산나" "주여! 이제 오소서." 구세주가 오시길 간구하는 외침이 아닌가?

그러므로 이 네 생물의 오소서의 우레 소리 같은 외침은 구약의 성도들과 신약의 성도들이 사모하는 주님 오시길 애원하는 절규를 대변하고 있다하겠다. "주 예수여 어서 오시옵소서."

그렇다. 옆에 있는 요한을 부르는데 그렇게 큰 소리로 부를 필요 없다. 또 세상을 파괴 시킬 말들에게 이렇게 크게 부를 필요도 없을 것이다. 우렛소리같이 큰 소리로 외칠 이유는 오직 구세주를 부르는 울부짖음뿐이다. 구약교회는 구원자 메시아가 오시길 갈망하고 신약교회는 다시 오실 구세주를 부르짖어야 할 때이다.

ἔρχου κύριε Ἰησοῦ. (에르큐 큐리에 예수) "주 예수여 오시옵소서"

그 때 그 피조물의 외침을 듣고 구세주께서 오신 것이 아니라 흰 말이 튀어 나왔다.

2절

"이에 내가 보니 흰 말이 있는데 그 탄자가 활을 가졌고
면류관을 받고 나아가서 이기고 또 이기려고 하더라"

흰말은 백마다. 흰말을 타고 나오니까 구세주께서 백마 타고 나오신 줄 착각하는 이들도 있다. 그들은 이 흰말을 탄자는 두 말할 것도 없이 백마를 탄자는 만왕의 왕이다.(20:11-16) 라고 해석하는 사람도 있지만 필자는 만왕의 왕이신 예수를 가장한 가짜 그리스도라고 해석하고 싶다. 왜냐하

면 흰말을 탄자는 '활' 을 가지고 있다. 그러나 만왕의 왕이신 그리스도는 "그의 입에서 예리한 검이 나오니 그것으로 만국을 치겠고 또 그 이름은 하나님의 말씀이라 하더라."(19:15.13)

어린양은 말씀의 검을 가지고 나오고 가짜는 진짜처럼 말씀 검 대신 살상 무기를 가지고 세상을 구하겠다고 사기 치려고 등장한다. 이는 그리스도가 아니라 적그리스도다. 하나님은 처음 세상을 창조하시고 너무 행복하셔서 "하나님이 지으신 그 모든 것을 보시니 보시기에 심히 좋았더라."(창1:31)라고 하실 만큼 좋은 세상을 만들어 놓으셨다. 그런데 그 옛 뱀 사탄이 인간 아담을 "이기고 " 광야 같이 황폐한 세상으로 망쳐 놓았다. 그리고 그 사탄은 창조주께서 다시 만드실 새 하늘과 새 땅도 황폐한 지옥으로 만들려고 "또 이기려고."한다. 사탄의 유혹이나 도전에 패하는 자는 지옥으로 갈 것이다.

그래서 주께서는 일곱 교회에게 신신당부하신다.

1. 에베소 교회에게

"이기는 그에게는 내가 하나님의 낙원에 있는 생명나무의 열매를 주어 먹게 하리라"(2:7)

2. 서머나 교회에게

"이기는 자는 둘째 사망의 해를 받지 아니하리라"(2:11)

3. 버가모 교회에게

"이기는 그에게는 내가 감추었던 만나를 주고 또 흰 돌을 줄 터인데 그 돌 위에 새 이름을 기록 한 것이 있나니"(2:17)

4.두아디라 교회에게

"이기는 자와 끝까지 내 일을 지키는 그에게 만국을 다스리는 권세를 주리니"(2:26)

5. 사데 교회에게

"이기는 자는 이와 같이 흰 옷을 입을 것이요 내가 그 이름을 생명책에서 결코 지우지 아니하고 그 이름을 내 아버지 앞과 그의 천사들 앞에서 시인하리라"(3:5)

6. 빌라델비아 교회에게

"이기는 자는 내 하나님 성전에 기둥이 되게 하리니 그가 결코 다시 나가지 아니하리라 내가 하나님의 이름과 하나님의 성 곧 하늘에서 내 하나님께로부터 내려오는 새 예루살렘의 이름과 나의 새 이름을 그이 위에 기록하리라"(3:12)

7. 라오디게아 교회에게

"이기는 그에게는 내가 내 보좌에 함께 앉게 하여 주기를 내가 이기고 아버지 보좌에 함께 앉은 것과 같이 하리라"(3:22)

지구상에 있는 우리들 모든 교회가 사탄과 싸워서 이겨야 할 이유가 여기에 있다. 주님의 명령이다.

이 흰말 탄자는 이 세상 인류를 이긴 보상으로 "면류관을 받고" 나타난 적그리스도이다. 적그리스도의 무기들을 보라.(6:8) "둘째 인을 떼실 때는 검"가지고 나온다. "셋째 인을 떼실 때는 저울" 경제권을 들고 나온다. "넷째 인을 떼실 때는 음부(사망)"을 가지고 나온다. 이것들로 인류를 죽이고 있다고 한다.

그런데 첫째 인을 떼실 때는 어떤 무기를 들고 나왔는가? 활을 들고 나왔다. 그 활을 나온 자가 누구인가를 주님은 다음과 같이 가르쳐 주시려고 계시 하신다.

"내가 보매 청황색 말이 나오는데
그 탄자의 이름은 사망이나 음부가 그 뒤를 따르더라
그들(짐승들)이 땅 사분의 일의 권세를 얻어
검과 흉년과 사망과 땅의 짐승들로써 죽이더라"(6:8)

여기 주목할 것은 "검과 흉년과 사망과 땅의 **짐승**들로써 죽이더라." 땅의 짐승들로써 죽이더라는 말씀이다. 이 **짐승**은 산 속에 사는 맹수들이 아니라 땅은 사탄의 영역이고 하늘은 하나님의 영역이란 관점에서 땅의 짐승은 붉은 용 짐승과 적그리스도 열 뿔 짐승과 거짓 선지자인 두 뿔 짐승들을 칭하는 말이다.

지금도 이 짐승들은 그 영향력을 계속 강화하고 있다. 적그리스도는 이 세상 모든 인류를 "이기고 또 이기려고" 하는 경쟁의식을 세뇌시켰다. 그래서 사탄은 이 세상을 이겨야 사는 세상으로 전락 시키고 말았다. "면류관"을 서로 쓰려고 치열한 전투를 하게 만들었다. 이 쟁탈전에는 어제의 동지가 오늘의 적이 된다. 부부간에도. 부모 자식 간에도 이기려고 발버둥 치며 사는 세상 살벌한 세상을 만들었다.

협력 협동하지만 그 안에서도 누가 면류관을 쓰느냐? 치열한 살생이 자행된다. 사람이 제일 많이 죽어 나가는 집이 궁궐이다. 참으로 비참한 세상이다. 면류관을 쓰지 못한 자는 낙오자가 되는 세상 이다. 세상 어디든지 가보라 치열한 싸움은 거기도 있을 것이다. 이 활로 세상을 구원할 수 있다고 사기 치는 가짜 구세주다. 이 활로 세상을 구원할 구원자 인양 등장하나 그는 세상을 전쟁터로 만들어 고통만 안겨주었다.

왜 세상을 구원한다고 하면서 망치는가? 그 짐승이 자기가 진짜 구세주로 가장 하여 구세주가 세상을 이처럼 망쳐 놓았다는 것을 보여 주어 사람들이 구세주를 증오하도록 하여 하나님의 구원사역을 망치려고 훼방하고 있다.

그리고 창조주 하나님이 만드신 이 세상을 망쳐 놓고 신으로 군림하려는 수작이다. 이렇게 세상을 경쟁하는 사회를 만들어 황폐하게 한 것은 창조주 하나님이 재앙을 내리신 것이 아니라 가짜 그리스도, 적그리스도가 한 짓이다. 하나님은 참 아름다운 세상을 만드셨다.

그런데 왜 세상을 황폐하게 만든 사건을 하나님이 내린 진노라고 하는가? 절대 하나님이 하신 일이 아니다. 도리어 하나님은 이런 황폐화 된 세상에 살고 있는 자기 백성을 구출하시려고 구세주를 보내셨다. 하나님은 세상을 경쟁 사회로 만들어 인간의 마음들을 휘저어놓지 않으셨다. 이렇게 세상을 망친 것은 마귀의 짓이다. 하나님을 고약한 하나님으로 만들어 하나님의 명예를 훼손하지 말라.

II 3-4절 : 죽여야 사는 세상 만든 짐승

"둘째 인을 떼실 때에 내가 들으니
둘째생물이 말하되 오소서(오라) 하니
이에 다른 붉은 말이 나오더라
그 탄자가 허락을 받아 땅에서 화평을 제하여 버리며
서로 죽이게 하고 또 큰 칼을 받았더라"

둘째 인을 뗄 때도 첫째 인을 뗄 때와 같은 패턴이다. 피조물의 대표중 하나가 구세주가 오시길 바라며 큰 소리 우렛소리(본문에는 없음) 같은 음성으로 부르짖는다. 그 얼마나 간절한 애끓는 절규인가, 너무 간절하여 온 천지 울리도록 큰 소리 "주여!"하고 외쳤을 것이다. 지축을 흔드는 외침이다. 얼마나 애절한 절규인가? 구세주가 오시길 사모하는 간절한 외침이 아닌가?

그 때 구세주가 오시지 않고 튀어나온 것은 붉은 말 한 마리와 그 위에 탄자가 나온다.

"이에 다른 붉은 말이 나오더라.
그 탄자가 허락을 받아 땅에서 화평을 제하여 버리며
서로 죽이게 하고 또 큰 칼을 받았더라."

이 말의 붉은 색은 피를 상징한다. 피는 구세주의 보혈을 의미한다. 여기 붉은 말은 구세주의 피라고 사기 치는 붉은 용 짐승(옛 뱀. 사탄)이다. 그 붉은 용이 예수 그리스도 구원사역의 핵심인 십자가의 피 흘림, 보혈로 세상을 구원한다는 것을 알고 구세주를 가장하고 붉은 말을 타고 나왔다. 그리고 그가 가지고 나온 것은 말씀의 검 대신 큰 칼이다.

그 칼을 무엇에 쓰겠는가? 피 흘리기 위한 칼이다. 이 칼로 세상을 구원하겠다고 호언장담하는 꼴이다. 그러나 그 붉은 짐승의 등장으로 세상은 구원과 평화가 아니라 불안과 살벌한 피의 전쟁터로 만들어놓았다. 그 칼로 세상을 구원할 수 있다고 사기 치는 가짜 구세주다. 이 칼로 세상을 구원할 구원자 인양 등장하나 그는 세상에 "허락을 받아 땅에 화평을 제하여 버리며 서로 죽이게" 하는 세상을 만들었다. 세상엔 평화가 사라지고 말았다.

그럼 누가 이 짓을 하도록 허락했는가? 하나님이 허락하신 것은 아니다. 하나님은 세상을 사랑하셨다.

"하나님이 세상을 이처럼 사랑하사 독생자를 주셨으니"

하나님께서 독생자 구세주를 보내 주실 때 하늘에서는 소리가 있었다.

"지극히 높은 곳에서는 하나님께 영광이요
땅에서는 하나님이 기뻐하신 사람들 중에 평화로다"(눅2:14)

하나님은 평화의 주님을 보내시지 화평을 제거하길 허락지 않으신다. 그럼 누가 화평을 제거할 짐승을 보내시겠는가? 우리는 깊이 생각할 필요조차 없이 붉은 용 사탄 마귀가 열 뿔 짐승인 적그리스도에게 허락한 악독한 결재라고 생각할 수 있다. 하나님이 만드신 이 좋으신 세상을 살벌한 피의 전쟁터로 만들라고 허락한 것이다. 그 동안 이 칼로 피 흘리고 죽은 자가 얼마나 많은가?

왜 세상을 구원한다고 하고 망치는가? 그 짐승이 자기가 진짜 구세주로 가장 하여 구세주가 세상을 이처럼 망쳐 놓았다는 것을 보여 주어 사람들이 구세주를 증오하도록 하여 하나님의 구원사역을 망치려고 훼방하고 있다. 기억하라. 들어보라. 천상에서의 외침을.

> **"땅과 바다는 화 있을진저!**
> **마귀가 크게 분 내어 너희에게 내려갔음이라"**(12:12)

이 땅의 그런 끔찍한 살상은 하늘에서 쫓겨나 분 내어 내려온 마귀 짓이지 하나님이 내리신 재앙이 아니다. "검을 가진 자는 검으로 망하리라." 고 말씀하시면서 베드로에게 검을 버리라고 하신 주께서 검으로 세상을 구원하시도록 허락하시겠는가? 하나님은 세상을 이 처럼 사랑하사 평화를 위하여 구세주를 보내시는 좋으신 하나님이시다. 하나님은 그런 끔직한 일을 절대로 하시지 않으신다. 마귀의 짓이다. 하나님이 내리신 진노라고 하지 말라. 하나님의 명예를 위하여 하나님의 진노라고 하지 말자.

III 5-6절 : 빼앗아야 사는 세상 만든 짐승

"셋째 인을 떼실 때에 내가 들으니
셋째 생물이 말하되 오시오(오라) 하기로 내가 보니
검은 말이 나오는데 그 탄자가 손에 저울을 가졌더라"

셋째 인을 뗄 때도 같은 패턴이다. 피조물의 대표중 하나가 구세주를 큰 우렛소리(본문에는 없음) 같은 음성으로 부르짖었을 것이다. 얼마나 간절하고 애절한 호소인가, 너무 간절하여 온 천지 울리도록 큰 소리 "주여!" 하고 외쳤을 것이다. 지축을 흔드는 외침이다. "주여! 이제 오소서." 구세주가 오시길 사모하는 간구하는 외침이 아닌가?

그 때 튀어나온 것은 구세주가 아니라 "검은 말이 나오더라. 그 탄자가 손에 저울을 가졌더라."

검은 말은 어두운 세상을 상징한다. 검은 색은 모든 빛을 흡수하는 색이다. 검은 색의 이미지는 암흑, 공포, 두려움, 죽음을 상징한다. 검은 색은 흉년과 불경기로 사람들의 심리적 두려움과 공포와 암흑의 세상을 상징한다.

그리고 그 검은 말을 탄자는 저울을 가졌다. 저울은 경제생활의 단위를 측정하는 기구다. 사탄은 경제로 세계를 구원하겠다는 유혹을 한다. 필자는 이 역시 구세주를 가장한 사탄의 간교라고 생각한다. 사탄은 구세주를 시험할 때도 이 방법을 제시하였다. 민생문제는 "돌로 떡을 만들어 주어 먹게 해보라." 그러면 해결 될 것이라고 제시하였다. 그럴 때 구세주께서는 "사람이 떡으로만 살 것이 아니요 하나님의 입으로부터 나오는 말씀으로 살 것이라."(마4:4)라고 물리치셨다. 그리고 구세주는 고생하는 사람들을 보시고 보리떡 다섯 개와 물고기 두 마리로 남자만 오천명이상을 먹이시고 12바구니 남기시기도 하셨다.

그 후에 그 군중들은 예수를 임금을 삼으려고 까지 하였다. 그 때 그리스도는 거기를 떠나 피하셨다. 그것을 아는 적그리스도는 붉은 용이 준 경제를 상징하는 "저울"을 손에 들고 나왔다. 이 저울 가지고 내가 너희를 배부르게 해 주겠다고 세상 구원자 인양 등장하나 그는 세상을 기근과 흉년으로 몰아넣어 고통만 안겨주었다. 검은 말 짐승은 세계경제를 파탄 시킨 원흉이다. 세상 사람이 얼마나 비참한지 피조물의 대표인 네 생물이 수군수군한다.

"한 데나리온에 밀 한 되요
한 데나리온에 보리 석 되로다"

한 데나리온은 그 당시 노동자 하루 품값이다. 그들은 하루 죽도록 일을 해야 그 일당 가지고 겨우 식량을 구입 하는데 밀 한 되, 또는 보리는 석 되밖에 구할 수 없을 만큼 경제를 파산 시켰다. 이런 상황을 잘 알고 있는 피조물들은 애원한다. 네가 곡식을 망쳤으니 이제 "감람유와 포도주는 해치지 말라."고 애걸한다. 처절하게 빌고 있다. 참으로 파렴치한 악당이다. 그 저울로 세상을 구원할 수 있다고 사기 치는 가짜 구세주다.

그 저울로 세상을 구원할 구원자 인양 등장하나 그는 세상 경제를 파탄내어 고통만 안겨주었다. 왜 세상을 구원한다고 하고 망치는가? 그 짐승이 자기가 진짜 구세주로 가장 하여 구세주가 세상을 이처럼 망쳐 놓았다는 것을 보여 주어 사람들이 구세주를 버리고 증오하게 하여 하나님의 구원사역을 망치려고 훼방하고 있다.

우리가 분명히 알아야 할 것은 그 기근과 경제 공항은 하나님이 내리신 진노가 아니라는 것이다. 우리 하나님이 사람들 회개시키기 위해 세계 경제를 파산 시키는 하나님이라고 왜 하나님을 모함하는가? 이는 마귀가 자기 자신이 세계경제를 파산시켜 놓고 그 화살을 창조주 하나님께 돌리고 있다. 하나님이 그렇게 했다고 하는 말들은 사탄의 계락에 넘어가는 것이다. 사탄은 악한 짓을 하고 하나님께 뒤집어 씌우려고 하기 때문이다. 하나님은 세상을 그렇게 파탄내지 않으신다. 하나님은 도리어 광야에서 먹을 것이 없는 200만의 사람들을 매일 같이 만나와 메추라기를 40년간 먹여주신 긍휼의 하나님이시다. 이렇게 좋으신 하나님이 아니라 마귀의 짓이다. 속지 말라. 하나님의 존귀한 이름을 영화롭게 하라.

IV 7-8절 : 사망으로 끝나는 세상 만든 짐승

"넷째 인을 떼실 때 내가 넷째 생물의 음성을 들으니
말하되 오소서(오라) 하기로 내가 보매 청황색 말이 나오는데
그 탄자의 이름은 사망이니 음부가 그 뒤를 따르더라.
그들이 땅 사분의 일의 권세를 얻어
검과 흉년과 사망과 땅의 짐승들로써 죽이더라"

넷째 인을 뗄 때도 같은 패턴이다. 피조물의 대표중 하나가 구세주가 오시길 바라며 큰 소리 우렛소리(본문에는 없음) 같은 음성으로 부르짖는다. 너무 간절하여 온 천지 울리도록 큰 소리 "주여!"하고 외쳤을 것이다. 지축을 흔드는 외침이다. 얼마나 애절한 절규인가? "이제 오소서. 호산나" 구세주가 오시길 사모하는 간구하는 외침이 아닌가?

"(주여) 오소서"하고 부르짖자 이번에도 구세주 대신 튀어나온 가짜가 나온다. 짐승이다. 이번에는

"청황색 말이 나오는데
그 탄자의 이름은 사망이니 음부가 그 뒤를 따르더라"

청황색은 죽음의 색이다. 부패해가는 시체의 색이다. 죽음을 상징하고 또 그의 이름까지도 사망이다. 사망이란 짐승의 뒤에 묘지가 따르고 있는 가짜 그리스도다. 사망권세를 이기신 예수 그리스도가 아니라 사망의 올가미를 가지고 짐승이 튀어나왔다. 저승 사자 같은 악마다. 죽음으로 세상을 구원하겠다는 간교다.

필자는 이 역시 그리스도를 가장한 사탄의 간교라고 생각한다. 사탄은 예수그리스도의 구원방법이 사망 통하여 이룬 것을 알고 있다. 예수그리스도의 구원방법은 인류의 죄를 대신 짊어지고 십자가에서 자기는 죽고 믿는 자는 살리는 자기희생의 방법이다. 그런데 사탄은 구세주를 가장하고 세상 구원하는 방법으로 사망을 들고 나타났다. 예수그리스도의 구원방법을 가장한 방법이다. 그러나 사탄은 자기희생으로 자기가 십자가의 죽음이 아니라 사람들을 죽이는 방법이다.

사탄은 어떻게 사람들을 죽이는가?

"그들이 땅 사분의 일의 권세를 얻어
검과 흉년과 사망과 땅의 짐승들로써 죽이더라"

첫째 인을 뗄 때부터 지금 넷째 인을 제거할 때까지 사탄은 구세주를 가장하고 세상을 구하겠다고 들고 나온 무기들이 있다. "활, 검, 저울, 음부" 들이다. 사탄은 첫째와 둘째 인을 뗄 때는 활, 검을 들고 나와 인류를 이 살상 무기들로 죽였다. 이 활과 칼이 수많은 인류를 죽였다. 세상은 무기들을 심판해야 한다. 셋째 인을 떼실 때 사탄은 "흉년"으로 인류를 굶주려 죽였다. 지금도 아프리카나 이북의 사람들이 굶주려 죽어가고 있다. 이번에 넷째 인을 떼실 때 튀어나온 불청객은 "사망/ 음부"를 가지고 나와 자연사 또는 그 외의 방법으로 인류를 죽음의 계곡으로 몰아넣었다. 사실 자연사는 사탄이 인류를 유혹하여 인류 안에 사망을 끌어 들였다. 사탄은 검과 흉년과 사망, 이것들로 죽이겠다는 것이다. 결국 인류는 다 죽어간다.

어떤 이들은 첫째 인 제거하는 계시부터 넷째 인을 제거하는 계시까지가 난해한 말씀이라고 한다. 이 난해한 부분에 대하여 하나님은 8절에서 이렇게 설명 하셨다.

다음의 8절을 자세히 보라

"내가 보매 청황색 말이 나오는데 그 탄자의 이름은 사망이니
음부가 그 뒤를 따르더라
그들이 땅 사분의 일의 권세를 얻어
검과 흉년과 사망과 땅의 짐승들로써 죽이더라"

필자는 여기 8절을 둘로 나누어 보았다.

"내가 보매 청황색 말이 나오는데 그 탄자의 이름은 사망이니
음부가 그 뒤를 따르더라"

상반부와 하반부로 나누었다.

"그들이 땅 사분의 일의 권세를 얻어
검과 흉년과 사망과 땅의 짐승들로써 죽이더라"

이렇게 둘로 구분하고

앞의 상반부는 넷째 인을 떼기에 대한 연속적인 계시이고 뒤에 기록한 하반부 "그들이"부터는 첫째부터 넷째 인 떼기까지의 결론의 부분이라고

구분한다.

그러면 "그들이" 누구인가? 하는 질문에 자연스럽게 그 다음 문장이 해설하고 있다. 그들은 검과 흉년과 사망을 가지고 나온 자들임을 알 수 있다. 그러므로 그들은 말을 탄자들이다.

그들은 바로 붉은 말 타고 검을 가지고 인류를 죽인 자 이고, 검은 말을 타고 와서 기아로 인류를 죽인 자이며, 청황색 말을 타고 사망권세로 사람을 죽인 자이고, 흰말을 타고 와 활로 인류를 죽이는 자로 이것들은 모두 땅의 짐승이라고 한다.

여기서 우리는 땅의 짐승이 어떤 짐승인가를 알아야 한다.

하나님은 그것이 무엇인지 비밀을 가르쳐 주셨다. 첫 번째 나온 자는 흰말을 타고 나왔다. 그래서 오해하는 사람들은 19장 11절에 나오는 만왕의 왕이신 구세주로 착각하였다. 오해하는 이들을 위하여 하나님은 만왕의 왕이 아니라 "짐승"이라고 가르쳐 주신다.

어떤 이는 산에 사는 짐승들, 집에서 기르는 짐승들이라고 해석하는 이도 있다. 요한계시록에서 짐승이라 단어가 31회 나온다. 모두 원어로 데리온(*θηρίον*) 야생동물, 들짐승이다. 그런데 31회 모두 사탄을 상징하는 붉은 용 짐승이나, 적그리스도를 상징하는 열 뿔 짐승이나, 거짓 선지자를 상징하는 두 뿔 짐승을 말한다. 단 일회도 야생동물, 들짐승을 말한 적이 없다. 그렇다면 여기 본문도 야생동물, 들짐승이 아니라 마귀의 그룹들을 칭하는 말이다.

그러므로 흰말 타고 나왔다고 백마를 타고 나오신 만왕의 왕이라고 착각해서는 안 된다. 그리스도의 이름으로 왔다고 하는 자들을 우리는 다 믿어서는 안 된다. 적그리스도는 그리스도처럼 가장하고 유혹한다. 흰말을 타고 그리스도를 가장한 열 뿔 짐승, 적그리스도란 것을 하나님은 밝히 설명하신다.

난해 풀기 방법 Ⅰ

지혜로우신 하나님은 난해한 상징적 표현들 때문에 요한계시록을
오해하는 자들이 생길 것을 우려하여
앞, 뒤 문장 속에 나 내용 속에
자상한 설명으로 이해를 도우신다.

1) 1장 12절의 일곱 금 촛대와 16절에 언급한 일곱별이 무엇일까 그릇된 오해를 할까봐 다음과 같이 설명하신다.

> "내 오른 손의 일곱별의 비밀과 또 일곱 금 촛대라
> 일곱별은 일곱 교회의 사자요.
> 일곱 촛대는 일곱 교회니라"(1:20)

이 얼마나 감사하신 하나님의 지혜이신가? 하나님의 지혜를 찬양하자.

2) 이단들에게 자주 악용되는 7장 4절과 14장 1. 3절에 대한 오해를 할까봐 하나님은 미리 아시고 144,000명밖에 안 되는 제한된 적은 수만이 나의 백성이겠느냐? 아니라고 하시면서 그 다음 문장에서 밝히신다.

144,000명이란 구약 선택 받은 12지파× 신약 선택받은 12사도=144. 여기에 무한정의 기호 세개를 첨가한 수. 하나님은 0을 000 개뿐 아니라 더 많이 붙이고 싶으셨을 것이다. 하나님은 한 사람이라도 더 많은 사람을 구출하기 원하시기 때문이다.

> "각 나라와 족속과 백성과 방언에서
> 아무도 능히 셀 수 없는 큰 무리가 흰 옷을 입고"(7:9)

내가 수천억 인류 중 겨우 144,000명만 구출할 무능하고 옹졸한 신(神)인줄 아느냐 오해하지 말라고 다시 말씀 하신다. 하나님이 구출한 사람은 전 세계 각국에서 어느 수학자라 할지라도 능히 셀 수 없는 큰 무리라는 것이다.(신천지의 주장처럼 짐승의 나라 백성은 그 정도만 됐으면 좋겠다.)

3) 8장 7절의 첫째 천사가 나팔 때에 피해를 입는 수목과 각종 푸른 풀과 9장 4절의 다섯째 나팔 불 때 보호를 받는 푸른 풀과 각종 수목은 문자 그대로 자연, 푸른 숲 인줄 알고 하나님을 환경운동가로 착각하는 이들이 있을까봐 오해하지 말라고 다음과 같이 상징적 표현임을 설명하신다.

"땅에 풀이나 푸른 것이나 각종 수목은 해하지 말고
오직 이마에 하나님의 인침을 받지 아니한 사람들만 해하라"(9:4)

이것들이 푸른 숲이나 풀로 오해하고 자연 환경을 보호하라는 것으로 착각할까봐 하나님은 인침 받은 자들이라고 정확하게 설명을 해 주셨다.

4) 17장 1절의 "많은 물 위에 앉은 음녀"라는 말씀에 많은 물은 문자 그대로 물위, 바다 위에 음녀가 앉아 있다고 오해하는 이들을 위하여 17장 15절에서 "음녀가 앉은 많은 물은 백성과 무리와 열국과 방언들이니라."(17:15)라고 자세하게 설명해 주셨다.

이 외에도 요한계시록 안에는 난해한 계시들이 더 있는데 그 계시들을 지혜로우신 하나님이 친절하게 요한계시록 안에서 가르쳐 주신다. 그래서 필자는 요한계시록을 해석하면서 이런 설명들이 상당히 많다는 것을 발견하고 요한계시록을 읽다가 이것이 무엇을 상징하는지 모를 때, 요한계시록을 다시 한 번 더 자세히 살펴보았다. 앞 뒤 문맥과 내용을 살펴보면 해답이 거기 있었다. 성경이 성경의 비밀을 가르쳐 준다.

'요한계시록은 요한계시록으로 풀어라.'

그러므로 이 말을 탄자들은 모두 다름 아닌 열 뿔 짐승 적그리스도다. 이 짐승이 그리스도를 가장하고 나와서 이렇게 세상을 망친 것이요 인류를 죽이는 것이라고 8절에서 결론으로 말씀 하신다.

하나님이 창조하신 처음 하늘과 처음 땅이 하나님 보시기에 심히 좋은 창조물이었는데 사탄이 창조 초기부터 유혹하여 장악하여 이 땅에 사망 권세를 끌고 들여왔다. 이 땅을 피로 물들였고 이 땅을 기근과 흉년으로 음침한 골짜기로 만들었고 사망의 땅으로 만든 것이다.

그래서 이제 하나님은 새 하늘과 새 땅을 우리에게 주실 계획을 설계한 설계도를 실낙원 이후부터 요한 사도 때까지 봉인하셨다가 이제 어린양에게 주어 봉인을 제거하고 펼치게 하신 것이다.

이처럼 좋으신 하나님이 주신 두루마리의 일곱 인 떼기가 어떤 이들이 주장하는 것처럼 하나님의 진노나 재앙이 아니다. 하나님은 이미 아시고 하나님이 하신 일이라고 오해 할까봐 8절 하반절에 설명하신 것이다. 그 악한 일은 적그리스도 짐승이 이 세상을 이렇게 망치고 죽이고 있다고 하나님이 설명하신다.

그런데 왜 많은 사람들이 적그리스도가 한 악한 짓을 모두 하나님에게 그 허물을 뒤집어씌우고 모함하는가? 사탄이 그렇게 되길 위해 계략을 꾸민 것이다. 하나님이 진노하는 것이 아니다. 하나님은 세상을 이렇게 죽이지 않으신다. 사탄의 짓이다. 짐승이 한 짓을 하나님이 내리신 재앙이나 진노라고 해석하는 일은 다시 한 번 더 재고해 보아야 할 일이다.

필자의 바람은 하나님의 명예를 훼손하지 않았으면 하는 것이다.

ἔκραξαν φωνῇ μεγάλῃ, 에크락산 포네이 메갈레이 / 큰 소리로 불러

제 1부에서는 어린양이 첫째 인을 제거할 때부터 넷째 인을 떼실 때까지 일어난 세상 파괴는 모두 사탄의 짓이었다고 밝혔다. 이세상은 이렇게 사탄이 망쳐놓았다. 그리고 어린양은 이 인 떼기 사건 통하여 하나님의 누명을 벗기셨다. 이 어린양이 일곱 인을 제거하는 일 때문에 세상이 파괴되는 것이 아니라 일곱 인을 다 제거하고 펼쳐질 하나님의 구출 프로젝트(large-scale project)가 이루어짐을 싫어하는 사탄이 인을 제거할 때마다 방해책동한 짓이다. 사탄은 그리스도가 초림하시는 것을 매우 싫어서 크게 방해하는 것이다.

그리고 필자는 이 일곱 인을 제거할 때마다 일어난 사건은 시대적으로 구분하여 파멸과 고통의 세상을 만든 것이라고 보지 않고 창세 이후로부터 적그리스도가 구세주를 가장하고 나타나서 4가지 방법으로 계속하여 세상을 짓밟아 놓았다고 이해한다.

하나님은 "하나님 보시기에 심히 좋은 세상"(창1:31)을 창조하셨건만 사탄은 얼마나 심각하게 망쳐 놓았는가 보라.

1) 사탄은 이 세상을 이기고 또 이기려하는 인간 사회로 만들었다.

이기기 위해 수단 방법 가리지 않고 무단히 싸워야 하는 세상이 되었고 승리하여 월계수를 쓰려고 치열한 경쟁을 하는 사회를 만들었다. 사람들은 이 경쟁으로 고통하며 산다. 패배자는 지옥과 같은 삶을 살아야 하기에 얼마나 이기려고 노력하고 싸우는가?

2) 또 사탄은 이 세상을 싸우는 분쟁의 세상을 만들었다.

칼로 세상을 난도질했다. 검을 가진 자는 검으로 망하리라는 주님의 말씀과 같이 세상은 검으로, 무기로 수많은 젊은 병사들이 전쟁터에서 죽어가고 있다. 전쟁은 쉬지 않는다. 인생은 인생이 만든 무기로 죽어가고 있다. 땅의 평화는 그리스도로부터 오고 분쟁과 싸움은 적그리스도가 만든 방법이다.

3) 또 사탄은 이 세상을 돈 벌기 위해 사는 세상으로 전락시켰다.

경제가 세상을 살리는 것이 아니라 피폐하게 만들었다. 그 돈을 벌기 위해 새벽부터 밤늦도록 쉬지 못하고 일을 해야 하는 인생으로 삶의 질을 떨어뜨리고 또한 부익부 빈익빈으로, 가진 자는 더 가지려고 가난한 자들의 모든 것, 영혼까지 착취를 하고, 착취를 당하는 자들은 굶주림으로 얼마나 많은 인류가 고통하다 죽어 간다.

4) 또 사탄은 이 세상을 사망의 음침한 골짜기로 만들었다.

사탄은 죽음의 사자다. 영과 육을 죽이는 다 죽이는 악당이다. 지금까지 세상에 죽지 않고 산 사람이 있는가? 아무도 없다. 다 죽었다. 무엇이 세상을 사망, 음부로, 무덤을 만들었는가? 사탄이 가지고 나온 활과 그 놈이 가지고 나온 칼과 그 악당이 가지고 나온 저울과 그 것들이 끌고 다니는 음부로 만들었다.

이렇게 사탄은 세상을 망쳤다. 이 세상은 회복을 원한다. 오직 그 회복시키시는 이는 구세주이시다. 그러므로 세상은 구세주를 필요로 한다. 그래서 이세상의 피조물들은 구세주 오시길 애원하며 외친다.

ἔρχου κύριε Ἰησοῦ. (에르큐 큐리에 예수)

"주 예수여 오시옵소서."

제 6 장 9-17절 | 큰 환란에서 구출하러 온 구세주

하나님이 만든 처음 세상을 사탄이 파괴시켜 놓았다. 창조주 하나님은 이렇게 파괴시킨 세상 가운데서 고통하며 사는 자기 백성들을 구출하시려 구세주를 보내신다고 약속하셨다. 그 분은 오셔야 한다. 그분 은 꼭 오셔야 하고 구세주를 아는 이들은 오시길 갈망하고 오늘도 부르짖는다.

먼저 다섯 째 인을 뗄 때 제단아래 영혼들은 이렇게 외친다.

"큰 소리로 불러 이르되" "*ἔκραξαν φωνῇ μεγάλῃ,*"

(에크락싼 포네이 메갈레이)

큰 소리로 불러 아뢴다.

"당신이 오소서. *ἔρχου*(에르큐)"

다섯째 인을 뗄 때 제단 아래의 영혼들이 부르짖는 소리를 주께서 들으셨다.

I 9-11절 : 복음은 기도로 이루리라

다섯째 인을 떼실 때부터는 피조물의 대표인 네 생물의 ἔρχου(에르큐)" 소리가 들리지 않는다. 생물의 부르짖음 대신 순교자들의 소리만 들린다.

9절

"하나님의 말씀과
그들이 가진 증거로 말미암아 죽임을 당한 영혼들이
제단 아래서 '큰 소리로 불러 이르되"

오직 순교자들의 간구만이 들린다.
그들의 기도제목은 무엇인가? 살펴보라.

"거룩하고 참되신 대 주재여
땅에 거하는 자들을 심판하여
우리 피를 갚아 주지 아니 하시기를
어느 때까지 하시려 하나이까?"

① 이들은 누구인가?부터 이해하고 기도의 내용을 살펴보기로 한다. 이들은 하나님의 말씀을 가진 자들이다. 이 말씀을 "생명 바쳐 사수한 이들이다. 그리고 하나님이 주신 증거를 가진 자들이다. 하나님이 주신 증거는 그들의 사명이다. 그것을 위해 생명 바친 자들이다.

② 그리고 이들의 기도제목은 무엇인가? "복음증거를 위해 죽은 피 값을 갚아 주시기를" 애원하는 기도를 한다. 이는 죽은 것이 억울하여 원수를 갚아 달라는 기도가 아니다.

이 기도는 그들이 피를 흘린 이유는 “하나님의 말씀과 그들이 가진 증거로 말미암아 죽임을 당한”것이다.

③ 그럼 그들이 가진 증거란 무엇인가? 하나님은 그들에게 사명을 주셨다. 말씀을 주셨다. 메시지는 하나님의 약속이다. 그 약속은 구약성경의 약속이다.

“구세주를 보내주시겠다.”라는 하나님의 약속이다. 이 계시를 이들이 받았다. 이들은 초림 전 구약의 선지자들이다. 그들은 계시를 받았기에 확실한 증거를 가지고 담대히 외쳤다. ‘하나님이 구세주를 보내 주신다고 내게 말씀하셨다. 구세주가 오신다.’ 라고 크게 힘껏 생명 다하여 외쳤다. 이 외침이 구약의 모든 선지자들의 외침이다.

선지자들은 이 증거를 생명을 내놓고 외치다 순교를 당했다. 이사야가 죽었고 예레미야가 순교했다. 이것이 그들이 가진 증거 믿음이었다.

④ 이 믿음을 지키다가 어떻게 되었는가?

히브리 기자는 다음과 같이 기록한다.

> “어떤 이들은 조롱과 채찍질 뿐 아니라
> 결박과 옥에 갇히는 시련도 받았으며
> 돌로 치는 것과 톱으로 켜는 것과
> 시험과 칼로 죽임을 당하고”(히11:36. 37)

그러므로 그들의 애원하는 기도는 우리가 생명 바쳐 전한 메시지 즉 “구세주가 오신다.”라는 그 약속을 언제 이루어 주시렵니까? 하는 간구였다.

이 간구는 피조물들의 간구가 아니라 제단 아래 순교자들의 간구다. 이 소원에 대하여 하나님은 즉각 응답하셨다.

"각각 그들에게 흰 두루마기를"

각자에게 흰 두루마기 겉옷을 주신 것이 첫 번째 응답이다.

⑤ 왜 흰 두루마기를 주셨을까?

그들은 이렇게 요청했다.

"대 주재여 땅에 거하는 자들을 심판하여…"(10절)

땅에 거하는 자들이란 선지자들의 말을 믿지 아니하고 선지자들을 죽인 자들이다. 그 악한 살인자들이 옳은지 내가 옳은지 판단하여 달라는 요청이다. 이 요구는 내가 가진 증거가 나는 확신을 가지고 전했는데 나를 죽인 자들은 언제 하나님이 네게 나타나서 말씀하시더냐? 하면서 믿지 않고 나를 죽였으니 심판 주 되시는 주께서 내가 옳은지 그들이 우리를 죽인 것이 옳은 일인지 판단해 달라는 재판 청구다. 그 때 재판장 되신 하나님께서 거룩하고 정결하고 의롭다는 흰색 두루마기를 주신 것이다.

두루마기는 옷이다. 옷은 행실이다. 너희들의 행위가 옳다고 흰 두루마기를 주신 것이다. 이는 살인자들을 상대로 낸 명예회복 청구 소송 최종 결심에서 원심 승소 판결확정의 의미이다.

승소 확정 판결을 받은 이들은 또 청구한다. 그들에게 형 집행을 위하여 언제 오시렵니까? "어느 때까지 하려 하시나이까?"(10절)

⑥ 언제 심판하러 오시렵니까?

이 소원에 대한 주님의 대답은 간단하다. 복잡하게 설명하지 말자. "아직, 잠시, 동안만, 쉬라." 긴 시간이 아니라 잠시다. 아직 이란 단어는 "ἔτι(에티)" 아직 또는 여전히. 필자는 여전이로 번역하고 싶다. 지금처럼 잘 참아온 것처럼 여전이 쉬고 있어라. 그러면 "μικρό"(미크로스)" 아주 작은, 제일 작은 시간, 잠간. 눈 깜짝할 사이에 "그들의 동무 종들과 형제들도 자기처럼 죽임을 당하여 그 수가 (잠깐이면 차니까)차기까지."는 잠깐 만 쉬고 있어라. 그러면 내가 가련다. 라는 응답과 약속이다.

⑦ 그 잠시가 얼마의 시간인가?

지금 다섯째 인을 떼실 때다 그 다음 여섯째 인을 떼실 때 응답해 주시겠다는 의미이다. 할렐루야. 아멘.

Ⅱ 12-17절 : 주를 부르는 자가 살리라

"내가 보니 여섯째 인을 떼실 때에 큰 지진이 나며 해가 검은 털로 짠 상복 같이 검어지고 달은 온통 피같이 되며 하늘의 별들이 무화과나무가 대풍에 흔들려 설익은 열매가 떨어지는 것 같이 땅에 떨어지며 하늘은 두루마리가 말리는 것 같이 떠나가고 각 산과 섬이 제 자리에서 옮겨지매 여섯 째 인을 뗀 후 일어난 사건은 첫 째 인부터 다섯째 인을 뗄 때까지 네 생물들과 제단 아래 순교자들의 부르짖음에 대한 하나님의 응답이다."

신학계에서는 여섯 째 인을 떼고 난 이후에 일어나는 사건을 보면서 이때가 어느 때일까 하는 것이 논쟁거리다.

어떤 이들의 해석과 같이 문장 내용으로 보면 우리 모두 세상 끝 날이라고 직감한다. 그리고 그렇게 해석하는 것이 전통적인 해석이다. 그러나 조금 생각하시는 이들은 마지막 날이면 전면적으로 온전히 파괴될 것인데 국지적이며 부분적 재난이라는 것을 볼 때 세상 끝 날이 아닌 듯 하다고 하는 이도 있다.

이 문제를 해결하기 위해서는 우리가 먼저 선행해야 할 일이 있다. 그것은 여섯 째 인을 떼는 사건이 어디부터 어디까지인지 범위를 먼저 설정하여야 한다는 것이다. 범위를 12절부터 17절까지 라고만 한다면 우리는 해석상에 혼란을 일으킬 수밖에 없다. 그러나 그 범위를 7장까지 확대해 본다면 상황은 달라진다. 어떤 이들은 6장 17절까지로 보고 7장은 막간 계시라고 한다.

필자는 여섯째 인을 뗄 때에 일어난 사건은 6장 12절부터 7장 17절까지라고 보고 싶다. 그(7:17) 후 바로 일곱째 인을 제거하신다(8:1)고 하기 때문이다. 우리는 성경을 구분하는 장(章 chapter)과 절(節 verse) 때문에 소중한 하나님의 의도를 상실할 때가 있다. 장절은 정경이 채택 된 이후의 구분이다. 단지 찾기에 용이하도록 한 것인데 우리는 그 장절이 내용이나 의미까지 구분한 것(그럴 경우도 많지만)으로 생각하고 장과 절 때문에 상하문맥의 내용과 단절하여 성경을 해석하려 한다. 그러나 때로는 상하문맥을 보아서 장과 절을 넘나들며 내용을 파악하기도 해야 한다.

여섯째 인을 떼실 때 일어난 사건은 참으로 놀라운 일이다.

> **"내가 보니**
> **여섯째 인을 떼실 때에 큰 지진이 나며"**(6:12)

12절로부터 시작하여 두려움과 공포 분위기로 만드는 사건들이 계속 일어나다가 17절은 절정에 이른다.

1) 해는 빛을 잃고 새까만 물체로 변질되고
2) 달은 해와는 반대로 피 같이 온통 빨개지고
3) 별은 수천 억개가 상상 못할 만큼 쏟아지고
4) 하늘은 카펫을 둘둘 말아서 쓰레기장에 버리듯 없어지고
5) 대륙의 산들은 바다에 침몰하고
6) 해양의 섬들은 내륙으로 올라와 산이 되었다.

여섯째 인을 떼므로 일어난 천재지변으로 두려움과 혼란의 날이 되었다는 계시이다.

그래서 그 날을 하나님이 처음 내리는 진노의 큰 날이라고 한다.

> "그들의 진노의 큰 날이 이르렀으니 누가 능히 서리요"

이런 큰 진노의 날에 사람들은 산의 굴과 바위틈에 숨어서 산과 바위에게 이렇게 외친다. "차라리 너희들이 덮치고 떨어져 우리가 터지고 깨지고 하더라도 저 무서운 보좌에 앉으신 이의 얼굴을 뵙지 않게 해 달라"고 어린양의 진노가 너무 무서워 견딜 수 없다는 하소연이다.

이렇게 두려워 떠는 자들이 누구인가?

> "땅에 임금들과 왕족들과 장군들과 부자들과 강한 자들과
> 모든 종과 자유인이 굴과 산들의 바위 큼에 숨어"

어떤 이는 말한다. 이들은 다 악한 자들이다. 하나님이 악한 자들에게 진노를 내리시는 것이라고 한다. 그러나 필자가 볼 때는 그들은 땅에서 지금까지 살면서 두려워하지 않는 사람들이라고 생각한다.

임금들과 왕족들은 권력의 힘을 의지하여 두려움이 없이 호령하며 살았고 장군들은 계급의 힘을 의지하고 두려워하지 않았고 부자들은 돈의 힘만 믿고 두려워하지 않던 자들이다.

그들은 어떤 일이나 누구에게 두려워하지 않는 자들이 떨고 있다는 것은 세상에서 제일 큰 두려운 날이라는 것을 의미한다. 그리고 그 다음 문장은 빈부귀천이 없이 모든 사람들 종들이나 자유인이나 모두 두려워 떨리는 날이란 설명이다.

해결의 키포인트는 '왜 하나님은 그들에게 두렵게 하실까?' 라는 질문이다.

이런 상황을 신학계는 별별 방법으로 해석을 하려고 노력한다. 어떤 이는 상징적으로 어떤 이는 문자적으로 어떤 이는 역사적으로 다양하게 풀어보려고 하나 허사가 되고 만다. 심지어 어떤 이는 해는 대기업을 상징하고 달은 중소기업을 상징하고 별은 그 회사에 근무하는 직원들 일용직들이라고 하며 세계 경제가 디폴트의 상황이 일어나면 경제 대 공항의 날이 올 것이라고 예언하기도 한다. 그러나 어느 해석이든지 속 시원하게 풀어지지가 아니한다.

그러나 필자는 6장의 이런 천재지변의 사건과 상반되는 사건이 일어나는 그 다음 절인 7장 1절 내용과 연계하여 해석하고자 한다.

이런 천재지변이 일어나는 곳에서 하나님은 그런 환난의 바람을 불지 못하게 바람을 붙잡으라고 명령하신다. 왜냐하면 그 "그들의 진노의 큰 날" 피해를 입으면 안 될 이들이 있다고 말씀하신다. 그들이 누구인가?

> "이 일 후에 내가 네 천사가 땅 모퉁이에 선 것을 보니
> 우리가 우리 하나님의 종들의 이마에 인치기까지
> 땅이나 바다나 나무들을 해하지 말라"

그 피해를 받아서는 안 될 것은 땅이나 바다나 나무들이다. 이것들은 땅이나 바다나 나무가 아니라 "우리 하나님의 종들"이라는 말씀이다. 내가 이 종들을 구원하길 원한다. 내가 구원할 자들을 표시할 테니 인치기까지 땅이나 바다나 나무들이라도 해하지 말라고 하신 이 말씀으로 시작하여 인치는 구원 사역이 시작된다. 즉 이 사역은 신약시대 오순절 성령 강림하신 후 복음 전파의 시대에 이루어진 인치기 사역이다. 이 인치기 사역은 초대교회로부터 주님이 다시 오실 때까지 인치기 시대가 열린다.

여섯째 인에 대한 독자들의 이해를 돕기 위해 한 번 더 7장의 일들부터

생각해 보자.

7장은 한 마디로 "하나님의 종들에게 인치기" 즉 "너는 내 백성이다" 내가 너를 이 사악한 세상에서 구출하겠다는 표시를 하는 일이다. 앞으로 구출 받을 자란 표시로 도장을 찍는 일이다. 이 일은 복음의 전파로 이루어진다. 그래서 주님은 이렇게 지상 대명령을 하신다.

> "너희는 가서 모든 민족을 제자로 삼아
> 아버지와 아들과 성령의 이름으로 세례를 베풀고
> 내가 너희에게 분부한 모든 것을 가르쳐 지키게 하라."(마28:19.20)

그 구원받을 자들에게 표시를 하라고 구세주께서 명령하셨다. 구세주께서 하신 명령을 따라 세례(인/ 이보다 더 깊은 의미가 있다. 인이 세례를 상징한다는 말은 아니다)를 주는 날이 왔다. 이 인치기는 물세례보다 성령세례라고 생각하는 것이 더 의미가 합당한 것 같다.

그리고 이 인을 치게 하기 위하여 다음과 같이 명령하신다.

> "천사가 살아계신 하나님의 인을 가지고
> 해 돋는 데로부터 올라와서
> 땅과 바다를 해롭게 할 권세를 받은 네 천사를 향하여
> 큰 소리로 외쳐 이르되
> 우리가 우리 하나님의 종들의 이마에 인치기까지
> 땅이나 바다나 나무들을 해하지 말라"

구세주께서 명령하신 복음 전파 또는 제자 삼기 또는 생명 구원하는 전도가 활발하게 진행되어야 한다. 이 인침의 사역 즉 생명 구원 전도는 예

수교회의 최대의 지상명령이다. 이 명령은 예수님 초림부터 재림까지만 제한된 기간으로 기독교의 최대 사명이다.

그 복음 전도의 시작이 7장 인침으로부터 시작 된다. 우리는 이 인침의 사역이 시작되기 전, 인침의 사역보다 선행되어야 할 중차대한 사건이 있다. 그것은 구세주의 초림이다. 이 초림의 내용이 먼저 요한계시록에 기록되어야 한다는 것이 필자의 지론이다. 그리스도의 초림 없이 복음전파는 있을 수 없다. 그렇다면 그 초림의 사건은 여섯째 인을 뗄 때 일어나야 한다. 그 초림의 사건은 여섯째 인을 뗄 때 일어났다. 그 초림의 사건을 하나님은 이렇게 표현하셨다.

"큰 지진이 나며
해가 검은 털로 짠 상복 같이 검어지고
달은 온통 피 같이 되며
하늘의 별들이 무화과나무가 대풍에 흔들려 설익은
열매가 떨어지는 것 같이 땅에 떨어지며
하늘은 두루마리가 말리는 것 같이 떠나가고
각 산과 섬이 제 자리에서 옮겨지며"

초림에 대한 하나님의 표현은 천체(天體)가 총체적(總體的)으로 격변(激變)이 일어나는 날로 계시하신다. 어떤 이는 질문할 것이다. 왜 이런 사건이 재림의 때가 아니고 초림의 때라고 하는가?

그 답변은 성경으로 증명하여야 한다. 성경은 성경으로 통한다는 성경해석의 지침을 참고해 보자. 이런 격변의 날을 다룬 성경에서는 어떻게 말씀하셨는가? 살펴보기로 하자.

구약의 선지자들의 기록을 살펴보자.

17절 “그들의 진노의 큰 날이 이르렀으니 누가 능히 서리요”라고 ‘진노의 큰 날’ 이 왔다고 말씀하셨다. 이 진노의 큰 날이 어떤 날인가? 많은 사람들이 이 날은 세상 끝나는 날, 즉 예수님이 재림하셔서 심판하시는 날이라고 이해하고 있다. 그런데 이 날을 구약성경은 다음과 같이 표현하고 있다.

(1) “진노하시는 날. (예2:1. 애2:1. 겔22:24.)”

(2) “큰 날. (습1:14.)”

(3) “여호와의 날.(사13:6. 겔13:5. 욜1:15 암5:20. 습1:7. 슥14:1)”

(4) “여호와 구원의 날. (암5:18)”

(5) “만국의 형벌하는 날. (욥1:15.)”

(6) "고통의 날. (욜1:15. 2:1. 11. 31.)"

(7) “여호와의 희생제물 드리는 날. (습1:7. 14.)”

(8) “그 날. 이사야40회. 예레미야 17회. 에스겔 20회, 호세아 5회, 스가랴 10회” 로 표현하고 기록하였다.

“큰 지진이” 일어나는 날에 대한 기록은 요엘 2:10, 아모스 8:8절, 학개 2:6절이다.

“해가 검은 털로 짠 상복 같이 검어지고 달은 온통 피 같이 되”는 날에 대한 기록은 이사야 13:10, 예레미야 4:23, 요엘 2:31. 3:15, 아모스 8:9, 미가 3:6절에서 나온다.

“하늘의 별들이” 떨어지는 사건은 이사야 34:4, 나훔 3:12절이다.

“하늘은 두루마리가 말리는 것”은 예레미야 4:24절에 기록되었다.

그 외의 말씀들도 몇 곳에서 기록하고 있다.

그럼 이러한 현상들이 일어나는 이 날은 어떤 날인가?

필자는 이 날들에서 중요한 발견을 했다. 그날에 대한 모든 예언의 말씀들이 그 날이 예수 그리스도 다시 오시는 재림에 관한 날에 일어날 징조들이 아니라 예수 초림에 대한 예언을 하는 중에 이런 징조들이 나타나고 있다는 것을 알았다. 그래서 필자는 구약의 이 날들은 예수님 초림에 대한 예언의 날이고, 신약의 이러한 날들은 예수님 재림에 대한 예언의 날이라고 이해한다.

1. 그 이유는 요엘은 여호와의 날을 다음과 같이 예언한다.

요엘 선지자가 외치는 여호와의 날은 캄캄한 날로 예언한다.

"어둡고 캄캄한 날이요 짙은 구름이 덮인 날이라"(욜2:2)

무엇 때문에 이렇게 어둡고 캄캄한 날이라고 할까?

"팥중이가 남긴 것을 메뚜기가 먹고
메뚜기가 남긴 것을 느치가 먹고
느치가 남긴 것을 황충이 먹었도다"(욜1:4)

이 곤충들이 푸른 풀을 다 먹는 날을 그렇게 표현하였다. 심지어 이 곤충들로 때문에 다음과 같이 두려운 날이라고 예언한다.

"그 앞에서 땅이 진동하며
하늘이 떨며 해와 달이 캄캄하며
별들이 빛을 거두도다"(욜2:10)

요엘 선지자는 곤충들이 몰려오는 날을 천재지변으로 표현하며 이날이 여호와의 날이라고 하는데 그 이유는 여호와께서 지휘하시기 때문이란 것이다.

"여호와께서 그의 군대 앞에서 소리를 지르시고
그의 진영은 심히 크고 그의 명령을 행하는 자는 강하니
여호와의 날이 크고 심히 두렵도다.
당할 자가 누구이랴"(욜2:12)

요엘은 이렇게 메뚜기가 몰려오는 날이 천재지변이 일어나는 듯 하는 두려운 날이 곧 여호와의 날이라고 한다.

현대 도시민들에게는 이런 곤충들의 침입이 그렇게 두려운 날이 아닐 것이다. 그러나 중동지방의 농 축산업을 하는 이들에게는 큰 두려운 날이 될 것이다. 이와 같은 두려운 날을 예레미야 선지자나 그 외 다른 선지자들은 때로는 외국 군대가 몰려오는 것을 두려운 날로 예언한다. 구약성경은 이런 날들을 두려운 날로 표현하려고 애를 쓴다. 이런 날들을 무섭게, 캄캄하게. 진동하고, 떨리고, 소리 지르고, 크고, 심히 두려운 날로 표현하려고 애를 쓴다.

왜 그날에 대한 예언을 두려운 날로 표현할까? 이 물음에 답을 받아야 한다. 우리는 하나님께 이렇게 질문해야 한다. "하나님, 왜 여호와의 날을 두려운 날로 표현하십니까?" 이에 대한 하나님의 답변은 간단하다.

"그 앞에서 땅이 진동하며 하늘이 떨며 해와 달이 캄캄하며 별들이 빛을 거두도다 여호와께서 그의 군대 앞에서 소리를 지르시고 그의 진영은 심히 크고 그의 명령을 행하는 자는 강하니 여호와의 날이 크고 심히 두렵도다 당할 자가 누구이랴"(욜 2:10, 11)하고 요엘 선지자를 통해 말씀하시고 바로 그 다음 12절에서 '두려우냐? 여호와의 진노가 무서우냐?'

그러면

"여호와의 말씀에 너희는 이제라도 금식하고
울며 애통하고 마음을 다하여 내게로 돌아오라"(욜2:12)

두렵고 무섭고 떨리면 내게로 돌아오라고 요엘 선지자를 통하여 대답하신다. "마음을 다하여 내게로 돌아오라" 즉 회개하라는 의미이다. 여호와의 진노가 두려우면 회개하라. 하나님의 이런 의도 공식은 "메뚜기 떼가 몰려오는 날이 온다. 그 때 메뚜기 떼가 두려우면 회개하라." 또는 "주변국가중에 강한 이방 군대가 몰려 올 것이다. 외국 군대가 몰려오는 것이 두려우면 회개하라." 하나님께서 두렵게 하시는 의도는 어떤 일이 일어나든지 두려우면 회개하라는 것이다. 하나님은 두렵게 하여 회개를 촉구하신다.

"너희는 옷을 찢지 말고 마음을 찢고
너희 하나님 여호와께로 돌아올지어다"(욜2:13)

두려운 여호와의 날, 진노의 큰 날은 회개를 촉구하는 하나님의 방법이다. 회개하면 내가 이른 비와 늦은 비를 내리리라고 위로하신다.

그 이른 비와 늦은 비를 하나님은 또 다시 신령한 은혜로 이끄신다.

요엘 선지자는 그 날들 그 후에 사건들을 다음과 같이 예언하였다.

"그 후에 내가 내 영을 만민에게 부어 주리니
너희 자녀들이 장래 일을 말할 것이며
너희 늙은이는 꿈을 꾸며
너의 젊은이는 이상을 볼 것이며"(욜2:28)

이 말씀은 오순절 성령강림의 예언의 말씀인데 하나님은 요한계시록 본문을 계시하실 때에 요엘 선지자의 예언과 비슷한 의미의 말씀을 하신다.

"내가 이적을 하늘과 땅에 베풀리니
곧 피와 불과 연기 기둥이라
여호와의 크고 두려운 날이 이르기 전에
해가 어두워지고 달이 핏빛 같이 변하려니와
누구든지 여호와의 이름을 부르는 자는 구원을 얻으리라"

이 예언을 사도 베드로는 오순절 성령강림으로 적용하였다. 사도 베드로는 이 요엘의 예언이 그리스도 재림 때 마지막 날에 대한 예언이 아니라 예수님 초림 후에 일어날 일들을 예언한 것이라고 인정하고 유대인들에게 설교했다.

2. 이 두려운 날이 그리스도 초림의 날이라고 말라기 선지자도 증명한다.

왜 예수님의 초림 때가 이렇게 크고 두려운 여호와의 진노의 날이라고 하는가? 앞서 말한 봐와 같이 두려우면 회개하라는 강한 메시지이다. 예수님 초림 때의 제일 큰 메시지는 돌이키는 것이다.

"회개하라 천국이 가까이 왔느니라."

예수님도 첫 메시지로 이 말씀을 선포하셨고 그리스도 탄생보다 6개월 먼저 온 세례요한도 이렇게 외쳤다.

"회개하라 천국이 가까이 왔느니라."

이런 회개를 촉구하는 메시지는 구약의 말라기 선지자의 메시지였다.

말라기 선지자는 구약시대의 마지막 선지자로서 그의 예언 역시 여호와의 크고 두려운 날에 대하여 언급하고 있다.

말라기 선지자는 다음과 같이 예언을 하였다. 자세히 살펴 보자.

"보라 여호와의 크고 두려운 날이 이르기 전에
내가 선지자 엘리야를 너희에게 보내리니"(말4:5)

말라기 선지자의 예언은 여호와의 크고 두려운 날에 대한 예언인데 여기에 특이한 것은 그 날 이전에 선지자 엘리야를 보내겠다고 하신 말씀이다. 이 엘리야에 대한 예언을 예수님의 제자들도 이 날을 마지막 날, 세상 끝 날로 인식하고 더 자세히 알고 싶어서 예수님에게 질문했다.

말라기 선지자가 예언한 그 엘리야가 누구입니까? 라고 여쭐 때 주께서 세례 요한이라는 것을 확실하게 말씀하셨다.

"예수께서 대답하여 이르시되 엘리야가 과연 먼저 와서
모든 일을 회복하리라"(마17:11)

이 때 보다 먼저 주님은 세례 요한에 대하여 말씀하시면서도 그가 엘리야라고 설명하셨다.

"만일 너희가 즐겨 받을 진대 오리라 한 엘리야가
곧 이사람이니라"(마11:14)

그리고 말라기 선지자는 엘리야 선지자를 보내겠다고 예언하면서 엘리야가 와서 할 일과 그 후의 날에 대하여 다음과 같이 예언한다.

"보라 여호와의 크고 두려운 날이 이르기 전에 내가 선지자 엘리야를 너희에게 보내리니 그가 아버지의 마음을 자녀에게로 돌이키게 하고 자녀들의 마음을 그들의 아버지에게로 돌이키게 하리라"

(말4:5. 6)

이 예언대로 엘리야의 이름으로 온 세례요한은 "자녀들의 마음을 그들의 아버지에게로 돌이키게 하리라"고 예언한 그 사명을 위하여 사역할 때 그는 사람들에게 회개하라 천국이 가까이 왔느니라. 라고 외쳤다. 그 외침 후에 예수께서 나타나셨다.

그러면 여호와의 크고 두려운 날이 재림인가? 초림인가?

말라기의 예언은 초림 때의 일어나는 일들을 예언한 것이다. 말라기 선지자는 초림에 대한 예언을 여호와의 크고 두려운 날이라고 예언한다. 곧 세례 요한을 먼저 보내고 그후에 여호와의 크고 두려운 날, 초림날이 이르리라고 한다.

"보라 여호와의 크고 두려운 날이 이르기 전에 내가 선지자 엘리야를 너희에게 보내리니"(말4:5)

이제 요한계시록 본문을 자세히 살펴보라

여섯째 인을 뗄 때 어떤 징조들이 일어났는가? 그리고 구약 선지자들은 이 날을 어떤 날이라고 예언하는가? 비교해 보라.

"여섯째 인을 떼실 때에
큰 지진이 나며 해가 검은 털로 짠 상복같이 검어지고
달은 온통 피 같이 되며 하늘이 별들이 무화과나무가

대풍에 흔들려 설익은 열매가 떨어지는 것 같이 땅에 떨어지며"

요엘 선지자의 초림에 대한 예언과 같은 내용들이 아닌가?

그리고 창조 이래 우주 전체가 흔들리는 대 격동의 날이 언제 있었는가? 일식 정도인가? 월식에 비교할 수 있겠는가? 하늘이 두루마리처럼 말려서 떠나가면 이 세상은 어떤 세상이 올까? 산과 섬이 제 자리에서 옮겨지는 날을 보았는가? 부분적으로 한 사건들이 일어났을지는 모르나 이런 징조가 한 날에, 일시에 이런 가공할 만한 때가 있었는가?

필자의 작은 지식으로는 살펴볼진대 전혀 없었다. 앞으로 이렇게 부분적인 천재지변은 많을 것이다 그러나 우리는 이런 천재지변만 살필 것이 아니라 하나님의 마음, 하나님의 의도를 살피는 것이 더 쉬울 것이다.

그러므로 이 계시를 문자적으로 해석하려고 애를 쓰지 말고 상징적인 의미를 찾아야 한다. 상징적인 의미는 두려운 날을 표현한 것이다. 이보다 더 두려운 날이 있는가? 이보다 더 두려운 표현을 할 수 있겠는가? 하나님은 우주 전체를 통하여 두려운 날을 표현하셨다. 하나님의 지혜이시다.

그리고 이제 우리는 본문 계시에서 사람들이 무어라고 외치는가?

그런 후 이 두려움에 사로잡히지 아니한 자들, 포함 안 된 사람이 누구인가? 살펴보자.

먼저 두려워 떠는 자들을 살펴보자.

"땅의 임금들과 왕족들과 장군들과 부자들과 강한 자들과
모든 종과 자유인이 굴과 산들의 바위틈에 숨어"

어떤 이는 여기에 기록된 부류는 세상에서 잘살며 교만하게 산 사람들이라고 한다. 그러나 여기에는 앞 줄에는 세상에서 두려워할 것 없다고 살

고 두려워하지 않을 자의 직업군을 말한다. 그러나 이들 임금들, 왕족들, 장군들, 부자들, 강한 자들인 그들도 두려워 떨 것이란 말이며 그 외에 두려워 할 위치에 있는 종과 자유인들도 있다. 여기 표현대로 '모든'은 종과 자유인을 포함하여 모두를 수식하는 형용사로 쓰인다.

(πᾶς δοῦλος καὶ ἐλεύθερος 파스 둘로스 카이 엘류데로스)

직역하면 "모든 종과 자유인" 형용사와 두 명사가 모두 남성 단수이다. 다른 직업군은 남성 복수로 쓰였고 종과 자유인만 단수로 쓰였다. 여기 표현대로 해석한다면 모든 종. 모든 자유인, 세상 모든 사람들을 통칭하는 말씀이다. 그 날에 대하여 일부분의 사람들만 해당하는 것이 아니라 이 세상 모든 사람이 그 날이 두려워 떨게 된다는 의미이다.

이 세상 모든 사람이 그 날이 두려워 외치는 말은 무엇인가?

"산들과 바위에게 말하되
우리 위에 떨어져 보좌에 앉으신 이의 얼굴에서와
그 어린 양의 진노에서 우리를 가리라"

이들의 외침은 바위틈에 숨어서 바위에게 차라리 네가 내 위에 떨어져 내가 가루가 되더라도 보좌에 앉으신 이의 얼굴과 어린양의 진노에서 우리를 가려달라고 애걸한다. 이렇게 벌벌 떨게 하신 하나님은 심판 하시려는 것이 아니다. 회개하라는 엄포다. 이런 하나님의 마음은 요엘 선지자를 필두로 4대 선지자서와 12소선지서의 기록들이 이와 대동소이하게 두려운 날에 회개하라고 경고하신다.

그러므로 여섯째 인을 떼실 때 일어나는 여호와의 크고 두려운 날은 구세주가 오시는 날이란 표현이다. 주님이 과거에 오셨다는 내용이다. 초림의 주님이 오셨다는 계시이다. 초림의 주님이 오셔서 외치셨다.

"하나님의 진노가 두려운 자여 회개하라."라고 하셨다. 그러므로 6장 12절을 사도행전 2장 20절에서 인용하면서 초림하신 주의 날이며 두렵고 떨리는 날로 회개하라는 말씀이다

여호와의 크고 두려운 날이 이르기 전에
해가 어두워지고 달이 핏빛 같이 변하려니와
누구든지 여호와의 이름을 부르는 자는 구원을 얻으리라"(행2:20. 21)

그 날에 하나님의 원하시는 뜻은 무엇인가? 누구든지 두렵고 떨리는 사람은 회개하고 구원받기를 원하신다. 그 원하심이 초대교회 복음 증거 때부터 시작되었다.

"누구든지 여호와의 이름을 부르는 자는 구원을 얻으리라"

이 구원의 사역들은 다음 7장에서 이루어지는 인치는 사역들로 이어진다.

제 7 장 1-17절 | 큰 환란에서 구출 받을 자 지정하기

7장은 회개하고 주께 돌아와 주의 이름을 부르는 자들에게 살아계신 하나님의 도장을 이마에 찍는 계시이다.

혹자는(정통적인 해석) '7장은 여섯 번째 재앙과 일곱 번째 재앙 사이에 위치한 인 재앙 막간(삽입) 계시라' 고 한다. 그들의 이러한 막간계시 운운하는 해석은 중요한 본 계시가 아닌 별로 중요하지 않은 듯 여길 막간 계시라고 하는 듯 하다.

그러나 7장은 막간이 아니라 여섯 번째 인 떼기 안에 들어 있는 중요한

본 계시이며 여섯째 인 떼기로부터 시작된 아주 특별하고 아주 중요한 계시이다. 이 7장의 인침 사건이 오순절 성령 강림하신 후부터 주님 재림 하실 때까지 2000년이고 3000년이고 성령 받은 이들이(교회가) 꼭 할 일에 대한 중요한 계시이다.

요한계시록 7장 말씀은 요엘 선지자의 예언이요 사도 베드로의 설교가 성취되는 사건이다.

"내가 위로 하늘에서는 기사를
아래로 땅에서는 징조를 베풀리니
곧 피와 불과 연기로다.
주의 크고 영화로운 날(두려운 날)이 이르기 전에
해가 변하여 어두워지고 달이 변하여 피가 되리라
누구든지 주의 이름을 부르는 자는 구원을 얻으리라"

하늘의 기사와 땅에서 징조가 보이고 피와 연기와 불같은 것이 활활 타오르고 천둥 번개 치며 지진이 일어나는 두려운 날이 시작되어도 주의 이름을 부르는 자들에게 구원을 주신다는 말씀이며 해가 빛을 잃어 어두워 암흑세상이 된다 하더라도 주의 이름을 부르는 믿음의 사람들에게 구원 받을 사람임을 확인 시켜 주는 도장을 찍어 주신다는 예언이다.

이 예언은 사도행전 2장 성령 강림에 대한 베드로 사도의 설교의 핵심이다. 그리고 이러한 회개의 운동은 예수님의 예언과 일맥상통한다.

"그의 이름으로 죄 사함을 받게 하는 회개가
예루살렘에서 시작하여 모든 족속에게 전파될 것이
기록되었으니 너희는 이 모든 일에 증인이라"(눅24:47)

부활의 주께서 제자들에게 예언하신 회개운동의 날이 초대교회 때만이 아니라 주께서 재림하시는 날까지 이어질 것이며 예루살렘만이 아니라 전 세계에 복음이 전파될 것에 대한 예언이다. 이 주님의 예언이 요한계시록 7장에서 일어난 인침의 사건으로 성취된다.

할렐루야. 아멘.

I. 1-3절 : 바람을 불지 못하게 하라

성령 받은 사역자들이 복음 증거하므로 주께 돌아오는 자들에게 하나님은 인을 치실 것이다. 하나님은 인 치시는 일을 하시기 위해 먼저 준비작업을 하신다. 만약 인을 칠 때 방해나 격변이 일어나면 인침에 차질을 빚을 수 있기에 하나님은 사전 조치를 취하도록 명령하셨다.

"내가 네 천사가 땅 네 모퉁이에 선 것을 보니
땅의 사방의 바람을 붙잡아 바람으로 하여금 땅에나
바다에나 각종 나무에 불지 못하게 하더라"

"또 보매 다른 천사가 살아 계신 하나님의 인을 가지고
해 돋는 데로부터 올라와서 땅과 바다를 해롭게 할 권세를 받은
네 천사를 향하여 큰 소리로 외쳐 이르되
우리가 우리 하나님의 종들의 이마에 인치기까지
땅이나 바다나 나무들을 해하지 말라 하더라"

하나님의 인치심이란 무엇인가?

인(印)은 개인이나 단체의 이름을 새겨 찍도록 된 도구이다. 인은 그 책

임과 권위를 증명하는 물건이다. 왕이 찍는 도장은 국가가 보증하는 권위가 있다. 창조 이래 성도들 이마에 찍힌 그 도장이 누구의 도장인가? 그 도장의 이름이 "살아계신 하나님의 인"이다. 하나님의 이름으로 보증한다는 의미이다.

혹자는 '하나님의 소유란 의미'라고도 한다. 그러나 필자는 하나님께서 구원하시기로 표시한 사람들이란 의미가 있으며 하나님께서 내가 너를 구원해 주시겠다는 보증의 확인이라고 생각한다.

하나님의 인 치시는 일이 언제 성취되실 것인가?

이에 대하여 스콧(James M. scott)은 '다니엘서에 언급된 70이레 후에 지상 천년 왕국에서 이루어질 것이라고 본다.'

또 블링거(Bullinger)는 '70이레 때'에 성취 되리라고 본다.

그러나 이렇게 어렵게 해석할 것 없이 단순하고 쉽게 말하면 된다. 이 인 치심의 역사는 오순절 성령 강림하심으로 시작되었고 우리 주께서 다시 오시는 날까지 이어질 것이라고 말하면 쉬울 것인데 해석자들이 인치심의 성취에 대하여 고심하는 이유는 15절부터 17절까지의 계시가 천상에서 일어나는 일이라고 이해하기 때문에 천상에 휴거한 후라 할까? 주님 공중 재림 하신 후라고 할까? 고민하는 것이다.

그러나 필자는 그렇게 이해하지 않는다. 인 치심으로 곧바로 천국에 올라간다는 의미가 아니라 이러한 삶을 보장해 주시겠다는 인치심이라고 생각하기 때문에 쉽게 해석할 수 있다는 것이다.

Ⅱ 4-8절 : 구출 받을 자들의 수

십사만 사천이란 수의 의미를 살펴보자.

"내가 인침을 받은 자의 수를 들으니
이스라엘 자손의 각 지파 중에서 인침을 받은 자들이
십사만 사천이"

인침을 받은 자의 수가 십사만 사천 명이라고 한다. 그래서 한국의 무지한 이단은 말한다. '우리가 144,000이 되는 날 영생의 날이 온다.' 라고 유혹한다. 이렇게 말하는 것 자체가 '나는 이단이요' 하는 말과 똑같은 말이다. 또 세대주의자들은 '이스라엘 12지파에서 나온 유대인들 만이라' 고 한다. 그러나 요한계시록에서 이어지는 말씀은 다음과 같이 말씀하신다.

"보라 어린양이 시온 산에 섰고
그와 함께 십사만 사천이 서 있는데…"
"새 노래를 부르니
땅에서 속량함을 받은 십사만 사천 밖에는
능히 이 노래를 배울 자가 없더라"
"이 사람들은 여자와 더불어 더럽히지 아니하고
순결한 자라 어린양이 어디로 인도하든지 따라가는 자며
사람 가운데에서 속량함을 받은
처음 익은 열매로 하나님과 어린 양에게 속한 자들이다"(14:1-4)

여기 기록된 계시는 "땅에서 속량함을 받은 십사만 사천 밖에는" 이라고 제한된 계시로 이해하게 만들고 또한 "사람 가운데에서 속량함을 받은 처음 익은 열매로 하나님과 어린 양에게 속한 자들이다." 라는 말씀은 어린 양에 속한 자들의 한정된 느낌을 준다.

그래서 만일 한국의 이단들의 주장과 같이 십사만 사천 명만 구원을 받는다고 문자적으로 해석한다면 대한민국 4000년 역사 중에서 현 시대 인구만도 4000만 명이라 한국 사람만 구원 받기에도 턱없이 부족한 수가 될 것이다. 또한 하나님이 한국만의 하나님이 아니시다. 세계 모든 열방을 대상으로 삼는다면 세계 장구한 세월동안 살다간 사람들과 현 인구만 계산하여도 수 천조에 이르는 인구인데 고작 144,000명만 구원하시겠는가? 어리석은 자여 우리 하나님의 구원을 과소평가하지 말라. 또 해외 이단들의 주장대로 라면 유대인만 구원 받는 수라고 하여야 할 것이고 유대인만의 수라도 아브람의 자손들로서 예수님 재림 하실 때까지 계산한다면 하나님의 위대하심을 세계인은 비웃을 것이다.

또 어떤 이들은 '순교한 그리스도인들이다.' (Kiddle. Caird)

또는 '상징적 숫자로 유대인과 이방인들로 구성된 완성된 교회다' 라고 해석하는 이들도 있다.(Alford. Swete. Backwith. Vincent)

그러나 하나님은 지혜로우신 하나님이시다. 이스라엘 지파를 거론하시면서 십사만 사천 명이라고 하신 이유는 상징적인 의미로 하나님의 선택함을 받은 자라는 의미이며 또 그 구원받을 자의 숫자에 대하여 하나님은 이렇게 계시 하신다. 이스라엘 국경을 넘어 구원 받을 자들까지 계산하시고 다음과 같이 계시 하신다.

"이 일 후에 내가 보니
각 나라와 족속과 백성과 방언에서
아무도 능히 셀 수 없는 큰 무리가 나와
흰 옷을 입고 손에 종려 가지를 들고
보좌 앞과 어린양 앞에 서서 큰 소리로 외쳐 이르되
구원하심이
보좌에 앉으신 우리 하나님과 어린 양에게 있도다"

하나님의 말씀 요한계시록 7장 9절에서는 이스라엘 국경 너머까지 "각 나라와 족속과 백성과 방언에서 아무도 능히 셀 수 없는 큰 무리"라고 이해 못하는 우리에게 친절하게 설명하신다.

그리고 "십사만 사천"명이란 의미는 구약 시대 성도를 상징하는 선택받은 12지파와 신약 시대 성도들을 상징하는 선택함을 받은 12사도를 상징하는 숫자다. 12×12=144와 여기에 10의 3제곱 곧 헤아릴 수 없음을 의미하는 000을 첨부한 숫자다. 그런즉 144,000이란 숫자는 신. 구약 시대의 선택함을 받은 이들의 숫자인데 아무도 능히 셀 수 없는 큰 무리들을 상징하는 수이다.

Ⅲ 9-17절 : 구출 받을 자들의 미래 언약

다음은 인침을 받은 자들에 대한 존재에 대하여 생각해 보라고 하나님은 계시하신다. 이들이 누구인가?

1) 이들은 흰 옷을 입은 자들이다.(9)

흰 옷은 무엇을 상징하는가? 흰 옷이 무엇이냐 보다 성경은 어떻게 흰 옷이 되었는지를 14절에 설명하고 있다.

"어린 양의 피에 그 옷을 씻어 희게 하였느니라"

직물인 옷을 피로 빨아 보라. 희게 되는지, 빨강 색이 되는지 직물 옷을 희고 깨끗하게 빨려면 세제를 써서 깨끗한 물로 빨고 헹구어야 한다. 그럼 여기 옷은 직물 옷이 아니라는 말이다. 이 옷은 마음, 심령, 또는 영혼을 의미한다. 우리 심령은 그리스도의 십자가의 보혈로 씻어야 모든 죄가 사함 받고 희고 깨끗하고 정결해 진다.

곧 이 계시의 의미하는 바는 이 144,000명은 누구인가?에 대한 대답으로 예수의 보혈로 죄 사함을 받은 자들이란 의미다. 유대인만이 아니라 세계만방 땅 끝까지 사는 사람 중에서 복음을 듣고 예수의 피로 구원 받은 세계인들이다.

2) 이들은 손에 종려 가지를 들고 나오는 자들이다.(9)

"이 일 후에 내가 보니 각 나라와 족속과 백성과 방언에서
아무도 능히 셀 수 없는 큰 무리가 나와 흰 옷을 입고
손에 종려 가지를 들고 보좌 앞과 어린 양 앞에 서서"

종려 가지는 승리를 상징한다. 그들은 '우리는 승리했노라' 고 손에 종려가지를 들고 나온 것이다. 그들은 무엇과 싸워서 승리하였는가? 그들은 어디에서 승리했는가?

그들이 사는 세상은 사탄이 장악하고 유혹하고 박해하고 죽이기까지 하는 세상이다. 그래서 이 세상을 환란 많은 세상이라고 한다. 이 세상을 이긴다는 말은 세상 권세를 잡은 사탄과 싸워서 이겼다는 의미이다. 이 승리한 자들은 세상에서 사는 동안 사탄과 싸워야 하는 영적 전쟁에서 승리하고 나오는 자들이다.(14)

3) 이들은 구출의 기쁨이 가득한 자들이다.(10)

"큰 소리로 외쳐 이르되

구원하심이
보좌에 앉으신 우리 하나님과 어린 양에게 있도다"

이들의 입은 기쁨으로 가득 찼다. 구원 하신 그 은혜로 찬송이 넘친다. 얼마나 감격스런 찬양을 부르고 있는지 행복이 넘친다. 이들이 구원 받은 십사만 사천 명이다. 우리 구원 받은 성도들의 노랫말이다.

"구원하심이
보좌에 앉으신 우리 하나님과 어린 양에게 있도다"

이제 우리는 더 깊이 생각해 보아야 할 말씀에 도달했다.

인 치심이란 무엇을 의미하는가?

당시에 도장을 찍는 이유는 문서, 소유물, 노예 등에 대한 자기 소유권이라는 표로 보호와 안전을 의미한다고 한다.

"성도가 하나님께 인침을 받는 것은 하나님께서 성도들에 대해 특별한 관심과 계획을 가지고 계심을 확증해 주며, 성도들로 하여금 자신이 하나님께 속해 있으며 하나님께서 늘 보호하시고 지켜 주신다는 사실을 확신할 수 있도록 해 준다."고 어떤 이가 기록한 것을 여기에 복사해 왔다. 그러나 필자는 무엇보다 중요한 것은 "너는 내 것이다. 그러므로 내가 너를 구출하겠다."라는 도장이다.

"야곱아 너를 창조하신 여호와께서 지금 말씀하시느니라.
너는 두려워하지 말라 내가 너를 구속하였고
내가 너를 지명하여 불렀나니 너는 내 것이라"(사43:1)

하나님은 이들을 인침으로 구원을 확증하며 약속하신 미래에 주실 영광의 말씀을 보증하는 도장이다. 하나님께서 그들에게 무엇을 보증할 수 있겠는가?

그 미래보증은 다음과 같은 것들이다.

(1) 너희는 하나님 보좌 앞에서 살게 될 것이라는 보증이다.

"그들이 하나님의 보좌 앞에 있고 또
그의 성전에서 밤낮 하나님을 섬기매
보좌에 앉으신 이가 그들 위에 장막을 치시리니(15)

하나님 보좌는 영광의 보좌이다.(4장)
하나님의 사랑은 한없는 은혜이다.

"그들이 다시는 주리지도 아니하며 목마르지도 아니하고
해나 아무 뜨거운 기운에 상하지도 아니하리라"(16)

그 하나님은 나의 반석 나의 요새 나의 피난처라고 찬양한 다윗과 같은 보호와 위로와 참 평화 주심을 약속하셨다.

(2) 너희 목자는 어린 양이 되실 것이라는 보증이다.(17)

"보좌 가운데 계신 어린 양이 그들의 목자가 되사
생명수 샘으로 인도하시고(17)

생명수 샘은 영생을 의미한다. 영생에 대한 약속이다. 영원한 생명으로 그리스도가 인도해 주시고 영원히 살게 해 주시겠다는 약속이다.

(3) 너희는 보좌에 앉으신 하나님이 위로해 주실 것이다.(17)

"하나님께서
그들의 눈에서 모든 눈물을 씻어 주실 것임이라"(17)

이 세상에서 살기는 힘들고 어렵다. 그 보다 더 어려운 것은 믿음을 지키기가 더 어렵고 힘들다. 그런데 설상가상으로 원수 악한 마귀는 믿는 자들을 가만두지 않는다. 핍박을 한다. 고문을 한다. 감옥에 가두기도 한다. 죽이기까지 한다. 이것을 이기기 위해서는 많은 눈물을 흘리는 슬픔을 맛보기도 한다. 그런데 주께서 다 위로해 주시겠다는 보증이다.

필자가 총신(사당동) 졸업반 때 보수주의 주경신학의 태두이며 대가이신 박윤선 박사님으로부터 요한계시록 강해를 사사 받았다. 그 때에 학기말 요한계시록 시험 치룰 때 '요한계시록 7장9-17절 말씀에 대하여 논하라.' 하는 문제가 출제 되었다. 필자는 교수님이 왜 이 부분을 문제로 출제하셨는지 그 이유를 알고 있다. 그 이유는 수업시간에 이 말씀에 기록된 은혜와 축복들은 십사만 사천 명이 미래에 받을 은혜라고 강조하셨기 때문에 미래에 받을 은혜라고 결론을 맺어야 점수가 잘 나온다는 것을 알았다. 이 문제 출제의 이유를 알고 자세하게 풀어나갔다. 그러나 결론적으로 이 말씀은 하나님의 자녀들이 현세에서도 받을 은혜라고 결말을 지었다. 점수는 뻔했다. 겨우 턱걸이 점수가 나왔으나 내 마음은 기뻤다. 내가 지금도 하나님의 돌보심과 큰 사랑과 어린양 예수그리스도의 인도하심이 내게 충만했기 때문이다.

지금도 이 말씀에 대한 나의 해석상의 자세는 변함이 없지만 여기 15절부터 17절까지의 7개의 동사들은 3인칭. 단수. 능동태. 미래. 직설법으로 기록되어 있다. "미래"라는 것은 약속인데 그 약속을 인침으로 보증했다.

"그들 위에 장막을 치시리니" *σκηνώσει*(스케노세이)

"주리지도 아니하며" *πεινάσουσιν*(페이나슈신)

"목마르지도 아니하고" *διψήσουσιν*(딥사슈신)

"상하지 아니하고" *οὐδὲ μὴ πέσῃ*(우데 메 페세이)

"목자가 되사" *ποιμανει*(포이마네이)

"인도하시고" *ὁδηγήσει*(호데레세이)

"씻어 주실 것임이라" *ἐξαλείψει*(엑셀레잎세이)

여기 있는 동사들을 미래. 직설법으로 계시해 주신 것은 인 치심을 받은 자들에게 내가 너희 미래에 이 많은 은혜들을 보장해 주겠다고 인 치심으로 보증하신 것이다. 여기 이 약속들은 미래 주께서 강림하시고 주께서 모든 나라를 주의 나라가 될 때에(11:15) 이루어질 계시들이다.

제 4 편

둘째 기둥 세우기

예수 2차 오심

이제 마지막 일곱 번째 인을 떼는 날에 어떤 일들이 일어났는가? 우리는 기대해야 한다. 왜냐하면 하나님이 손에 들고 계시던 그 두루마리를 생각해 보라. 그 수천 년간 봉인하고 비밀에 붙여 있던 그 비밀이 개봉되는 순간이기 때문이며 그 비밀의 두루마리를 개봉할 만한 사람이 없어서 사도 요한은 얼마나 안타까운지 울지 않았는가? 그때 어린양이 그 두루마리를 받으시고 그 인을 떼기를 시작하여 이제 마지막 인을 제거 하는 순간이다. 그 안에 내용이 펼쳐지는 순간이다. 그 하나님의 비밀이 계시되는 순간이다. 그 비밀이 무엇일까? 기대 하시라.

그 비밀이 둘째 기둥이다. 이 둘째 기둥은 일곱 천사들의 나팔 불기에 대한 계시이다. 지금까지 내려오는 나팔 불기에 대한 학설을 여기에 소개하려 한다.

(1) 역사주의 자들은 일곱 나팔이 로마 제국을 겨냥한 반달족, 훈족, 사라센 그리고 투르크와 같은 이방 민족의 침공 시리즈로 본다. 여섯 번째 나팔은 1453년에 콘스탄티노플이 투르크에게 함락된 것을 가리킨다고 본다.

(2) 과거론자들은 처음 네 개의 나팔은 유대와 로마의 전쟁에서 로마인이 유대인에게 가한 고통으로 본다. 다섯 째 나팔은 포위된 유대인들이 스스로 비이성적으로 파괴적인 행동을 하도록 만든 것이요 여섯 번째 나팔은 로마 군대가 유대인을 죽이며 추방시켜 버린 것으로 해석한다.

(3) 미래론자들은 문자적이건 상징적이건 나팔은 7년 대 환난 동안 땅에 사는 회개하지 않은 자들이 겪을 재앙(핵무기까지 동원된 재앙)을 묘사하는 것으로 본다.

(4) 이상주의자들은 재앙이 애굽에 내려진 10가지 재앙을 상기 시키는 것으로 보면서 회개하지 않는 사람들을 향한 하나님의 불쾌함의 표현이라고 본다.

이렇게 주류를 이루고 있는 해석들 중에서 보수주의 전통적인 해석은 미래론자들과 이상주의자들의 해석을 따르고 있다. 이 두 학설이 회개하지 않는 이들에 대한 하나님의 진노의 나팔이라고 보았고 그렇게 오늘날까지 전해져 내려와 하나님의 일곱 천사가 부는 일곱 나팔에 대한 전통해석이 되었다.

하나님은 왜 나팔을 불도록 하실까? 재앙을 내리시려고 나팔을 불으라고 하셨을까? 그리고 누굴 위하여 나팔을 불까?

1부

παρουσία. I
파루시아. 재림의 나팔 준비

1절

"내가 보매
하나님 앞에 일곱 천사가 서 있어 나팔을 받았더라"

하나님은 왜 천사들에게 나팔을 수여 하셨는가? 나팔은 불으라고 주셨다. 그럼 하나님은 왜 나팔을 불으라고 명하셨을까?

혹자는 하나님이 재앙을 내리시기 위한 경고의 나팔을 부르라고 명하셨다고 한다. 또는 어떤이는 하나님이 재앙을 내리시겠다는 경고가 아니라 재앙의 선포 나팔이라고 한다.

그럼 하나님이 재앙을 내리시기 위하여 나팔을 부르라고 하신 적이 성경 어디에 있는가?

구약에서 나팔을 부는 일은 광야 행진할 때, 또는 회중을 모을 때, 또는 전쟁에 출전할 때, 그 외에 절기 때도 불었다. 그러나 우리가 주목해 봐야 할 때는

"모세가
하나님을 맞으려고 백성을 거느리고 진에서 나오매
그들이 산기슭에 서 있는데 시내 산에 연기가 자욱하니
여호와께서 불 가운데서 거기 강림하심이라

그 연기가 옹기 가마 연기 같이 떠오르고
온 산이 크게 진동하며
'나팔소리가 점점 커질 때에'
모세가 말한즉 하나님이 음성으로 대답하시더라"(출19:17-19)

구약 시대에 땅에 사는 이스라엘 사람들에게 나팔을 불으라고 하실 때는 전쟁의 출정이나, 진의 이동이나, 절기 때나 또는 다른 목적이 있으셨지만 하늘에서 울리던 나팔은 하나님의 강림(*παρουσία*)하심과 임재하심을 알리는 나팔이었다.

그리고 신약성경에서 나팔에 대한 기록은 요한계시록을 제외하고 7회 사용되었다. 그 7회 중 절대 다수인 5회가 주님 다시 오심에 관한 내용으로 사용되였다.

먼저 바울 사도가 사용한 내용을 살펴보자.

"주께서 호령과 천사장의 소리와 하나님의 나팔 소리로
친히 하늘로부터 강림하시리니"(벧전 4:16)

주님 다시 강림(*παρουσία*)할 때 하나님의 나팔을 불 것이라고 바울 사도는 예언했고 이 예언은 비밀이라고 하면서 나팔에 대한 예언을 한다.

"보라 내가 너희에게 비밀을 말하노니
우리가 다 잠잘 것이 아니요
마지막 나팔에 순식간에 홀연히 다 변화되리니"(고전15:51)

마지막 나팔은 일곱 나팔 중에 일곱 번째 나팔 때에 주께서 다시 강림

(παρουσία)하실 것이고 죽은 자들이 다 부활할 것이라는 예언이다.

또 더 확실하고 강하게 바울 사도는 강조한다.

> "나팔 소리가 나매
> 죽은 자들이 썩지 아니할 것으로 다시 살아나고
> 우리도 변화되리라"(고전15:52)

나팔 소리 날 때 주님은 강림(παρουσία)하시고 죽은 자는 살아나고 우리 살아 있던 사람들은 순식간에 변화된다고 예언하였다. 사도 바울뿐만 아니라 친히 우리 주께서도 말씀하셨다.

> "그들이 인자가 구름타고 능력과 큰 영광으로 오는 것을
> 보리라" (마24:30)

예수님이 친히 나팔 소리에 대하여 말씀하셨는데 다시 강림에 대한 예언이시다. 예수님이 다시 강림하실 그 때는 큰 영광 가운데 다시 오시겠다고 하셨고 큰 나팔 소리와 함께 오신다고 예언하셨다.

> "인자가 큰 나팔소리와 함께(재림 하시면서)
> (또)천사들을 보내리니"

큰 나팔 불 때 주께서 다시 오시겠다고 약속하시는데 이 말씀보다 더 명확한 증거는 없다. 주님이 2차 강림(παρουσία)하실 때 나팔 불며(때) 오신다. 우리는 어떤 증거를 더 원할 이유가 없다.

그러므로 필자는 2000년간 모든 신학자들이 일곱 나팔은 재앙이라고 말 한다 해도 재앙이 아니라 예수 제2차 파루시아 나팔이라고 외치련다. 이렇게 명백하게 성경은 예언하고 우리 주께서 친히 약속하셨는데 왜 믿지 않으랴? 왜 굽히랴?

> *"하나님의 나팔 소리 천지진동 할 때에 예수 영광중에 구름타시고*
> *천사들을 세계만국 모든 곳에 보내어 구원 받은 성도들을 모으리*
> *나팔 불 때 나의 이름 나팔 불 때 나의 이름*
> *나팔 불 때 나의 이름 부를 때에 잔치 참여 하겠네"* (아멘 180장)

2000년간 그렇게 고대하던 주님이 다시 강림하신다고 알려주는 신호, 나팔 소리다. 하나님은 이 기쁜 소식을 온 천지가 진동하도록 부르라고 천사들에게 나팔을 수여 하셨다.

2절

"하나님 앞에 일곱 천사가 서 있어 나팔을 받았더라"

하나님께서 천사들에게 나팔을 수여 하셨다는 사건은 그동안 하나님께서 미뤄오시던 예수 그리스도 2차 강림(*παρουσία*)에 대한 중대한 결심이라는 의미가 있다.

"일곱 천사가 부는 나팔로 그리스도의 2차 강림 *παρουσία*(파루시아 강림)이 성취되는 날이다."

주님 가신후 지금까지 2000년 간 교회는 주님을 기다렸다. 그 기다림의 기쁜 소식이 나팔 소리이다. 우리 전 세계 모든 교회는 기뻐 환영하여야 한다. 교회와 성도들은 다시 오시겠다고 약속하신 주님 오신다는데 왜 기뻐하지 아니하는가? 그렇게 사모하여 기다리던 주님이 다시 오신다고 외치는 소리를 왜 기뻐하지 아니하는가? 신부는 신랑 되신 왕자가 오신다는 신호, 나팔 소리를 왜 기뻐하지 아니하는가?

그 이유는 단순하다. 지금까지의 해석들이 '일곱 천사의 일곱나팔은 일곱 재앙이다.' 라는 오해를 심었기에 필자의 지론이 믿기지 않기 때문 일거다. 지금까지의 해석자들은 반가운 소식을 불행한 소식으로 잘못 전달해준 배달 사고자들이다. 그들은 기쁜 소식 하나님의 말씀을 잘 이해하지 못하고 [일곱 나팔 재앙]이라고 명명하며 하나님의 진노와 심판을 퍼붓는 재앙의 경고라고만 오해하게 하였다. 그 이유는 아마도 나팔 불 때 일어나는 현상들이 너무도 두려운 사건들인데, 그 사건들의 시작을 알리는 그 나팔을 하나님이 천사들에게 불으라고 명령하셨기 때문일 것이다.

그러나 필자는 하나님의 일곱 천사가 부는 일곱 나팔은 주님 오시기를 갈망하고 기다리는 주의 백성들에게 경고가 아니라 약속한 그리스도의 2차 파루시아(강림)를 이루신다는 복음이요. 내가 속히 오리라 조금만 기다리라고 하는 위로의 나팔이라고 주장한다.

제 8 장 1-6절 | 새 하늘 새 땅 준비하러 간 메시아

"내가 너희를 위하여 거처를 예비하러 가노니
가서 너희를 위하여 거처를 예배하면
내가 다시 와서
너희를 내게로 영접하여 나 있는 곳에
너희도 있게 하리라"(요14:2. 3)

요한계시록은 예수 그리스도의 이 약속으로부터 탄생하였다. 예수 그리스도는 세상 중에 자기를 따르는 자들을 위하여 거처를 예비하러 가셨고 따르는 자들은 약속을 믿고 기다리고 있다는 공식 여정의 시간들 속에서 탄생한 것이 요한계시록이다.

예수 그리스도는 거처를 예비하시는 시간과 오실 근거 즉 땅 끝까지 복음이 전파되는 타이밍을 계산하고 계시고 약속을 기다리는 제자들에게는 복음 전파의 환경과 주변 정세나 핍박이 그리스도의 약속시간이 지연되는 감을 느끼게 하고 있을 때에 예수 그리스도가 보낸 소식이 요한계시록이다. 그리고 그 소식의 첫 번째 계시가 일곱 천사가 부는 일곱 나팔이다.

이런 현실은 먼 외국에 사업차 떠난 정혼한 신랑이 보낸 소식과 같을 것이라고 생각이 든다. 생각만 해도 가슴이 설레고 그가 준 선물만 보아도 눈물이 쏟아지고 그가 베푼 사랑의 약속들을 묵상하면 기쁨이 솟아나는 신부가 하루, 이틀… 몇 년째 기다리고 있다고 생각해 보자.

사랑에 취해 수십 년을 기다리는 사이 많은 남자들이 유혹을 하고 유혹하다가 협박을 하고 협박하다가 폭력으로 순결을 빼앗으려고 할 때 버티고 버티다가 생명의 위협까지 받는 환경에 처해 있을 때에 먼 외국에 간 정혼한 남편으로부터 온 소식은 무엇이라고 생각하는가?

'사랑해요. 빨리 못가서 미안해요. 날 믿고 기다려줘서 고마워요. 조금만 더 기다려줘요. 여기 일이 다 잘되어 가요. 속히 갈게요.' 하는 말을 듣길 원하겠는가? 아니면 '내가 지체하고 있다고 너 다른 남자와 놀아나고 있다는 소식을 들었는데 내가 가면 가만두지 않겠다. 다 뒤엎어 버릴 것이다. 네가 그 짓을 회개하지 아니한다면 내가 너를 죽여 버릴 것이다.' 라는 소식을 여인이 들었다면 그 기분이 어떨까? 불쾌하고, 분통이 터지고, 힘이 빠지고, 다시 생각해 봐야 하겠구나, 할 것이다.

필자는 '예수 그리스도는 이렇게 기다리는 성도들에게 어떤 소식을 전하실까?' 라는 기본적인 질문을 출발점으로 삼아 일곱 천사 나팔 불기를 조명하려 한다. 이럴 때 왜? 하나님은 나팔을 불라고 명령하시는가? 나팔을 불라고 하신 하나님은 어떤 의도로 불라고 하셨을까? 하는 기본에 충실하여 일곱 천사 나팔 불기에 대하여 다시 깊이 생각해 보려고 한다.

필자는 하나님은 목적 없이 일하시는 분이 아니시다. 나팔을 부는 이유가 분명이 있을 것이다. 그 목적이 무엇일까? 그리고 하나님의 그 목적 때문에 이익집단과 피해 집단이 있을 것이다. 이익 집단은 나팔을 불 때마다 기뻐 환영할 것이고 그 반대로 피해 집단은 하나님의 나팔 소리가 듣기 싫어 결사항쟁하며 방해 책동할 것이다. 그 집단들이 무엇일까? 그리고 환영하는 집단은 왜 환영하는가? 반대자들은 왜 반대를 하는가? 반대는 무엇 때문에 반대를 하는가? 누가 그 반대자일까? 그 반대자는 어떤 행동을 할 것인가? 하는 의문을 가지고 일곱 나팔 불기 성경의 말씀을 자세히 주목해 보았다.

I 1-2절 : 하늘이 고요한 반시간

1절

"일곱째 인을 떼실 때에 하늘이 반시간쯤 고요하더니"

하늘이 왜 고요할까? 하늘이 무엇 때문에 고요할까? 왜 반시간동안 고요할까?

어느 사람은 폭풍 전야라고 한다. 하나님께서 큰 재앙들을 쏟아 붓기 위한 하나님의 침묵이란 것이다. 그러나 반시간은 30분이다. 필자는 1분을

1년으로 계산해 예수의 초림 후 30년간의 시간, 공생애 전의 시간으로 보고 싶다. 초림하신 구세주께서 세상에 계시는 30년 하늘은 고요하게 지켜보고 계셨을 것이다.

"하늘이 반시간쯤 고요하더라"

고요한 것은 하늘이다. 구원사역의 주체가 되시는 구세주가 이 세상에 오셨기 때문에 하늘은 고요했을 것이다. 그리고 구세주께서 30년 동안 이 세상에서 구원사역을 하셨기에 하늘은 조용히 지켜보았을 것이다. 구원사역을 완성하신 구세주께서 고요한 하늘로 가셨다.

승천하신 구세주께서 하늘로 가신 그때부터 무엇을 하셨을까? 다음 사역을 준비하셨을 것이다. 다음 사역은 무엇인가? 구세주는 가시면서 자기의 사람들에게 약속하셨다.

"갈릴리 사람들아 어찌하여 서서 하늘을 쳐다보느냐?
너희 가운데서 하늘로 올려지신 이 예수는
하늘로 가심을 본 그대로 오시리라. 하였느니라"(행1:11)

다시 오신다는 약속은 주께서 평소에 하신 말씀을 다시 확인시켜 주었다. 그러므로 주님은 다시 오실 준비를 하실 것이다. 다시 오실 준비는 무엇일까?

"내가 너희를 위하여 거처를 예비하러 가노니
가서 너희를 위하여 거처를 예비하면
내가 다시 와서 (*πάλιν ἔρχομαι*)

너희를 내게로 영접하여 나 있는 곳에

너희도 있게 하리라"(요14:2. 3)

주님은 우리 처소를 준비하려고 가셨다. 그러므로 처소를 준비하실 것이다. 부지런히 준비하실 것이다.

한편 약속을 받은 성도들은 이 땅위에서 주님 다시 오시길 기다리고 있다. 그 기다리는 성도들에게 보낸 편지가 이 요한계시록이다. 이 요한계시록의 핵심은 기다리는 성도들에게 속히 가겠다는 말씀이다. 그리고 주님은 환난가운데 초조하게 기다리는 성도들에게 무작정 기다리라고만 하시지 않았을 것이다. 주님과 성도들만이 알 수 있는 지혜로운 방법, 주님의 방법(마24:31)으로 위로하시기 위해 나팔로 카운트다운(countdown)하시기로 약속 하신 것이다.

"그들이 인자가 구름을 타고

능력과 큰 영광으로 오는 것을 보리라

인자가 큰 나팔 소리와 함께 천사들을 보내리니"(마24:30.31)

구세주는 구출해 주겠다고 약속한 사람들과 나팔로 암호(sign)를 정하셨다. 주님이 나팔 불 때 가리라고 하신 약속, 이 암호를 잃어버린 사람들은 나팔을 진노로 이해할 수 있을지 모르겠다.

Ⅱ 3-4절 : 향연이 올라가는 시대

한편 나팔 암호를 받은 성도들은 나팔 소리 나길 기다리고 있다. 그 기다리는 동안 구세주께서 그 기다리는 성도들에게 요한계시록 편지를 보내셨고 성도들은 주님께 기도로 현실과 고난을 보고하고 애원하며 주님 오시길 간청한다. 그 구세주와의 교통함을 구약시대 제물 드리는 구약예배의 형식을 빌어 표현한다.

> "또 다른 천사가 와서 제단 곁에 서서 금향로를 가지고
> 많은 향을 받았으니
> 이는 모든 성도의 기도와
> 합하여 보좌 앞 금 제단에 드리고자 함이라.
> 향연이 성도의 기도와 함께 천사의 손으로부터
> 하나님 앞으로 올라가는지라"(3. 4절)

향연과 함께 올라가는 성도의 기도는 귀한 대접을 받는다. 기도를 금향로에 담아서 금 제단 위에 올린다. 그 금제단 위에 올려진 금 향로의 기도를 하나님이 받으신다는 표현은 하나님께서 성도의 기도를 이렇게 금과 같은 보화로 보신다는 의미이다.

이 금 향로의 기도는 초대교회 성도들로부터 오늘을 사는 우리까지 포함한 그 모든 간구이며 계속 하늘로 올라가고 있다. 이 기도 제목은 무엇일까? 요한계시록을 기록한 사도 요한의 기도처럼 주의 재림을 소망하는 간구들이다.

> **"주 예수여 오시옵소서"**(22:20절)
> *ἔρχου κύριε Ἰησοῦ.*(에르쿠 퀴리에 예수)

이 간구를 들으신 주께서 응답하심을 나팔로 하신다. 그러므로 주의 재림에 대한 기도를 우리도 끊임없이 간구해야 한다. 주께서 말씀하시기를

내가 속히 오리라는 말씀을 하자 요한은 "주 예수여 오시옵소서." 하고 부르짖었다. 이 요한의 기도가 종말을 사는 우리의 기도가 되어야 한다.

III 5-6절 : 향로에 담긴 제단 불 쏟을 때

요한계시록의 기록은 하늘에 계신 주님과 땅에 사는 성도들 간에 행복한 교제가 이루어진 사랑의 산물이다. 향연과 함께 성도들의 기도가 올라가면 하늘에서는 주께서 그 기도에 응답하시는 아름다운 교제가 이루어지고 있다고 기록한다.

"천사가 향로를 가지고 제단의 불을 담아다가
땅에 쏟으매 우레와 음성과 번개와 지진이 나더라"

기도는 올라가고 응답은 내려오는 거룩한 교통이다. 이 교통은 '내가 너희 기도를 듣고 있다' 라는 하나님 방식의 대답이시다.

혹자는 우레는 진노의 응답이시고 음성은 축복과 은혜의 응답하심이며 번개는 공간에 응답을 보여 주신 표현이며 지진은 땅에 보여 주신 응답의 표현이라고 한다. 그러나 우리는 그렇게 4가지만으로 하나님의 응답의 방법들을 제한하고 규정할 것이 아니라 하나님의 다양한 그 모든 응답을 총칭하는 상징으로 봐야 할 것이다.

여기의 응답은 주님을 기다리는 신부들이 주님 오시길 애원함에 대하여 나팔로 응답하신다. 상징적 표현이다. 이 상징 후부터 나팔을 불기 시작하신다.

παρουσία. II
파루시아. 재림의 나팔 소리 들을 때

예수께서 부활하신 후 사도와 같이 모였을 때 사도들 중 누군가 선생님께 질문한다. 이스라엘을 회복하실 때가 지금 되지 않았습니까? 그럼 언제 회복하시렵니까? 그 때 주께서 대답하셨다.

> "때와 시기는 아버지께서 자기의 권한에 두셨으니
> 너희가 알 바 아니요"라고 답변하셨다.

이 대답의 의미는 '내가 다시 오는 그 날은 내가 정하는 것이 아니고 아버지 하나님께서 정하실 것이다.' 라는 의미다. 내가 오고 가는 것은 아버지의 권한이다. 그리고 그 권한을 가지신 아버지께서 나팔을 천사들에게 수여하셨다는 것은 아버지께서 예수의 제2차 파루시아의 때가 되었음을 아시고 강림을 허락하셨다는 의미가 있다.

그런즉 나팔 불기는 하나님의 때가 되었고 그리스도에게 강림하라는 하나님의 허락이 있었다는 큰 의미가 있다. 또한 천사들이 나팔을 수여받았다는 것은 예수님이 다시 오시기 위하여 준비하실 사역이 다 완료되었다는 의미이다.

> "가서 너희를 위하여 거처를 예비하면 내가 다시 와서

너희를 내게로 영접하여 나 있는 곳에 너희도 있게 하리라"(요14:3)

하나님께서 나팔 불도록 허락하심은 우리 거처를 다 준비하신 재림준비 완료라는 의미이다.

이제 명령을 받은 천사들이 온 세상에 울려 퍼지게 불기만 하면 된다..

"일곱 나팔을 가진 일곱 천사가 나팔 불기를 준비하더라"(6절)

그런데 왜? 천사들이 예수 그리스도 2차 오심의 나팔을 불 때마다 왜 환난이 일어나는가?

제 8 장 7-13절 | 사탄에게 얼마 남지 않은 때

왜? 천사들이 예수 그리스도 2차 오심의 나팔을 불 때마다 환난이 일어나는가?

이 질문에 대한 해결의 열쇠는 다음의 말씀이다.

"우리 형제들을 참소하던 자
곧 우리 하나님 앞에서 밤낮 참소하던 자가 쫓겨났으니
하늘과 그 가운데에 거하는 자들은 즐거워하라
그러나 땅과 바다는 화 있을진저
이는 마귀가 자기의 때가 얼마 남지 않은 줄을 알므로
크게 분내어 너희에게 내려갔음이라"(12:10, 12절)

마귀는 자기의 때를 안다. 얼마 남지 않은 것도 안다. 메시아가 다시 오실 날도 얼마 남지 않음을 안다. 메시아가 다시 오시면 마귀의 일당들은 유황불 못에 들어가게 될 것이다.

> "짐승이 잡히고
> 그 앞에서 표적을 행하던 거짓 선지자도 함께 잡혔으니
> 이 둘이 산채로 유황불 붙는 못에 던져지고"(19:20)

> "또 그들을 미혹하는 마귀가 불과 유황 못에 던져지니
> 거기는 그 짐승과 거짓 선지자도 있어
> 세세토록 밤낮 괴로움을 받으리라"(20:10)

마귀는 이런 자기의 절망적인 미래를 안다. 그 절망의 때는 예수 그리스도가 다시 오시는 날이란 것도 알고 있다. 그것들은 예수가 다시 오심을 알리는 나팔 소리가 들릴 때마다 하늘이 무너지고 땅이 꺼지는 것 같은 충격을 받을 것이다. 그것들은 나팔 소리에 당황할 것이며 조급할 것이며 더더욱 포악해질 것이 자명하다. 그 사악함은 예수 그리스도의 다시 오심을 방해 책동하며 훼방하기까지 미칠 것이다.

그 사악한 마귀들이 나팔 소리 날 때마다 어떻게 사악한 짓을 하는지 자세히 주목해 보라.

I 7절 : 땅에 불 지르는 사탄

"첫째 천사가 나팔을 부니(하나님의 명령을 받은 천사는 파루시아 암호의 나팔을 불었다.)

피 섞인 우박과 불이 나와서 땅에 쏟아지매
땅의 삼분의 일이 타버리고 각종 푸른 풀도 타 버렸더라"

첫째 천사가 나팔을 붊으로 일어난 현상은 "피 섞인 우박"과 "불"이 땅에 쏟아지는 것이었다. 그래서 간혹 종말론을 연구하는 이들은 우박은 하나님의 재앙이다. 특히 "피 섞인 우박"이 쏟아진 일은 하나님만이 내릴 수 있는 재앙이라고 한다. 그들은 우박이 언제, 어디서, 얼마나 쏟아지고, 피해는 어느 정도인지를 밝히는 연구에 몰두한다.

그들은 과거 역사 자료를 뒤적이다가 어느 한 곳에 큰 우박이 쏟아졌다는 기록을 찾으면 이를 요한계시록에 기록된 '첫째 나팔의 재앙' 즉 하나님이 땅에 진노를 퍼붓는 때라고 보고 그 날에 의미를 부여한다. 이렇게 우스꽝스러운 일이 종말론 자들의 업적 가운데 상당수 많이 있다. 이런 일들을 여기에 다 기록하려면 수백페이지가 될 것이다. 이런 관점의 기록들은 모두 요한계시록 해석에 별 도움이 안 되는 정보일 뿐이다.

또는 "범세계적 생태계 파괴 재앙이라"고 한다. 그들은 "3/1 파괴의 숫자를 문자적이고 과학적인 정확도로 가름하는 수치로 해석하기보다는 대략적인 현장감 있는 서술로 이해해야 한다." 라고 한다.

그러나 필자는 생태계의 파괴가 아니고 자연계에 내린 하나님의 재앙이 아니라 그리스도 2차 오심을 방해하는 사탄의 훼방으로 본다. 리스트(List)라는 신학자도 "타락한 천사가 피해를 입히고 있다."고 역설한다.

마귀는 그리스도가 다시 오심을 알리는 나팔 소리가 들릴 때마다 가슴이 무너지고 다리가 후들거리는 것 같은 충격을 받을 것이다. 그것들은 나팔 소리에 당황할 것이며 조급할 것이며 더더욱 포악해 질 것이다.

그 사악함은 예수 그리스도의 다시 오심을 방해 책동할 것이며 훼방을 주저함 없이 감행할 것이라고 예측한 대로 그 나팔 소리에 그는 화들짝 놀라며 화풀이를 땅에 하고 있다. "첫째 천사는 하나님의 명령 따라 단순히 재림의 나팔만 불었다." 재앙이나 천재지변이 일어나라고 부는 나팔이 아니라 주님이 재림하실 것이니 준비하라고 성도들에게 하신 사인이다.

그 소리에 놀란

> **"큰 붉은 용의 꼬리가**
> **하늘의 별 삼분의 일을 끌어다가 땅에 던지더라"**(12:4절)

그래서 땅이 삼분의 일이 피해를 입었다. (나팔 소리에)화가 난 붉은 용 사탄은 꼬리로 행패를 부렸다. 하늘의 별들을 끌어다가 땅에 던졌다. 그 행패 부리는 그 짓을 땅에 있는 사도 요한이 볼 때는 피 섞인 우박과 불이 나와서 땅에 쏟아지는 것으로 보였을 것이다. 우박은 별들을, 불은 붉은 용의 화를 상징적으로 표현한 것일 것이다.

예수님도 이와 비슷한 말씀을 하신 적이 있다. 70인 전도대가 기분이 좋아 돌아와서 주여 주의 이름이면 귀신들도 우리에게 항복하더라고 전도보고 할 때

> **"예수께서 이르시되**
> **사탄이 하늘로부터 번개같이 떨어지는 것을 내가 보았노라"**(눅10:18)

그러므로 땅에 피해를 준 것은 하나님의 재앙이나 진노가 아니라 마귀가 나팔 소리에 신경질이 나서 그 꼬리로 행패를 부린 짓이다.

그리고 또 하나님이 내린 재앙이나 진노가 아니고 이것들 즉 사탄의 졸개들이 행패를 부린 것이라는 증거는 있다.

땅에 쏟아지는 피 섞인 우박이 누구에게 피해를 입혔는가 말이다. 만약

하나님이 땅에 재앙을 내리셨다면 그 재앙 안에도 그분의 목적이 있을 것이다. 하나님의 목적은 공의의 심판이나 회개를 받아내기 위함이라고 한다. 그러나 우리 하나님은 사람을 죽이면서까지 회개를 원하시는 우매하신 분은 아니시다. 살려놓고 회개를 촉구하실 것이다.

성경 본문을 잘 살펴보자. 피해를 입은 것은 무엇인가?

7절

"땅의 삼분의 일이 타버리고
수목의 삼분의 일도 타버리고 각종 푸른 풀도 타 버렸더라"

피해를 입은 땅의 수목과 푸른 풀은 무엇을 의미하는가를 찾아보고자 한다. 9장 4절에서 우리는 하나님께서 푸른 풀과 수목을 갉아먹을 황충들에게 이렇게 언급하신다.

"그들에게 이르시되 땅의 풀이나 푸른 것이나
각종 수목은 해하지 말고
오직 이마에 하나님의 인침을 받지 아니한 사람들만 해하라"

제한하신 것이다. 메뚜기는 푸른 풀을 먹고 사는 곤충이다. 그런데 그 메뚜기에게 푸른 풀. 수목은 갉아먹지 말라고 말씀하신다.

그럼 땅에 풀과 푸른 풀과 각종 수목은 무엇이란 말인가? 그 해답은 하나님의 말씀 속에 포함되어 있다. 마귀의 졸개들을 상징하는 황충에게 하나님은 푸른 풀과 수목 같은 '하나님의 인침을 받은 자들' 은 갉아먹지 말고 하나님의 인침을 받지 않은 자들을 해하라는 말씀이다. 푸른 풀이 하나님의 인침 받은 자들을 상징하는데 하나님이 아무리 악하다 할지라도 인침 받은 사랑스런 자녀들에게 재앙을 내리시며 삼분의 일을 해치시겠는가?

생각해 보라. 분명히 하나님이 아니라 사탄의 짓이다. 피해를 입은 것은 하나님의 자녀들이다. 역사 속에서 사실 사탄은 하나님의 자녀들을 핍박하고 감옥에 감금하고 때리고 죽이고 있다.

그리고 사랑 많으신 하나님은 이렇게 말씀하신다.

"수목은 해하지 말고
오직 이마에
하나님의 인침을 받지 아니한 사람들만 해하라"

하나님은 다섯째 나팔 불 때(9:1)는 수목인 인침 받은 자들은 해하지 말라고 주문하셨다. 왜냐하면 그 때는 마귀들이 성도들을 전멸 시키려고 마귀의 졸개들을 총동원한 때이기 때문이다.

그러나 첫 번째 나팔 불 때는 성도들 삼분의 일 정도만의 피해를 입었다.

"땅의 삼분의 일이 타버리고
수목의 삼분의 일도 타버리고 각종 푸른 풀도 타 버렸더라"

사탄이 공권력이나 집단이나 심지어 하나님의 백성이라고 긍지를 가지고 사는 유대인들까지 충동질 시켜 성전에 불 지르고 파괴하며 성전을 짓밟는 것을 하게 했다.

"그 때에 사람들이 너희를 환난에 넘겨주겠으며 너희를 죽이리니 너희가 내 이름 때문에 모든 민족에게 미움을 받으리라. 그 때에 많은 사람이 실족하게 되어 서로 잡아 주고 서로 미워하겠으며 거짓 선지자가 많이 일어나 많은 사람을 미혹하겠으며 불법이 성하므로 많은 사람의 사랑이 식어지리라 그러나 끝까지 견디는 자는 구원을 얻으리라"(마24:9-13)

사탄은 그동안 각종 푸른 풀인 하나님의 인침을 받은 자들을 때리고 인격모독 하고 핍박하고 감옥에 가두고 사자의 밥으로 넣어주어 죽이는 사악한 짓을 얼마나 많이 했는지 그 수를 헤아릴 수가 없다.

그러나 성도들이여 안심하라 삼분의 일밖에 안 된다. 곧 적은 수라는 말씀이다. 모든 교회가 아니다. 모든 성도들이 아니다. 극소수의 피해를 입을 것이란 말씀이다. 우리는 이 말씀으로 위로를 받고 힘을 얻어 일어나야 한다. 어찌 이런 일을 하나님께서 하시는 진노라고 할 수가 있겠는가?

Ⅱ 8-9절 : 바다에 피 뿌리는 사탄

"둘째 천사가 나팔을 부니 (천사는 *παρουσία* 암호의 나팔만 불었을 뿐이다.)
불붙는 큰 산과 같은 것이 바다에 던져지매
바다의 삼분의 일이 피가 되고
바다 가운데 생명 가진 피조물들의 삼분의 일이 죽고
배들의 삼분의 일이 깨지더라"

둘째 천사가 나팔 불 때도 첫 번째와 비슷한 내용이다.

첫 나팔 때는 피 섞인 우박과 불이 땅에 쏟아졌다. 그런데 두 번째 나팔 때에는 불붙는 큰 산과 같은 것이 바다에 던져졌다.

어떤 이들은 바다의 불붙는 큰 산이라고 하는 말씀을 문자적으로 해석하려고 한다. 그래서 어느 바다에 화산이 터졌는가? 화산역사의 기록을 찾으려고 애를 쓴다. 생각해 보라.

그 넓은 바다 5대양 어디에서 화산이 폭발한다는 것인가? 그 화산 폭발로 사람이 삼분의 일이 죽고 배들이 삼분의 일이 깨어지는 사건이 언제 있었는가? 생각해 보라. 세월호 하나 뒤집히는 일도 저렇게 요란한 세상인데 배 3/1이 파괴될 정도의 위력을 가할 때 그 파워를 어떤 계측기로 측량할 수 있겠는가?

이 불붙는 큰 산과 같은 것도 상징적 표현이다. 자세히 본문을 보라 "불붙는 큰 산"(화산)이 아니라 "불붙는 큰 산과 같은 것"이다. 하늘에서 패하고 쫓겨 난 사탄의 꼴이 어떤 모습일까? 화가 나서 그 얼굴은 붉그락 푸르락 할 것이다. 화가 머리끝까지 치밀어 올라와 그 모습이 불붙은 산 같이 생겼을 것이다. 그러나 아무리 큰 용이라 해도 큰 산과 같을까? 붉은 용이 하늘에서 쫓겨날 당시 상황을 성경은 이렇게 계시한다.

> **"용이 이기지 못하여**
> **다시 하늘에서 그들이 있을 곳을 얻지 못한지라"**(12:8)

위 문장 중에 "하늘에서 그것들이 있을 곳"이라는 말은 붉은 용이 자기 하나만이 아니라 그 악당들 아지트가 자리 잡을 곳이 없었다는 말이다. 그렇게 아지트를 둘만한 곳이 하늘에 없어서 쫓겨난 것이다. 그래서 이 붉은 용의 아지트가 통째로 무저갱, 바다에 던져졌다는 의미이다. 그것들의 아지트를 불붙는 큰 산 같은 것으로 표현했다.

무저갱(ἄβυσσος아뷔소스)이란 말은 심연, 깊은 곳, 깊이를 잴 수 없는 바닷속을 의미한다. 그들의 아지트를 무저갱이라고 성경은 말한다.

이렇게 붉은 용이 쫓겨나 바다에 던져지고 아지트가 바다에 던져지는 충격으로 바다가 피해를 입게 되었다.

■ 9절

"바다의 삼분의 일이 피가 되고
바다 가운데 생명 가진 피조물들의 삼분의 일이 죽고
배들의 삼분의 일이 깨지더라"

바다는 문자적으로 해석할 것이 아니라 요한계시록 자체 안에서 설명한 열국과 무리와 백성과 방언들을 상징한다.(17:15) 그 사건으로 바다가 피의 바다가 되었다. 바닷물이 피가 된 것은 무엇을 상징하는가? 물은 생물들의 생명이며 보금자리다. 물은 생명가진 자들의 진리이다. 생물들은 이 진리의 물을 마시며 살아왔다.

우리의 영혼은 혼탁한 물을 마시면 죽는다. 그 때에 그 악당 사탄이 영혼들이 마시면 죽는 피바다를 만들었다는 상징적인 표현이다. 그리고 바다 가운데 생명 가진 피조물은 영원한 생명을 가진 성도들을 의미하며 그 성도들을 죽였다는 계시다. 그리고 배들은 구원의 방주인 교회들을 상징한다. 각처, 세계만방에 산재해 있는 교회들을 파괴하고 불로 태운다는 계시이다.

이렇게 하나님의 자녀들과 하나님의 교회가 큰 피해를 입는 재앙과 진노를 하나님이 회개하라고 내리시겠는가? 결코 하나님이 내린 재앙이 아니다. 원한 관계를 가지고 있는 사탄이 한 짓이다. 우리 하나님이 교회에게 성도에게 이런 끔찍한 일들을 했다라고 하는 일곱 나팔 불기가 하나님의 재앙이라는 학설은 도태 되어야 한다. 하나님의 명예회복을 위하여!

내 주는 강한 성이요 방패와 병기되시니
큰 환난에서 우리를 구하여 내시리로다
옛 원수 마귀는 이때도 힘을 써 모략과 권세로
무기를 삼으니 천하에 누가 당하랴
이 땅에 마귀 들끓어 우리를 삼키려 하나
겁내지 말고 섰거라 진리로 이기리로다
친척과 재물과 명예와 생명을 다 빼앗긴대도
진리는 살아서 그 나라 영원하리라(585장)

III 10-11절 : 물 샘에 쓴 쑥 뿌리는 사탄

첫 번째 천사가 나팔 불 때 훼방 자 마귀는 피 섞인 우박 같은 모양으로 나타나 미혹하였고, 두 번째 천사가 나팔 불 때는 미혹하는 마귀는 불붙는 큰 산과 같은 모양으로 등장했다. 이제 셋째 천사가 나팔 불 때 사탄은 어떤 모양과 비슷한가? 주목해 보기 바란다.

10절

"횃불같이 타는 큰 별이 하늘에서 떨어져"

사탄이 추락하는 모습이다. 붉은 용이 하늘에서 쫓겨나고 땅에 추락하는 모양새다. 이 마귀의 추락하는 모양이란 성경적 근거는 이렇게 말씀하신다.

"큰 용이 내쫓기니 옛 뱀 곧 마귀라고도 하고

사탄이라고도 하며 온 천하를 꾀는 자라
그가 땅으로 내쫓기니"(12:9)

성경은 이 용이 땅으로 쫓겨난 마귀들의 왕초라고 한다.

"그들에게 왕이 있으니 무저갱의 사자라"

둘째 천사가 나팔 불 때에 사탄의 아지트가 바다에 침몰되었다고 계시하셨다. 그래서 그 아지트의 이름이 무저갱이라고 한다. 곧 밑이 없는 바다로 깊이를 잴 수없는 바다라고 했다.

거기 아지트의 왕이 사자(ἄγγελος)앙겔로스/ 천사 또는 악한 영이다. 악한 영물이기에 잔꾀가 많다. 악한 영이기에 악한 짓만 골라서 한다. "이 별 이름은 쓴 쑥이라 고 한다.

이 마귀가 어디에 피해를 입히는가? 주목해 보라.

"강들의 삼분의 일과 여러 물 샘에 떨어지니"

강들과 물 샘에 떨어져 강물과 음용수를 오염시켜 쓰게 하였다. 마귀는 악한 영이라 잔꾀가 많다. 옛 뱀 마귀도 다시 작전을 짠 듯하다. 교회 몇 개를 파괴하고 성도들 몇 명을 감옥에 쳐 넣고 핍박을 가하고 죽인다고 한들 성도들의 신앙이 타락하거나 불안해하지 않고 교회는 늘어가고 성장하고 성도들은 진리위에 굳게 서서 흔들리지 않는 것을 보고 새로 작전을 세운 것 같다.

이번에는 하나님의 말씀인 진리의 샘을 쓰게 한다. 성도들이 무너지지 않는 것은 말씀위에 굳게 서 있기 때문임을 알았던 것이다. 그래서 성도들을 파괴시키려면 진리를 오염시키면 될 것을 안 것이다. 그래서 진리를 오염시키기 위해 강과 물 샘에 타격을 입힌다.

11절

"이 별 이름은 쓴 쑥이라
물의 삼분의 일이 쓴 쑥이 되매
그 물이 쓴 물이 되므로 많은 사람이 죽더라"

마귀가 굴을 쓴 쑥으로 쓰게 하였다. 음용수에 독약을 탄 것이다. 물 샘은 하나님의 말씀인 성경이다. 교회는 성경을 아침과 저녁으로 새벽부터 매일 매일 성경을 가르친다. 그리고 성도들은 스스로도 읽고 듣고 성경말씀으로 살아간다. 이런 성도들에게 영혼의 독약을 먹인 것이다. 물은 물인데 쓴물이다. 이 쓴 물을 마신 자는 영혼이 죽어간다. 성도들은 육체가 죽는 것보다 더 심각한 것은 영혼의 죽음이다. 영혼이 죽으면 세속화되고 세속화 된 영혼은 타락한다. 타락한 자는 육체까지도 피폐해 간다. 그들의 작전이 참으로 절묘하다.

오늘날 이단들이 그짓을 하고 있다. 최근 어느 이단은 정통교회 지도자를 세우는 신학교처럼 무료신학교를 시작하여 미혹했다. 그곳을 통하여 쓴물을 먹였고 쓴 물을 먹은 자들은 영혼이 죽고 그 죽은 영혼들이 또 다른 이들에게도 그 쓴물을 마시게 한다. 소경이 소경을 인도하게 하였다. 그 이단들이 가르치고 교육 할 이들로부터 영혼을 죽이게 한 것이다. 모르고 가만히 지켜만 보고 있던 정통교회는 큰 피해를 입고 난후에야 부랴부랴 방어를 하고 있다. 참으로 참담한 한국교회 현실이다.

Ⅳ 12절 : 광명 체를 어둡게 하는 사탄

세 번 째 천사가 나팔을 불 때까지는 마귀가 흉하고 추한 모습으로 나타나 성도들을 미혹하고 교회에 피해를 입히더니 이번에는 사탄의 모습은 안 보인다. 왜 안 보일까?

12절

"넷째 천사가 나팔을 부니
해 삼분의 일과 달 삼분의 일과 별들의 삼분의 일이
타격을 받아 그 삼분의 일이 어두워지니
낮 삼분의 일은 비추임이 없고 밤도 그러하더라"

마귀가 그동안 피섞인 우박, 불붙는 큰 산, 쓴 쑥으로 등장하였으나 이제 그것이 안 보인다. 왜 마귀를 상징하는 형체가 없을까? 마귀의 전략 중 하나라고 생각한다. 피해자는 있어도 가해자가 없는 꼴이다. 이제는 가해자가 자기들의 추함을 드러내기를 싫어하기도 하겠지만 자기들의 정체를 숨기려는 계략(신천지는 모략이라고 함)이다. 그것들이 악한 짓을 하고 오리발 내밀려는 심사다. 그것들은 세상에 이렇게 말할 것이다. '피해자 스스로 한 자해 행위' 라고 말이다.

넷째 천사가 나팔 불 때에 그 악한 마귀가 저지른 방해책동, 중상모략으로 피해를 입은 것은 교회와 성도만이 아니다. 광명 체들인 해와 달과 별들까지 피해를 입었다. 이것들이 빛을 잃은 것이다. 이 빛은 영광의 빛이다. 해는 하나님의 영광이요, 달은 교회의 영광이며 별들은 성도들의 영광이다.

생각해 보라. 지금의 현실을 바라보라. 세상 사람들 중 누가 최근 날뛰는 이단들이 참 교회가 아닌 것을 알겠는가? 정치권이나 언론이나 세상 사람들은 신천지나 정통교회나 모두 교회 인줄 안다. 그들은 정통교회 성도와 이단에 속한 자들까지 모두 교인들이라고 인식한다.

세상사람 어느 누가 이단이 섬기는 신이 사탄이고 적그리스도이고 거짓 선지자인 것을 누가 알겠는가? 세상 사람들은 구별을 못한다. 구별하려고 하지도 않는다. 이단이 섬기는 신이나 우리가 섬기는 여호와 하나님이나 똑같은 줄 알고 취급한다. 그래서 정통교회와 신천지 집단, 진짜 성도와 가짜교인. 신천지 안에 역사하는 영과 여호와 하나님이 보내신 예수의 영이 세속권 안에서 똑같이 취급당한다.

그리고 쓴 물을 마신 자들은 사탄의 사주를 받고 악을 뿌린다. 사회에 피해를 입힌다. 가정이 파괴된다. 자녀들이 가출한다. 유병언씨 처럼 경제와 사회에 암적 존재로 군림한다. 그러니 욕을 먹고 비난을 받는 것은 누구겠는가? 정통교회까지 피해를 입는다.

"왜? 교회가 저모양이냐?" "왜 목사가 저렇게 악하냐?"

목사로서 얼굴 들고 다닐 수가 없다. 부끄럽게 만들었다. 교회를 비난하게 만들었고 목사와 성도들을 비난하게 만들었다. 제일 심각한 것은 하나님의 영광까지 가리는 짓을 한다. 참으로 심각한 짓이다.

어린 성도들은 교회를 떠나고 이방인들은 전도를 거부하고 자기 가족에게 교회를 나가지 못하게 설득한다. 교회가 침체된다. 사탄은 이런 단맛을 보았다. 자기의 작전이 성공한 것을 알고 이제는 어떤 방법으로 도전할 것인가 주의 해 보라.

다섯째 천사가 나팔 불 때부터는 양상이 달라진다. 총공격을 감행할 것이다. 그것들의 아지트 무저갱의 문을 열고 귀신들의 졸개들을 총동원시켜 공격할 것이다.

V 13절 : 독수리의 즐거운 비명소리

다섯째 천사가 나팔 불기 전 본문 13절 계시는 하나님의 위트가 빛난다.

13절

"내가 또 보고 들으니
공중에 날아가는 독수가 큰 소리로 이르되
땅에 사는 자들에게 화, 화, 화가 있으리니
이제
세 천사들이 불어야 할 나팔 소리가 남아 있음이로다"

독수리가 외친 "화" "화" "화"란 말은 원어로 *οὐαί*(우아이)다. 독수리들이 *οὐαί*(우아이) *οὐαί*(우아이) *οὐαί*(우아이)라고 소리 내며 지나간다. 이 언어는 의성어로 부엉새가 자연스럽게 내는 소리 "부엉" "부엉" "부엉"하듯 독수리가 날아가며 내는 특유의 소리인데 그 소리를 듣는 요한에게는 *οὐαί*(우아이) 화, *οὐαί*(우아이) 화, *οὐαί*(우아이) 화라는 소리로 들린 것이다. 이것은 무엇을 의미하는가?

필자는 이 독수리의 외침을 주석하면서 예수님께서 이 땅에 사실 때 하신 말씀이 생각났다. 예수님은 말세에 대한 말씀을 하시다가 독수리 이야기를 하셨다.

"주검이 있는 곳에는 독수리들이 모일 것이니라"(마24:28)

그리고 또 요한계시록에 기록된 세상 끝날 심판 날에 있을 새들의 잔칫날을 기억하게 되었다.

1) 독수리의 외침과

2)예수님이 말세론에서의 예언과

3) 요한계시록의 세상 끝날 심판과 연관성을 찾은 것이다.

"한 천사가 태양 안에 서서
공중에 나는 새(시체를 즐기는 독수리)를 향하여
큰 음성으로 외쳐 이르되
와서 하나님의 큰 잔치에 모여…
모든 자의 살을 먹으라"(계19:17)

이 말씀과 독수리의 외침과 연관성을 찾아보자.

공중에 날아가는 독수리는 먹이 감을 위해 나른다. 독수리의 먹이감은 사체들이다. 독수리는 죽은 사체를 찾아 나르고 있다. 독수리가 반가운 소식을 들었다. "와서 하나님의 큰 잔치에 모여… 모든 자의 살을 먹으라." (계19:17) 먹이 감이 풍부한 잔칫날이 온다는 소식이다. 그래서 그 독수리들은 자기들끼리 주고받은 이야기로 '앞으로 우리 독수리들에게 사람들 죽은 시체로 풍성한 잔치가 열리겠구나.' 하며 기분 좋아 노래를 부르며 날아간다. "부엉" "부엉" "부엉" 했을지도 모른다. 그런데 독수리가 기분 좋아 노래 부르면 날아가는 소리를 사도 요한의 귀에는 *οὐαί*(우아이) 화, *οὐαί*(우아이) 화, *οὐαί*(우아이) 화라는 소리로 들린 것이다.

'무더운 여름날 우리 가족과 친구 목사님 가족과 함께 근교 시냇가로 캠핑을 간 추억이 있다. 그 때 냇가 위에 철길이 있는데 마침 몇 량의 화물칸을 달고 기차가 ' 칙칙폭폭 '하며 바람을 일으키며 시원스럽게 달려가고 있었다. 그런데 한편 날씨 때문일까 그 기차가 힘들어 보였다.

한 짐 가득 채워 실은 석탄은 무거워보였고 태양은 내리쬐고 새까만 옷을 겹겹이 껴입고 더위와 싸워 가며 달리는 기차는 지쳤는지 숨이 턱까지 차올라 푹-푹-찐-다-. 푹-푹-찐-다- 외치며, 헐떡이며, 땀을 뻘뻘 흘리며 가는 것같이 참 힘들게 보였다.

그 때 친구 목사님도 같은 생각 있었는지(교회의 어려움이 있어서인지) 우리 아이들 보고 ' 애들아 저 소리가 어떻게 들리니?' 하고 유머를 청하셨다. 그때 우리 아이들 중 하나가 '치기치기 놀자, 팍팍 뛰자, 며 달리는 데요' 하고 대답하자 그 목사님은 아니야. 넘 힘들고 지쳐서 '지쳐- 지지-쳐쳐-. 덥다 덥다. 푹-푹-찐다. 푹-푹-' 하며 간다고 하셔서 우리들은 유쾌하게 웃었다.'

그와 같이 독수리들이 날아가며 그것들 특유의 소리 "우아이" "우아이" "우아이"하고 낸 소리가 사도 요한의 귀에는 마치 화, 화, 화, 라는 소리로 들렸는지는 모르지만 독수리들은 기분 좋은 소리였을 것이다.

그러나 하나님은 요한 사도와 현대를 살아가는 우리와 세상 사람들에게 독수리를 보면 이 날을 생각하고 잊지 말라고 이렇게 재미있게 표현하셨을 것이다.

"땅에 사람들이여, 독수리의 잔치 날을 잊지 말라"

세상 끝 날은 하나님의 심판하시는 날이다. 심판의 날은 죽음의 날이다. 죽음의 날은 독수리에게는 잔칫날이다.

제 9 장 1-21절 | 사탄이 최후 발악 하는 때

우리는 지금까지 일곱 나팔 중에서 4번째 나팔까지 살펴보았다. 나팔은 예수 그리스도가 2차 강림 *παρουσία*(강림)을 알리는 소리이다. 예수 그리스도 2차 강림 *παρουσία*은 양면성이 있다. 하나님의 인침을 받은 집단은 환영하고 기뻐하지만 사탄의 집단은 유황불 못에 들어가는 날이요 멸망의 날이 되므로 환난의 날이요 고통의 날이다. 그러므로 사탄은 총력을 기우려 예수 그리스도의 강림을 저지하려고 행패를 부린다.

1. 그리스도가 다시 오신다고 첫 번째 나팔 불 때(8:7)는
   사탄은 불안하고 화가 나서 사탄은 땅에 불을 지르고 수목(성도)들을 태웠다.
2. 그리스도 2차 강림 *παρουσία*(파루시아 강림)의 나팔 불 때(8: 8.9)
   마귀는 바다에 피를 뿌려 생물들(성도들의 영혼)을 죽이고 배(구원의 방주 교회)를 파선시켰다.
3. 그리스도 2차 강림 *παρουσία*(강림)의 셋 번째 나팔 불 때(8:10-11절)
   사탄은 믈 샘 근원에 쓴 쑥을 뿌려 사람들의 영혼을 죽게 하였다.
4. 그리스도 2차 강림 *παρουσία*(강림)의 네 번째 나팔 불 때(8:12절)
   옛 뱀은 교회 상징인 해. 달. 별 광명체에 빛을 잃게 타격을 주어 어둡게 하였다.

이렇게 요한계시록은 처음 나팔부터 네 번째 천사가 나팔 불 때까지는 간략하게 기록하여 국지전 같은 감을 주었다. 사탄의 공격도 단조로워 삼분의 일 정도의 피해를 입혔으나 이제 다섯째 나팔부터는 양상이 달라진

다. 내용과 규모 면에서 얼마나 큰지 독수리가 날아가면서 다섯째 나팔 불 때(9:1-12)의 상황을 첫째 '화'라고 하고 여섯째 나팔 불 때(9:13-11:14)의 상황을 둘째 '화'라고 하였고 일곱 번째 천사가 나팔 때(11:15-20장 유황불 못에 들어가는 날 특히 19장 독수리 찬칫날)에는 셋째 '화'라고 선언하지 않았던가. 또한 성경 기록의 내용면에서도 첫 번째 나팔부터 넷째 나팔까지는 간결하게 요점만 설명한 반면 이제 다섯째 천사가 나팔 불 때부터는 자세하고 구체적으로 그 악당들의 포악성과 마귀의 본색을 여실히 들어나는 사건들이 발발하는 계시다. 특히 이 세 화는 성도와 교회에게 화가 아니라 사탄의 집단에게 3가지 큰 "화가 있으리로다."이다.

그 첫째 화에 대한 기록인 9장 1-12절까지 전반부는 마귀 졸개들을 상징하는 황충들 이야기다. 그것들이 출몰하는 다섯째 나팔 기록이요. 두 번째 화에 대한 기록인 13-21절까지 후반부는 마귀의 졸개 살인마들을 총동원시키는 여섯째 천사가 부는 나팔 기록이다. 그러므로 우리는 이 9장의 계시를 통하여 그동안 나팔 불 때마다 일어난 사건이 하나님의 진노나 재앙이 아니라 사악한 마귀가 부린 행패라는 것을 더 명확하게 알게 될 것이다.

I 1-12절 : 다섯째 천사가 나팔 불 때. 사탄의 최후의 발악. "아지트를 열어라"

필자는 다섯 번째 천사가 예수 그리스도 2차 강림의 나팔 불 때를 읽으면서 하나님의 놀라운 지혜에 경외를 표한다. 그 누가 감히 하나님의 전지(全知)에 도전하랴. 내 영혼아 하나님의 놀라운 지혜에 찬양하라.

1절

"다섯째 나팔 불매 내가 보니
하늘에서 땅에 떨어진 별 하나가 있는데"

하늘에서 땅에 떨어진 별은 세 번째 천사가 나팔 불 때 하늘에서 땅에 떨어진 큰 별과 동일한 별이다.(8:10) 이 별에 대하여 주경신학자들은 두 편으로 나누인다. 이 별이 천사라는 것은 같은 입장으로 동조하지만 이 천사가 하나님이 보낸 선한 천사라고 하는 이들(송태근)과 하늘에서 쫓겨난 악한 천사라고 하는 이들(김서택)이 있다.

만일 선한 천사라고 한다면 역사상의 큰 화가 세 개가 있는데 그 첫 번째 화는 하나님이 내리는 재앙이 될 것이요. 하나님이 마귀의 졸개들을 풀어서 세상을 혼란 가운데 빠뜨리는 중대한 오류를 범하는 주체가 되기 때문에 지지를 받기 어렵다. 필자는 하늘에서 떨어진 별 하나는 하늘에서 내쫓긴 붉은 용으로 이해하고 있다.(12:9)

"큰 용이 내 쫓기니 옛 뱀 곧 마귀라고도 하고
사탄이라고도 하며 온 천하를 꾀는 자라.
그가 땅으로 내쫓기니 그의 사자들도 그와 함께 내쫓기니라"

그러나 필자의 견해대로 악한 천사라고 한다면 한 가지 큰 의문이 생긴다. 이 문제를 풀어야 할 숙제가 제기된다. 사탄이 받은 무저갱의 열쇠는 하나님의 권한에 속한다.(20:1) 하나님이 그 위험천만한 열쇠를 사탄에게 왜 주었을까? 하는 의문이 있다.

"하늘에서 땅에 떨어진 별 하나가 있는데
그가 무저갱의 열쇠를 받았더라"

무저갱은 사악한 마귀들을 감금하는 곳이다. 하나님은 악한 짓을 하는 마귀들을 그 감옥에 감금 시키는 것 같다. 예수님이 거라사인의 지방으로 복음을 전하려고 가셨을 때에 거기에 군대 귀신 들린 사람을 만나셨다. 그 군대 귀신이 그 사람을 노예로 삼고 무덤 곁에서 살게 하고 군대의 막강한 힘으로 사람들에게 행패를 부리게 했다. 예수께서는 그 속에 든 귀신에게 '그 사람에게서 나오라' 고 명령하셨다. 그 때 귀신은 예수님께 다음과 같이 불쌍하다고 할 만큼 애절하게 애걸 한다.

"제발 무저갱으로 들어가라 하지 마시기를 간구하더니"(눅8:31절)

그래서 예수님은 무저갱보다 좀 나을지 모르지만 돼지 떼에게 들어가라고 하셨다. 무저갱에 마귀를 감금시키든지 풀어주든지 하는 권한은 하나님의 권한이다. 그 권한이 하나님께 있음을 요한계시록 20장 1-3절도 이를 뒷받침한다.

"천사가 무저갱의 열쇠와 큰 쇠사슬을 그의 손에 가지고
하늘로부터 내려와서 용을 잡으니
곧 옛 뱀이요 마귀요 사탄이라
잡아서 천 년 동안 결박하여 무저갱에 던져 넣어 잠그고…"

무저갱의 관리 감독권은 창조주 여호와 하나님의 권한이요 창조주께서 정하신 규정을 어기고 사악한 짓을 할 때 마귀들을 감옥과 같은 무저갱에

감금하셨던 것 같다. 혹자는 "이 세상에서 하나님의 진리가 가리워지게 되면 무저갱이 열리게 되는 것"이라고 하기도 하지만 열고 닫는 권한은 하나님의 권한이다.

문제는 왜? 하나님은 그 열쇠를 사탄에게 주었을까? 이 말씀은 어떻게 풀어야 하는가?

욥기서 첫 장에 하나님은 이 세상을 두루 다녀 온 사탄에게 질문하셨다.

"네가 내 종 욥을 주의 하여 보았느냐?
욥과 같이 온전하고 정직하여 하나님을 경외하며
악에서 떠난 자는 세상에 없느니라"(욥1:8)

이 질문에 사탄은 "욥이 까닭 없이 하나님을 경외하겠습니까? 하나님이 넘치도록 복을 주시니까 잘 섬기지, 그 소유물을 주께서 치시면 당장에 하나님을 욕할 것입니다." 그 이후에 그 사탄의 말에 하나님은 이렇게 말씀하셨다.

"여호와께서 사탄에게 이르시되
내가 그의 소유물을 다 네 손에 맡기노라"(1:12)

하나님은 사탄에게 욥의 소유물의 박탈권을 허용하셨다. 이 허용은 한시적이지만 그 허용으로 욥은 전 재산을 다 빼앗겼고 가족도 건강까지 빼앗겼다. 우리는 이 일에 대하여 왜? 하나님이 그 권한을 사탄에게 주셨을까? 의문을 제기하지 않는다. 그 다음 이어지는 욥기서의 하나님의 말씀들이 설명해 주기 때문이다.

오늘의 본문도 하나님께서 말씀으로 설명해 주셨으면 우리는 질문하지 않을 텐데 하는 아쉬움이 있다. 그것은 하나님의 목적한 바를 모르는 내 무지함이었다. 지혜로우신 하나님이 그 권한을 부여하므로 온 결과를 보고 필자는 하나님의 놀라운 지혜에 찬양한 것이다.

하늘에서 땅에 떨어진 별 하나는 붉은 용 사탄이다. 그 마귀들의 왕초 큰 붉은 용은 하나님과의 대결을 할 때마다 대패 하였다. 패배의 쓴 잔을 거듭 맛본 사탄의 왕초는 곰곰이 생각했을 것이다. 그 무저갱에 갇혀있는 자기의 졸개들을 끌어낸다면 승리할 것이고 그 막강한 힘으로 하나님의 자녀와 나라를 공격한다면 초토화 시킬 것이라고 생각했을 것이다. 그래서 사탄이 하나님께 항의를 했을 것이다.

'하나님 정정당당하게 싸웁시다.'
'여호와 당신은 당신의 천군천사들을 동원하여 나에게 대항하고 내 졸개들은 당신이 감금한 상태에서 나는 몇 군단도 안 되는 병력으로 싸우자는 것은 정정 당당한 정의가 아니지요.
그러므로 내 졸개들을 감금한 무저갱의 열쇠를 내게 주시오.
그리고 정정당당하게 싸웁시다.'

이 항의를 받아들인 여호와께서는 '다만 그의 몸에는 네 손을 대지 말지니라.' (욥1:12) 욥의 경우와 같이 '그럼 내가 한 가지 조건을 제시 할 것이니, 그것을 수용하면 열쇠를 주마' 라고 하셨을 것이다.

그 한 가지 조건은 네 졸개 귀신들, 황충이들이 무슨 짓을 해도 좋으나

"땅에 풀이나 푸른 것이나 각종 수목은 해하지 말고
오직 이마에 하나님의 인침을 받지 아니한 사람들만 해하라" (9:4)

이 한 가지 조건이다. 그는 수용하였고 협상은 성사되고 그 열쇠를 사탄에게 주었을 것이다. 그래서 그 "사탄은 여호와 앞에서 물러 나와 가니라."

(욥1:12) 그는 가자마자 무저갱을 열었다.

2절

"그가 무저갱을 여니
그 구멍에서 큰 화덕의 연기 같은 연기가 올라오매
해와 공기가 그 구멍의 연기로 말미암아 어두어지며"

그 무저갱에서 사탄의 무기중 하나인 연기와 함께 사탄의 군사들을 상징하는 황충이 무저갱에서 나와서 행패를 또 부린다.

그 훼방방법은 "연기가 올라오매 해와 공기가 어두워"진다. 사탄의 무기인 그 연기로 인하여 해와 공기가 그 기능을 상실했다는 말이다. 그러면 누가 피해를 입겠는가? 그것은 맑은 공기와 맑은 물과 햇빛 비치는 양지바른 곳을 필요로 하는 "땅에 푸른 풀이나 푸른 것이나 각종 수목"들이다. 이 사탄은 자기 무기인 연기로 햇빛을 가려 어둡고 컴컴한 식물들의 환경을 만들었다. 그는 오염된 공기로 식물들을 공격하였다. 이런 사탄의 공격을 받은 식물들이 어떻게 되겠는가? 큰 타격을 받았을 것이다.

우리 교회가 큰 나무 화분을 여러 개 강단에 올려놓았다. 너무 큰 나무라서 3-4명의 장정들이 들어야 옮길 수가 있어서 그 자리에 추운 겨울 내내 놓아두고 물도 주고 거름도 주고 잘 관리를 하였지만 나무 잎이 누렇게 변색되고 갈색으로 변하면서 떨어진다. 하나 둘씩 떨어져 앙상한 가지만 남고 새잎이 나오면서 오모라 들고 크질 않고 떨어진다. 그리고 나무가 차츰차츰 죽어가는 느낌이 들었다 그러다가 겨울이 지나고 따뜻한 봄에 밖에 내 놓으면 곧 살아나서 잎들이 싱싱하게 펴지고 새잎이 돋아나 나무가 건강한 모습으로 생기가 돋는 것을 보았다. 나무와 식물이 햇빛을 보지 못하면 이렇게 병든 것처럼 죽어간다.

이와 같이 사탄의 연기전술의 탁한 연기로 큰 타격을 받는 것은 땅의 푸른 풀이나 푸른 것이나 각종 수목들로서 이마에 하나님의 인침을 받은 자들이다. 하나님의 자녀들이 잎이 피어 성장하고 꽃이 피고 열매를 맺지 못하게 간악한 짓으로 고통을 주려고 한 것이다. 저 마귀의 공격으로 하나님의 자녀들은 성장 발육이 저하되고 오모라 든다. 성도가 병든 것 같이 파리해 가고 능력 없는 성도가 되어 시들시들 메말라 가게 될 것이다. 교회도 성장이 안 된다. 마귀는 새잎도 시들게 하여 개척교회들 문들을 닫게 만들고 있다. 마귀는 종합선물 세트처럼 연기와 황충을 동원시켜 교회와 성도를 파멸시키려 한다.

3절

"또 황충이 연기 가운데로부터 땅위에 나오매
그들이 땅에 있는 전갈의 권세와 같은 권세를 받았더라"

이번에는 황충이 전갈의 권세까지 소지하고 나왔다. 황충은 졸개 귀신들을 상징한다. 왜 황충으로 묘사했을까? 황충은 식물을 먹고 사는 곤충으로 땅의 푸른 풀이나 푸른 것이나 각종 수목을 초토화 시키는 병충해 재앙이다. 땅의 푸른 풀이나 푸른 것이나 각종 수목이 하나님의 자녀들을 상징하기 때문에 황충으로 묘사한 것이다.

황충, 이 황충이 무엇인가? 왜 마귀 졸개들이라고 하는가?

어떤이는 메뚜기 떼라고 한다. 맞는 말이다. 메뚜기다. 메뚜기 떼를 마귀의 졸개들의 상징적 표현으로 활용했다. 그러나 오늘 본문은 이 메뚜기 떼들이 귀신들이란 증거를 7절부터 11절까지 자세하게 확인시켜 주신다.

다음의 성경 말씀들은 황충이 귀신을 상징한다는 설명이다.

① 7절 "황충들의 모양은 전쟁을 위해 준비한 말들 같다."

이 말씀은 메뚜기들의 모양을 말한 것이 아니라 귀신의 본성을 고발하는 말씀이다. 메뚜기는 집단으로 피해를 줄 수는 있어도 각각 한 마리들은 사람들을 공격 할 만 한 조건을 갖추지 못했다. 그런 것들이 전투를 위하여 훈련받았다는 말과 같다. 이 말들은 자기의 배를 채우기 위해 먹이 감을 만났을 때는 날렵하고 포악하고 무자비할 것이다. 이러한 성격이 귀신들의 본성이다.

② 7절 "머리에 금 같은 관 비슷한 것 썼다."

이 말씀은 귀신들은 속임수의 명수라는 표현이다. 이것들이 쓴 금관의 금도 금이 아니라 금 같이 비슷한 것 가짜 금이란 말이다. 진짜가 아니라 비슷한 속임수다. 또 관도 '관 비슷한 것' 이다. 다 가짜란 말이다. 그러므로 사탄의 하수인들은 가짜들이다. 가짜 그리스도, 거짓 선지자들이 진짜인 것처럼 예수 믿는 체, 신령한 체, 진실한 체 거룩한 체, 기도 많이 하는 체, 봉사 많이 하는 체한다.

③ 7절 "그 얼굴은 사람의 얼굴 같고"

메뚜기과인 황충의 얼굴이 네모 번듯한 조폭 깍두기 같이 생긴 머리에 왕눈에 갉아 먹기 좋게 생긴 날카로운 이빨을 확대하여 보면 얼마나 무섭게 생겼는지 몸서리쳐 진다. 그런데 그 얼굴이 사람의 얼굴같이 성형하고 변장하였다. "나는 마귀가 아니오."하는 변장술이다. 겉 모양은 양이요 속은 이리들이라고 하신 예수님의 말씀과 같은 모양의 설명이다. 겉으론 사람 같으나 속은 열 뿔 달린 악한 짐승이다. 진리의 무사들인 체 하며 양들을 잡아먹는 짐승들이다.

④ 8절 "또 여자의 머리털 같은 머리털이 있고"

메뚜기는 대머리다. 여자의 머리는 긴 머리다. 여자의 머리로 천의 얼굴을 만든다. 성경의 독자들에게 귀신의 모양이 어떻게 생겼느냐고 질문하면 '여자가 하얀 소복단장하고 얼굴까지 하얗게 하고 입에 칼을 물고 피를 흘리며 여자의 긴 머리를 풀어 헤친 모습' 을 상상 할 것이다. 그 머리털만 보아도 '나는 귀신이다' 하는 듯하여 머리털이 없는 대머리 메뚜기가 직감적으로 귀신이라 생각을 들게 한 계시이다.

⑤ 8절 "그 이빨은 사자의 이빨 같으며"

이 모습은 귀신의 포악성을 상징하는 계시다. 사자는 그 모습으로도 두렵게 만들지만 그 입을 벌리고 이를 드러내며 으르렁거릴 때는 소름이 끼친다. 그리고 사자는 먹이 감 표적을 만나면 그 이빨로 낚아채고 물고 늘어지며 그 날카로운 이빨로 혐오스럽게 뜯어 먹는다. 이것이 귀신의 포악성을 상징하는 계시다.

⑥ 9절 "또 철 호심경 같은 호심경이 있고"

이 계시는 귀신들은 눈물도 인정사정도 없는 철면피라는 말씀이다. 호심경은 가슴을 감싸는 방패다. 이것으로 심장을 보호한다. 그래서 호심경은 가슴. 심장을 상징한다. 호심경이 철로 되었다. 그 귀신들의 심장은 철호심경 같이 굳어 있는 쇠 덩어리라는 의미다. 귀신은 철면피로 수치도 염치도 사랑도 긍휼도 없다는 계시다.

⑦ 9절 "그 날개의 소리는 병거와 많은 말들이 전쟁터로 달려 들어가는 소리 같으며"

이 말씀은 날개의 논리를 개진하려는 것이 아니라 날개의 소리를 가지고 귀신이라는 것을 설명하려는 하나님의 계시다. 즉 그것들의 소리는 듣기만 해도 소름이 끼친다. 멀리서 들려오기만 해도 몸서리쳐지는 소리라는 것이다. 생각해 보라 어느 소리가 가장 두렵고 떨리는가? 사람을 죽이려고 전쟁터로 달려가는 살육소리일 것이다. 그 소리가 귀신의 소리이다. 그 귀신의 소리가 얼마나 두려운지 달려가는 병거와 말들 소리처럼 위협감을 준다는 말씀이다.

⑧ 10절 "또 전갈과 같은 꼬리와 쏘는 살이 있어"

메뚜기는 몸통이 배와 날개뿐이지 꼬리는 뭉뚱하여 없고 날개가 꼬리처럼 보인다. 그런데 하나님의 계시는 그 꼬리가 독침을 가지고 있다는 것이다. 모든 생물들의 꼬리 중에서 가장 독한 꼬리는 전갈의 꼬리일 것이다. 에덴동산의 옛 뱀을 연상케 한다. 옛 뱀은 입이 있는 상체부분과 꼬리가 있는 하체 부분으로 구분한다면 옛 뱀은 입으로 꿀처럼 달콤하게 속삭이지만 꼬티인 끝 부분, 즉 결국은 독한 꼬리로 해치는 전갈 같은 옛 뱀이라는 상징이다. 마귀가 최초의 인간을 입으로는 유혹하고 꼬리로는 쏘아 죽인 것을 상징한다.

⑨ 11절 "그들에게 왕이 있으니 무저갱의 사자라."

이 계시는 이 메뚜기들이 무엇인가를 말씀하시는 암호다. 황충들, 귀신들의 왕초는 누구인가? 무저갱의 사자다. 무저갱은 마귀들의 아지트다. 무저갱 출신이라는 것. 소속이 무저갱이라는 말은 존재론적으로 마귀들이라는 것이다. 그리고 사자라는 말은 앙켈로스 (ἄγγελος) 천사다. 즉 영, 악마라는 의미다. 그 왕초가 영. 악마이면 그의 졸개들 황충들은 무엇인가? 곤충이 아니라 악마들의 졸개라는 계시다.

⑩ **11절 "그들에게 왕이 있으니 무저갱의 사자라.**

히브리어로는 그 이름이 아바돈이요.

헬라어로는 그 이름이 아볼루온이더라.

이 계시는 그 왕초의 이름이 귀신임을 증명한다는 말씀이다. 그 왕초의 이름은 히브리어로는 아바돈(אֲבַדּוֹן) 멸망. 파괴. 무덤이란 의미다. 헬라어로는 아볼루온(Ἀπολλύων)/ 파괴자라는 의미다. 그 황충들의 왕초가 파괴자. 멸망. 살인마라는 것이다.

이런 용어를 가진 영은 어떤 영이겠는가? 거룩한 성령이시겠는가? 자비로우신 여호와이시겠는가? 아니다. 그런 악독한 영은 악마다. 마귀 살인마다. 그 살인마의 졸개들이 황충이다.

그래서 사탄은 하나님의 자녀들을 초토화 시키려고 황충을 아지트에서 끄집어내어 온 세상에 살포하였다. 사탄은 하나님의 자녀들을 초토화 시키려고 작심한 것이다.

그러나 우리 하나님은 지혜로우신 창조주이시다.

"그들에게 이르시되
땅의 푸른 풀이나 푸른 것과 각종 수목은 해하지 말고
오직 이마에 하나님의 인침을 받지 아니한 사람들만 해하라 하시더라"(9:4)

창조주께서는 이 조건으로 허용하신 것이다. 창조주 하나님 지혜에 경외를 표하자. 그 악한 사탄이 노린 것은 황충처럼 푸른 풀과 수목을 완전 파멸 시키려는 목적이었을 것인데 하나님의 지혜로 그것들의 목적은 해프닝으로 끝났다. 마귀들의 정체성을 자세하게 계시하신 것이다.

그리고 하나님은 우리의 이해를 돕기 위하여 푸르른, 수목, 식물이란 말보다 식물이 상징하는 사람들이란 말을 더 많이 사용하셨다.

4절/ 사람들만 해하라.
5절/ 전갈이 사람을 쏠 때.
6절/ 사람들이 죽기를 구하고.
10절/ 사람들을 해하는 권세가 있더라

그러므로 황충이들이 식물을 괴롭게 했다는 말이 아니라 귀신들이 사람들을 괴롭혔다는 말씀이다.

다시 언급하지만 하나님이 천사에게 나팔을 불으라고 명령하시고 나팔을 불 때 마다 재앙을 내리신 것이 아니라 다섯째 천사가 나팔 불 때와 같이 마귀가 처음부터 계속하여 예수 그리스도께서 다시 오심을 방해하고 환난을 조장하는 것이다.

이제부터 통쾌하고 고소한 사건이 연출 될 것이다. 마귀의 졸개의 상징인 황충이들이 하나님의 인침을 받은 자들을 갉아 먹을 수 없으니 어떻게 하겠는가? 이제는 자기를 따르는 사람들, 하나님의 인침을 받지 않은 사람들만을 갉아먹고 뜯어먹고 전갈과 같은 침으로 쏘며 괴롭히게 하였다. 그 괴로움이 얼마나 심한지 "전갈이 사람을 쏠 때에 괴롭게 함과 같이"괴로운 일인데 마귀들이 자기에게 속한 사람들을 괴롭게 한다는 것이다.

그 귀신에게 사로잡힌 아들의 고통을 아버지는 토로한다.

"귀신이 어디서든지 그를 잡으면 갑자기 부르짖게도 하고
경련을 일으키며 거꾸러져 거품을 흘리며 이를 갈며
파리해지고 몹시 상하게 하고야 겨우 떠나가나이다"(눅9:39)

귀신에게 시달리는 아들을 본 아버지의 고백이다. 귀신에게 붙들리면 얼마나 괴로운지 죽기를 구하여도 죽지 못하고 죽고 싶도록 괴로운 것이다. 귀신들은 이런 고통으로 하나님의 인침 받지 않은 자들을 괴롭힌다.

우리가 주목하고 명심해야 할 것은 다섯 째 천사가 나팔 불 때에 헤아릴 수도 없을 만큼의 마귀들이 출몰할 것이라는 말씀이다. 주께서도 이렇게 말씀하셨다.

> "많은 사람들이 내 이름으로 와서 이르되
> 나는 그리스도라 하여 많은 사람을 미혹하리라.
> 그 때에 거짓 그리스도들과 거짓 선지자들이 일어나
> 큰 표적과 기사를 보여 할 수만 있으면 택하신 자들을 미혹하리라"
> (마24:5. 24)

지금이 얼마나 많은 적그리스도와 거짓 선지자들이 나타나는가? 대한민국을 보라 피가름 집단. 감람나무 신앙촌 집단. 귀신론 집단들. 십사만 사천의 집단들. 아버지 교회 집단들. 어머니교회들의 집단들. JMS집단들이 팽창하여 세계로 마수를 뻗치고 있다. 앞으로 무저갱에서 연기와 함께 계속하여 출몰할 것이다.

이것이 첫 번째 화, 사건이다.

이런 귀신 출몰 현상은 하나님의 재앙도 아니고 하나님이 내리신 진노가 아니다. 하늘에서 쫓겨나 땅에 떨어진 사탄이 그리스도께서 다시 오심을 방해하는 짓이다. 하나님은 도리어 행패 부리는 그것에게 "제발 인침 받은 내 백성들은 해하지 말라"고 사정하신 사랑이 풍성하신 하나님이시다.

다섯째 천사가 나팔을 불 때와 여섯째 천사가 나팔을 불 때의 차이점은 하나님께서 다섯 번째 천사가 나팔을 불 때는 우상숭배하고 귀신을 섬기는 자들을 죽이지는 않고 5개월 동안만 괴롭게만 하는 황충을 투입시키도록 허용하셨다는 것이고 여섯 번째 천사가 나팔을 불 때는 우상숭배하고 귀신을 섬기는 사람들을 죽이는 살인마들이 투입하는 것을 허용하셨다는 것이다.

하나님은 왜 그렇게 하셨을까?

Ⅱ 13-21절 : 여섯째 나팔 불 때 사탄의 최후 발악 "殺人魔를 풀어주라"

앞 장에서 언급한 귀신들의 왕초에 대하여 다시 말하거니와 그 왕초는 무저갱의 사자라고 했다. 무저갱은 마귀들의 감옥이며 아지트다.

11절

"그들에게 왕이 있으니 무저갱의 사자라.
히브리어로는 그 이름이 아바돈이요.
헬라어로는 그 이름이 아볼루온이더라"

그리고 무저갱의 '사자'라는 말은 앙겔로스 (ἄγγελος) 천사라는 단어이다. 즉 악한 영, 귀신. 악마라는 의미다. 또한 그 무저갱의 왕초의 이름은 히브리어로는 아바돈(אֲבַדּוֹן) 멸망. 파괴. 무덤이란 의미고 헬라어로는 아볼루온(Ἀπολλύων)/ 파괴자라는 의미다. 착한 성경의 독자들은 천사라는 말만 들으면 선하고 착하다는 생각만 한다. 그러나 지금 언급한 바와 같이 선한 천사만이 있는 것이 아니라 악한 천사들도 있다. 여섯째 천사가 나팔 불 때 네 천사가 거론된다. 우리는 이 네 천사들이 착한 천사인지 악한 천사, 하나님의 종인지 악마인지를 구분할 수 있어야 한다. 필자의 생각으로는 그들 “네 천사는 그 년 월 일 시에 이르러 사람 삼분의 일을 죽이기로 준비된 자들” 사람 삼분의 일을 죽이기 위하여 훈련받은 천사들이라고 한다. 그래서 필자는 그들을 살인마(殺人魔)라고 명명하고 싶다.

14절

“여섯째 천사가 나팔을 불매 한 음성이 나서
큰 강 유브라데에 결박한 네 천사를 놓아 주라.
네 천사가 놓였으니 그들은 그 년 월 일 시에 이르러
사람 삼분의 일을 죽이기로 준비된 자들이더라”

이제 우리는 여섯 째 천사가 나팔을 불 때 시대가 도래 되었다. 이 여섯째 천사가 나팔 불 때의 보여주신 계시의 범위가 어디까지 인가에 대한 논란이 있다. 혹자는 9장 13-21까지 라고 구분하며 10장과 11장은 막간 계시라고 하는 이들도 꽤 많다. 대한민국 보수 계통의 요한계시록 강해서 중에 어느 분은 “여섯째 나팔 재앙 후에는 자연히 일곱째 나팔이 나와야 정상인데 중간에 전혀 다른 이야기가 등장합니다. 우리가 계속 설명하다가, ‘내가 왜 이 말을 하느냐 하면……’ 이라고 말하는 것과 비슷합니다. ‘지금 설명하는 그리고 앞으로 설명하려는 것들이 너무 중요하다. 진짜 목적은 이것이다.’ 라고 강조하려는 의도입니다. 따라서 10장 1절부터 11장 14절까지가 그렇게 삽입된 내용으로 나팔 재앙의 내용이 아닙니다.”라고 해석한다.

그러나 요한 계시록은 다음과 같이 언급하고 있다.

“내가 또 보고 들으니

공중에 날아가는 독수가 큰 소리로 이르되
땅에 사는 자들에게 화, 화, 화가 있으리니
이제
세 천사들이 불어야 할 나팔 소리가 남아 있음이로다"

성경은 독수리가 화가 세 개가 있다고 선언 한 내용을 이렇게 구분한다. "세 천사들이 불어야 할 나팔 소리가 남아 있음"이라고 한다. 여기 세 천사의 나팔은 다섯째 천사가 나팔을 불 때가 첫 번째 '화' 라는 말씀이고 여섯 째 천사가 나팔 불 때가 두 번째 '화' 라는 의미이고 일곱 번째 나팔 불 때를 세 번째 '화' 에 속한다는 것이다. 이렇게 구분한다면 여섯 째 천사가 나팔 불 때의 두 번째 화는 어디서 어디까지인가 분명하게 선이 그어진다.

9장 12절 기록에 첫 번째 화가 지나갔다고 한다. 그리고 둘째 화는 11장 14절 말씀에 이렇게 기록하고 있다.

"둘 째 화는 지나갔으니 보라 셋째 화가 속히 이르는도다"

하나님은 이렇게 분명하게 언급하고 있어 여섯 번째 천사가 나팔을 불 때 일어난 사건의 영역은 9장 13절부터 11장 14절까지이다. 이 두 번째 '화' 즉 여섯째 천사가 나팔을 분 영역을 구분한다면 다음과 같이 분류할 수 있다.

(1) 9:13-21절 금 제단의 선언- 살인마(殺人魔)를 풀어줘라.
(2) 10:1-11절 힘센 천사의 외침- 일곱 우레 소리.
(3) 11:1-13절 두 증인의 증언- 구세주가 다시 오시리라.

(1) 여섯째 천사가 나팔 불 때 일어난 첫 번째 사건
9:13-21절 금제단의 선언- 살인마(殺人魔)을 풀어줘라

이제 그리스도 2차 오심을 알리는 나팔 중에서 여섯 번째 천사가 나팔을 불려고 한다. 사탄은 준비된 일곱 개의 나팔 중에서 여섯 번째 나팔소리가 울려 퍼지자 오금이 저리고 불안 해 한다. 왜냐하면 다음이 마지막 나팔이요 마지막 일곱 번째 천사가 나팔을 불면 그리스도가 강림하신다는 것을 알기 때문이다. 그리스도께서 다시 오시면 자기들을 유황불 못에 쳐 넣을 것이므로 두렵고 초조한 것이다. 초조한 그것들은 최후의 발악을 한다. 그래서 여섯 번째 나팔 불 때 일어나는 이 사건은 사탄이 그리스도 다시 오심을 방해 하는 짓 중에서 최후 최강의 방해 책동 사건이 될 것이다.

13절

"여섯 째 천사가 나팔 불매 내가 들으니
하나님 앞 금 제단 네 뿔에서 한 음성이 나서"

여섯 번째 천사가 나팔을 불자 한 음성이 들렸다. 그 음성은 누구의 음성일까? 그 성경 본문은 그 음성의 소재를 밝히는 방법이 점점 범위를 축소해가면서 말씀의 근원 지점을 말해 준다.

① "하나님 앞"

하나님 앞이란 4장에 나오는 하나님의 보좌 앞이라는 의미 일 것이다. 그 범위는 하나님 앞으로 광범위한 영역이지만 그 보좌에는 앉으신 이가 계시다.

"내가 곧 성령에 감동되었더니
하늘에 보좌를 베풀었고 그 보좌 위에 앉으신 이가 있는데"(4:2)

그리고 특별히 하나님 앞이 라고 말씀을 하신 이유는 하나님으로부터 라는 의미를 포함한다. 하나님으로부터 내린 결정이요 명령이요 응답이란 말이다.

② "금 제단"

모세가 하나님으로부터 받은 성전 설계도에는 제단이 두 개가 있다. 금 제단과 놋 제단이다. 성전 건물 안에 있은 것은 금 제단, 건물 밖에 있는 것은 놋 제단이다. 그리고 성전 건물은 지성소와 성소로 구분하는데 그 구분은 휘장으로 한다. 그 휘장 안에는 지성소로 하나님을 상징하는 언약궤가 있고 휘장 밖은 성소로 언약궤 바로 앞에 금으로 싼 분향 단이 있다. 이 향단은 성도들의 기도의 단으로 상징 한다. 이런 구도의 상징의 의미는 휘장 안에는 하나님이 계시고 바로 그 앞 휘장 밖에는 꿇어 엎드린 성도가 기도하는 형국이다. 휘장 밖에 엎드린 성도의 기도를 휘장 안에 계신 하나님께서 들으신다는 의미의 배열이다. 그래서 분향 단을 기도의 제단이라고 하며 그 분향 단에서 올리면 향연이 하나님께 올라간다는 것은 기도가 상달한다는 의미이다. 그리고 그 올라간 향연이 하나님의 응답으로 내려오는 응답은 음성. 번개. 우렛소리. 지진이 일어나기도 한다. 이렇게 성도가 하나님과 교제하는 제단이 금 제단이다. 이 금 제단은 기도의 제단이요. 그 기도는 하나님께 금과 같이 귀하다는 것을 상징하는 금으로 싼 제단이다.

요한계시록에서는 제단에 대하여 8회 사용하였는데 그 중에 금 제단은 3회 사용하였고. 놋 제단은 5회 기록되었다. 3회 사용하는 금 제단에 대한 기록은 모두 기도에 대한 계시들이다.

"그 두루마리를 취하시매 네 생물과 이십 사 장로들이
그 어린양 앞에 엎드려 각각 거문고와 향이 가득한
금 대접을 가졌으니 이 향은 성도의 기도들이라"(5:8)

"또 다른 천사가 와서 제단 곁에 서서 금향로를 가지고
많은 향을 받았으니 이는 모든 성도의 기도와 합하여 보좌 앞
금 제단에 드리고자 함이라"(8:3)

"여섯 째 천사가 나팔 불매 내가 들으니
하나님 앞 금 제단 네 뿔에서 한 음성이 나서"(9:13)

이 제단을 계시하실 때마다 금이란 말씀을 빠트리지도 않고 사용하셨다. 그만큼 성도의 기도는 금과 같이 귀하고 값어치 있는 보석이라는 것이다. 오늘 본문의 금 제단으로부터 들려온 말씀은 성도들의 기도의 응답으로 하나님이 주신 귀중한 은혜라는 것을 의미한다.

③ 네 뿔

그 다음 범위를 좀 더 좁혀서 금 제단에 있는 네 뿔이라고 명시한다. 금 제단이라고 계시만 하여도 우리는 그 제단이 기도의 향단이라는 것으로 이해 할 텐데 꼭 찍어서, 네 뿔에서 나는 음성이라고 계시하신다. 네 뿔을 강조한다. 이 네 뿔에 대하여 하나님은 모세에게 주신 구원의 설계도에서 이렇게 말씀하셨다.

"그 뿔을 그것과 이어지게 하고
제단 상면과 전후좌우 면과 뿔을 순금으로 싸고 주위에

금테를 두를지며"(출27:1)

이 뿔은 힘을 상징한다. 그 힘은 기도로부터 나오는 기도의 힘이다. 기도의 힘은 사람에게 있는 것이 아니라 기도의 힘은 하나님의 응답이고 그 응답은 능력이다.

그 능력 있는 음성은 어떤 내용인가?

14절

"나팔 가진 여섯째 천사에게 말하기를
큰 강 유브라데에 결박한 네 천사를 놓아 주라"

하나님의 응답의 말씀은 "큰 강 유브라데에 결박한 네 천사를 풀어주라"는 여섯째 나팔을 분 천사에게 하신 명령이다. 이 하나님의 명령은 그 동안 감금하였던 '살인마'를 풀어주라는 승리의 제왕적인 결단이다.

혹자는 말하기를 "네 천사를 놓아 주라는 것은 하나님의 심판을 위하여 예비한 천사를 놓아 주어 이제부터 본격적인 심판이 시작되었다"라고 한다. 그러나 이 명령은 창세 이후로 하나님께서 구상하고 계획하신대로 실행한「인류를 구출하라.」는 그 큰 프르젝트의 완성의 선언이라는 생각이다. 왜냐하면 이 네 천사에 대한 하나님의 특별 관리에 관한 말씀을 관찰해 보면 쉽게 이해가 가는 답이 있다.

하나님이 풀어주라는 네 천사들이 악한 살인마인데 그것들이 타락하게 된 원인에 대하여 유다서는 이렇게 정의하고 있다.

"자기 지위를 지키지 아니하고 자기 처소를 떠난 천사들을
큰 날의 심판까지 영원한 결박으로 흑암에 가두셨다"(유1:6)

그것들이 피조물인 자기의 분수를 모르고 창조주의 권위에 도전하는

악한 짓을 하였기에 감금되었던 것이다. 그 감금되어 있던 그것들은 풀어 주자 마자 그 악한 근성을 버리지 못하고 하나님의 권위와 하나님의 나라에 도전하기 위하여 군대들을 모집한다. 그 타락한 네 천사의 존재론적인 의미를 기록한 15절 말씀은 다음과 같다.

15절

"그들은 그 년 월 일 시에 이르러 사람 삼분의 일을
죽이기로 준비된 자들이더라"

혹자에게는 "살인마"라는 명칭이 달갑지 않을 수도 있다. 그러나 살인마라고 하는 악명 높은 히틀러도 그렇게 많은 사람을 죽이지는 않았다. 여기 네 살인마들은 사람을 얼마나 죽이는가? 계산해 보라.

세계 제2차 대전은 인류 역사상 가장 많은 인명 피해를 남긴 가장 파괴적인 전쟁이다. 특히 그 전쟁은 인간 청소라는 이유로 학살까지 하였다. 그 전쟁으로 약 9년 동안 전사자가 2500만 명이고 민간인 희생자도 약 3000 만 명 도합 5500만 명에 달한다. 그런데 그 네 살인마들은 얼마나 사람들을 죽이는가?

세계 인구가 한 시대에 60억명이라면 그 삼분의 일을 죽이는데 그 삼분의 일은 20억 명을 죽인다는 계산이 쉽게 나온다. 그런데 그들이 죽이는 인류는 한 세대가 아니다. 창세 이후 아담으로부터 노아 시대 이전 사람들과 예수 그리스도 다시 오시는 날까지 그 인구가 얼마나 될까? 역사가들이 지구에 인간이 산 때만 추측해도 줄여 잡아 2만년은 될 것이라고 추측한다. 이만년 동안 살다간 사람과 앞으로 태어날 인류를 합산한다면 얼마나 될까?

미국의 통계국(PRB)의 발표에 의하면 기원전 8천년 동안은 5백만 명 서

기 1년에 3억 명 살았고 현재 72억 명이 살고 있는 것을 토대로 산출한 인구는 1080억 명이라고 한다. 필자의 좁은 통계로는 1000억 명 이상으로 그 삼분의 일이 300억 명 이상이다. 300억 명이 그 살인마들이 죽일 사람들이다. 그렇게 많은 사람들을 죽이는데 그 것들이 살인마가 아니고 무엇이라고 하여야 하겠는가? 그리고 그 살인마들이 우리 하나님이 부리는 선한 천사라고 생각할 수 있는가? 그리고 우리 하나님이 이렇게 악한 일들을 계획하고 살해하는 악한 마귀들을 고용할 것 이라고 생각하는가? 절대 아니다 그럼 그들의 지배자는 무엇인가?

이 통탄하고 천인공노할 짓을 하게 하려고 무엇이 훈련시켜 대기 시켰을까? 우리 여호와 하나님이 하신 것이 아니다. 하나님의 사역은 죽이는 것이 아니라 「인류를 구출하라」는 것이다. 도리어 하나님은 그 사악한 손아귀에서 인류를 구출하시려고 그것들을 감금시키라고 명하셨다.

그 살인마들의 감금은 요한계시록 7장 하나님의 종들의 이마에 인치기 위하여 인치기 완료할 때까지 활동을 중단시켰다.

혹자는 네 천사를 하나님의 심판을 위하여 준비된 하나님의 선한 천사들이라고 한다. 그런 해석은 일곱 천사들이 부는 나팔이 하나님의 진노요 심판이라고 해석하는 그들이 만든 오해이다.

그 오해가 하나님을 살인자의 주모자로 만든다. 왜? 하나님을 살인의 주모자로 만드는가?

하나님의 명예 회복 선언

하나님은 살인마들을 키우거나 고용하지 않으셨고 인류를 구원하기 위하여 그 살인마들의 활동을 중지시키고 결박해 두셨던 분이다.

그럼 왜 하나님은 그들을 풀어주라고 명령하셨는가? 그들이 감금된 연유와 내용을 잘 모르고 단순히 14절의“큰 강 유브라데에 결박한 네 천사를 놓아 주라”라는 구절을 명령만으로 해석하기 때문이다. 이런 잘못된 해석으로 인하여 하나님이 수백억명의 사람들을 죽이는 주모자가 되는 오해를 낳을 수도 있다. 단지 하나님은 그것들의 활동을 재계하는 것을 허용했을 뿐이다.

① 그럼 이 네 천사들을 누가 준비한 자들인가?

그 살인마들은 하나님이 준비한 자들이 아니라 큰 붉은 용 사탄이 계획한 「세계 인류 멸망」작전에 쓰려고 훈련시켜 대기 시켜 논 살인마들이다. 그들의 구호는 “인류를 죽여라.” “세상을 파멸시켜라.”일 것이다. 그 살인마들은 7장의 ‘하나님의 인치기’ 즉 ‘하나님의 종들 구출 사역’에 피해를 입히려고 꾸려진 팀이다.

“또 내가 보매 다른 천사가 살아 계신 하나님의 인을 가지고
해 돋는 데로부터 올라와서
땅과 바다를 해롭게 할 권세를 받은 네 천사를”(7:2)

붉은 용 사탄은 네 살인마들을 훈련시켰고 또 해롭게 할 권세를 수여하였다.

“용이 짐승에게 권세를 주므로”(13:4)
“짐승은 권세를 받아 그 짐승의 우상에게 생기를 주어
그 짐승의 우상으로 말하게 하고 또 짐승의 우상에게
경배하지 아니하는 자는 몇이든지 다 죽이게 하더라”(13:15)

그것들이 사람 죽이는 권세를 받은 것은 하나님이 주신 것이 아니라 붉은 용 사탄이 이것들에게 주어서 하나님의 인치기 사역을 방해 하려했던 것이다. 그러나 하나님은 그 악함을 알고 인류 구원을 위하여 그들에게 명령하셨다.

> **"우리가 우리 하나님의 종들의 이마에 인치기까지**
> **땅이나 바다나 나무들을 해하지 말라"**(7:3)

하나님은 그것들이 나무들을 해하지 못하게(사람들을 죽이지 못하게) 하려고 결박해 놓았던 것이다.

② 그들은 본래 어떤 자들인가?

> **"그들은 그 년 월 일 시에 이르러 사람 삼분의 일을**
> **죽이기로 준비된 자들이더라"**(9:15)

그것들은 사람을 죽이기 위해 준비된 자들이었다. 사탄은 그것들을 훈련시켜 사람들을 죽이게 하려고 준비했던 자들이다. 이제 그 붉은 용으로부터 받은 인류 삼분의 일을 죽일 권세로 무차별 인류를 죽이려고 할 때 하나님은 하나님의 종들의 이마에 인치기 까지 중단하라고 하셨다. 하나님은 그것들의 활동을 제재하려고 결박하셨다. 그러나 하나님의 목적이 완료되어 이제는 그 결박을 풀어 주라고 하신 것뿐이다.

③ 하나님이 그것들을 어디에 결박해 두셨는가?

큰 강 유브라데에 결박해 두었다. 유브라데강은 어떤 강인가? 왜 하나님은 그것들을 결박한 장소로 유브라데강을 선택하셨을까? 유브라데강은 하나님이 주신 젖과 꿀이 흐르는 가나안 복지의 동북쪽의 경계이다. 강 건너에는 전쟁을 준비하고 있는 침략자들이 사는 땅이다. 그곳에는 바벨론, 앗수리아, 메데 파사라는 나라들이다.

그 나라들의 침략은 가난안 복지에 살고 있는 하나님의 백성들을 불행하게 만들고 약소국가로 만들었다. 그 침략하는 나라들 때문에 하나님의 백성들이 편안히 살 수가 없고 매년 농사를 경작하여 추수해 놓으면 쳐들어와 노략질 해 간다. 그래서 유브라데강가에 결박해 있는 네 살인마들은 그 나라들처럼 선택받은 하나님의 왕국을 침략할 자라는 의미가 주어졌다. 이 천사들은 선한 천사가 아니라 침략자들이라는 의미이다.

그리고 그 나라들이 침략을 할 때마다 방어하기 위해 전쟁에 동원된 아버지들과 젊은 남자들이 죽었다. 아버지들이 죽음으로 인구의 감소뿐만 아니라 아기씨를 지닌 남자들이 죽음으로 인구 생산 능력이 저하되었다. 그리고 그 침략자들은 여자들을 포로로 잡아가고 임신한 여자들의 배를 가르고 죽이므로 아이를 낳을 생산능력이 태부족하게 하여 한 세기 동안 저 출산으로 약소국가로 만들어 놓았다.

침략자들은 그렇게 하기를 수십 년 계속하므로 하나님의 백성들은 힘을 기르고 일어날 수 가 없었다. 유브라데 강 건너편에 있는 침략자들의 행패로 대국으로 가는 길이 항상 막히고 말았다. 하나님은 이러한 상황의 의미를 상징하기 위해 유브라데에 결박한 네 천사라고 말씀하신다. 이와 같이 사탄의 하수인 침략자 네 천사들이 하나님나라의 백성들을 낳고 만드는 인치기를 방해하려고 하였던 것이다. 하나님은 그런 사탄의 음모를 미리 차단하셨다는 것이다.

④ **하나님은 언제 이들을 결박해 두셨는가?**

6장 12절 여섯째 인을 떼실 때 일어난 일이다.

"다른 천사가 살아계신 하나님의 인을 가지고
해 돋는 데로부터 올라와서
땅과 바다를 해롭게 할 권세를 받은 네 천사를 향하여
큰 소리로 외쳐 이르되
우리가 우리 하나님의 종들의 이마에 인치기까지
땅이나 바다나 나무들을 해하지 말라 하더라"(7:2, 3)

혹자는 7장 1절은 네 천사의 소재지가 땅의 네 모퉁이에 두고 있고 본문 9장 14절은 네 천사의 소재지가 유브라데 강이므로 같은 천사라고 할 수 없다고 한다. 그러나 이는 그 의미하는 상징적 방법을 오해한 이론이다. 7장 1절의 네 모퉁이라고 표현한 의미는 하나님의 인침사역이 세계 모든 민족에게 실시될 일임으로 "땅 네 모퉁이"라고 표현하고 9장 14절의 유브라데강에 결박되었다는 의미는 이들이 살인마로 유브라데강 건너편에 있던 침략자과 같다는 상징적 표현방법일 뿐이다. 우리는 장소의 상징적 표현 때문에 그 네 천사가 다른 것이라고 볼 것이 아니라 그 네 천사들이 하는 사역과 존재론적인 이유로 동일함을 증명하여야 한다.

다시 한번 정리해 본다면

- 그 살인마들은 7장의 하나님의 인치기 구출 사역에 피해를 입히려고 꾸려진 팀이다.

  "또 내가 보매 다른 천사가 살아 계신 하나님의 인을 가지고 해 돋는 데로부터 올라와서 땅과 바다를 해롭게 할 권세를 받은 네 천사를" (7:2)

• 붉은 용 사탄은 네 살인마들에게 해롭게 할 권세를 수여하였다.

"용이 짐승에게 권세를 주므로"(13:4)

"짐승은 권세를 받아 그 짐승의 우상에게 생기를 주어
그 짐승의 우상으로 말하게 하고 또 짐승의 우상에게
경배하지 아니하는 자는 몇이든지 다 죽이게 하더라"(13:15)

그것들이 받은 사람 죽이는 권세는 하나님이 주신 것이 아니라 사탄이 그것들에게 주어서 하나님의 인치기 사역을 방해 책동 하려했던 것이다.

그러나 하나님은 그 악함을 알고 그들에게 명령하셨다.

"우리가 우리 하나님의 종들의 이마에 인치기까지
땅이나 바다나 나무들을 해하지 말라"(7:3)

하나님은 이것들이 나무들을 해하지 못하게(사람들을 죽이지 못하게) 하려고 결박해 놓은 것이다. 이 의도의 상징을 다음과 같이 표현한다. 그 살인마들은 사람을 상징하는 땅과 바다와 나무을 해하려고 태풍을 준비했다. 그 태풍을 불게 하려고 그 태풍을 손에 잡고 이제 막 놓으려는 순간 지엄하신 창조주로부터 해하지 말라는 명령을 받았다. 순간적이다. 막 태풍을 불게 하려고 바람을 붙잡고 있다가 받은 명이라 그대로 그 바람들을 붙잡고 있다.

"내가 네 천사가 땅 네 모퉁이에 선 것을 보니
땅의 사방의 바람을 붙잡아 바람으로 하여금
땅에나 바다에나 각종 나무에 불지 못하게 하더라"(7:1)

그 네 천사는 바람을 일으켜 나무의 열매를 맺지 못하게 하려는 수작이었다. 그러나 하나님은 그들의 악한 방법을 아시고 나무에 열매가 충실히 맺히도록 까지 그 바람을 불지 못하게 명령하셨던 것이다. 이는 인 치심으로 자기 백성들을 모으려는 하나님의 사역을 방해하려는 살인마들의 음모를 사전에 차단시키시는 하나님의 지혜로운 명령이다. 이것이 상징적으로 표현하였다. 하나님이 인치기 전에 그 살인마들의 활동을 차단하셨다.

그러면 그 시기는 언제일까? 인치기가 예수 그리스도 초림 후부터 라면 그 살인마들을 결박한 것도 그 때부터라고 해야 할 것이다. 그러나 구약의 성도들의 인침을 포함한다면 인간의 타락 이후부터라고 생각해야 할 것이다. 이것은 우리의 추측일 뿐이다. 성경은 그 살인마들의 결박 기간은 시작한 시간보다는 "우리가 우리 하나님의 종들의 이마에 인치기까지"라고 인침의 완료의 때만 기록하고 있다.

그리고 하나님이 인치는 기간까지라고 설정하셨으니 이제 그들을 풀어주고 바람을 불게 허락하셨다면 하나님의 인치심이 완료되었다는 의미이다. 인치기 위해 그 살인마들을 결박하도록 하신 하나님이 이제 그것들을 풀어주는 것에 허용은 인치기 승리의 선언을 의미한다. 그래서 필자는 서두에 기록한 바와 같이 하나님이 그동안 감금하였던 '살인마'를 풀어주라는 명령은 승리의 제왕적인 결단이라고 했다.

왜냐하면 그 동안 하나님은 인치기를 완료하셨기에 이제는 풀어줘도 하나님의 나라의 백성 구출이 그것들의 살인적 행위도 지장을 주지 못할 만큼 성공하셨다는 의미다. 또한 이 결단의 선언은 하나님의 구원 받을 백성을 이미 다 선정하고 만료했다는 선언이기도 하다.

혹자는 의문을 제기할 것이다.

20, 21절

"이 재앙에 죽지 않고 남은 사람들은 손으로 행한 일을 회개하지 아니하고 오히려 여러 귀신과 또는 보거나 듣거나 다니거나 하지 못하는 금, 은, 동과 목석의 우상에게 절하고 또 그 살인과 복술과 음행과 도둑질을 회개하지 아니하더라"

하나님은 이들을 회개시키려고 이만 만이나 되는 사탄을 풀어 놓았다고 하며 필자에게 하나님이 회개를 촉구하기 위해 재앙을 내리신 일이기에 인치기의 완료라고 보기가 어렵다고 이의를 제기할 수도 있다. 혹자의 해석이 힘을 얻을 수 있는 것은 본문에 '살아남은 자들은 회개하지 않았다' 라는 말씀이다. 그러나 한번 다시 생각해 보자

하나님이 회개케 하려고 내리신 재앙이며 진노라고 한다. 그러나 필자는 우리 하나님은 회개를 촉구하시기 위해 300억 명 이상을(북한의 공산당의 괴수가 공개처형을 하듯) 죽이시는 신은 한마디로 '우리 하나님은 아니다' 라고 하겠다. 우리 하나님은 다섯째 나팔 불 때와 같이 고통을 주면서 회개를 촉구하시기는 해도 "내가 죽이는 것을 보라 너희도 회개하지 아니하면 이렇게 처형을 하겠다."라는 신은 아니다. 그럼 이 말씀 "회개하지 아니하고"라는 의미는 무엇인가?

하나님은 이제 구원할 자들은 다 선택하셨고 그 남은 자들은 하나님이 유기한 자들이다. 그 유기된 지옥의 사람들만 남았기에 그들이 회개하기를 기다리시는 것이 아니라 그들은 이미 선택받지 못한 자들이라 회개할 수도 없다는 의미이다.

그들의 회개를 기다리신 때는 다섯째 천사가 나팔 불 때에 사탄의 손아귀에 들어간 사람들이 사탄으로부터 큰 고통을 당하게 허용하셨다. 그러

나 그 사탄에게 죽이지는 못하게 하고 다섯 달 동안만 괴롭게 하였다. 다섯 달의 제한된 기간을 회개할 기회를 주셨다. 그 때 그 고통에서 회개하기를 기다리셨다. 그러나 이제 여섯째 천사가 나팔을 불 때는 이미 인치기 완료하셨기에(7:1, 2) 사탄에게 너희들 마음대로 죽이든지 살리든지 하라고 그 사람들을 유기하셨고 허용하신 것이다.

여기 여섯째 천사가 분 나팔 때 일어난 살인마들의 살인사건은 하나님의 예정론적 선택과 유기로 해석하여야 이해할 수 있다. 그리고 사람의 죽음에 관한 성경적 정의는 '사망이란 생명 되신 하나님의 곁을 떠난 것이다.' 사망에 대한 종류가 세 가지가 있다. 기독교의 보편화된 교리이기에 간략하게 정의만 내리련다.

① 육체의 죽음

육체의 죽음은 생명의 주체가 되신 하나님께서 사람을 만드시고 불어넣으신 영이 떠나는 것이다. 곧 흙으로 만든 육체에게서 하나님이 생명의 객체로 주신 영혼이 떠나는 것이다.

② 영혼의 죽음

영혼의 죽음은 생명의 주체가 되시는 하나님을 떠난 것이다. 하나님을 떠난 영혼은 죽은 것이다.

③ 영원한 죽음

영원한 죽음은 인간이 생명과 기쁨의 근원이신 하나님과 완전히 분리되는 것이다. 예수 그리스도 다시 오심으로 이루어지는 인류 모두가 살아나지만 하나님과 함께 하나님의 나라에서 영원히 사는 자가 있고, 하나님의 곁을 떠나 지옥에서 영원히 고통 받는 자들이 있는데 이들이 영원히 죽은 것이다.

그러므로 여기 9장 13-21절의 말씀 속에 죽음은 전쟁이나 재난으로 죽는 육체의 죽음이 아니라 영원한 죽음이다. 어떤 전쟁이 이렇게 많은 사람을 죽일 수 있는 전쟁이 일어나겠는가?

이는 육체의 죽음이 아니라는 것이다. 육체의 죽음이 아니라는 해석이 힘을 얻는 것은 이만 만의 마병대의 말을 탄자와 말들의 빛이 증명해 준다. 그 이 만만 마병대의 빛을 살펴보라. 그들의 빛은 어떤 빛인가? 그리고 그들이 이 300억의 인류를 어디로 이끌고 가는가? 주목해 보라.

17절

"이같은 환상 가운데 그 말들과 그 위에 탄자들을 보니
불빛과 자주 빛과 유황빛 호심경이 있고"

말 탄 자의 호심경은 가슴에 부착하는 것으로 마음을 상징한다. 그들의 가슴은 마음이다. 그들의 마음은 사상이요 그들의 사상은 목적이다. 호심경은 그들의 목적을 의미한다. 그럼 그들이 추구하는 바가 무엇인가? 불빛과 자주 빛과 유황빛이다. 이 빛은 무엇을 상징하는가? 모든 학자들은 지옥의 빛이라고 한다. 불빛은 지옥의 불구덩이를 상징하는 빛이다. 유황빛은 지옥의 불구덩이의 땔감으로서 꺼지지 아니하며 강렬한 화력을 표현 한 것이다. 이 유황은 오래 오래 타는 영구적인 땔감이라는 의미가 있다. 자주 빛은 유황이 타는 빛과 불빛이 어우러져 활활 맹렬하게 타오를 때 띄는 빛이다. 곧 지옥의 불이 맹렬하다는 것을 상징한다. 그러므로 이 빛은 지옥의 빛이라고 한다. 그 말 탄 자들의 마음을 상징하는 호심경의 빛이다. 그렇다면 그 말탄 자들의 마음은 오직 그 많은 인류를 지옥으로 끌고 가려는 생각뿐이라는 것을 상징적으로 보여 준 것이다. 그들이 인류

를 지옥의 불구덩이로 끌고 가는 것이다. 이 죽음이 영원한 죽음이다.

그리고 말 탄 자들의 빛이 지옥을 상징한 빛과 함께 잘 어울리게 하는 것이 또 있다. 이만 만이나 되는 말들을 보라 그들의 입에서 뿜어 나오는 기운은 어떤 것인가? 그 입에서 나오는 기운으로 무엇을 하고 있는가?

17절

"또 말들의 머리는 사자 머리 같고
그 입에서는 불과 연기와 유황이 나오더라.
이 세 재앙 곧 자기들의 입에서 나오는 불과 연기와 유황으로
말미암아 사람 삼분의 일이 죽임을 당하니라"

그 이만 만이나 되는 말들의 입에서 나오는 기운은 불이다. 연기다. 유황이다. 그것들의 기운으로 사람을 죽인다는 것이다. 그 기운들이 상징하는 것은 무엇인가? 그 기운은 사람 죽이는 무기이다.

불로 모든 것을 다 살라버린다. 그 불 속에 살아남을 자가 어디 있으랴? 그리고 연기도 인간을 질식시킬 위력이 있다. 유황은 불의 위력 중에 가장 센 파워를 가졌을 것이다. 하나님은 요한 당시 사람들이 원자로를 알았더라면 원자로라고 계시 하셨을 것이다. 그 세 가지 모두 죽이는 힘이 있는 것들이다. 그것들 역시 지옥 불의 위력을 상징하는 표현이다.

요한계시록이 지시하는 종착지는 어디 인가? 그리스도의 그룹들은 영과 육이 그리스도와 함께 영원히 사는 것이요. 또 하나는 마귀를 따른 인간들이 그 마귀와 함께 영원히 꺼지지 않는 유황 불 못에서 고통 받는 것이라고 한다. 그것들은 하나님의 곁을 떠나 지옥 불에서 영원히 고통 받는 것이 영원한 죽음이다.

17절

"또 말들의 머리는 사자 머리 같고"

그 말들의 머리가 사자의 머리 같다고 한다. 사자의 머리는 "잔인하고 파괴적 성격을 시사한다(Beasley-Murray, Ladd)."라고 한다. 또는 "맹렬하고 잔혹하게 돌진하고 있는 흉악스런 모습을 드러내려는 것이다(Beale)."이라고 한다. 이 만만마리 말들의 모습을 그려보라. 그 말들의 머리를 몸서리쳐지는 사자 머리로 그려보라. 그 사자 머리를 흔들며 달리는 모습만 보아도 죽음이 몰려오는 것 같을 것이다. 사망이 달려드는 모습니다.

19절

"이 말들의 힘은 입과 꼬리에 있으니
꼬리는 뱀 같고 또 꼬리에 머리가 있어 이것으로 해하더라"

또 그 말들의 힘은 입과 꼬리에 있고 그 꼬리는 뱀 같다고 한다. 뱀은 무슨 짓을 했는가? 뱀은 에덴동산을 연상케 한다. 에덴의 뱀은 전 인류를 사망의 골짜기로 끌고 갔다. 그리고 그 사망의 심벌 뱀은 꼬리에 머리가 달린 괴물 뱀이다. 이는 그 머리를 강조하는 의미가 있다. 머리는 지혜 또는 권모술수를 상징한다. 뱀이 하와를 유혹하여 죽음으로 끌고 간 잔꾀를 말하려는 표현이다. 하와는 뱀의 아름다움을 보고 시각적 미혹이 된 것 아니다. 그리고 뱀의 감미로운 음색에 미혹된 것도 아니었다. 뱀은 '이 선악과를 먹는 날에는 하나님과 같이 눈이 밝아진다.'라고 하나님께 도전해 보라는 요상한 잔꾀로 속여 하와를 죽음으로 끌고 갔다.

그 군마들의 힘은 무엇인가? 군마의 힘이 입에서 나온다. 입에서 나오는 것은 미혹의 언어들이다. 그 미혹의 언어에 하와가 죽음에 넘겨졌다. 그 거짓말이 지옥으로 끌고 갈 만한 힘이라는 말이다. 그 힘이 막강하여 지옥불인 줄 알면서도 끌려간다. 그 말들의 능력에 거부할 수 없이 불가항력적으로 끌려가는 것이다. 그런 막강한 힘이 마귀들에게 있다. 그러므로 주님은 제자들에게 "시험에 들지 않게 늘 깨어 있어 기도하라."고 하셨다.

그 힘으로 인류를 어디로 이끌고 가는가? 그것들이 인류를 지옥의 불구덩이로 끌고 가는 것이다. 끌려간 곳이 죽음의 불구덩이요 그 곳이 영원한 죽음이라고 요한계시록은 말한다. 그리고 그 때는 여섯째 천사가 나팔 불고 난 후에 그 다음 일곱째 천사가 나팔 소리 내는 날은 주께서 다시 오시는 날이다.

그날에 그들은 그 곳에 들어가게 될 것이다. 여섯째 나팔은 죽음의 행진 나팔소리다. 그 행진의 맨 앞엔 붉은 용 사탄이요 그 다음은 공로자 네 마리 살인마요. 그 다음은 이만만의 저승사자들이 300억의 포로들을 끌고 가는 행진의 나팔이다.

네 살인마들이 사람 죽이기 위해 마병 대를 모았다. 이만만으로 자객 단을 조직했다. 그러면 이 갈만이란 그 마귀들은 몇 마리나 되는 숫자일까?

16절

"마병대의 수는 이만 만이니 내가 그들의 수를 들었노라"

이 마병대에 대하여 여러 학설이 있다. 혹자는 세계 3차 대전을 위해 준비된 군병들이라고 한다. 또 어떤 이는 현대전에서 대량 살상용 무기를 예언한 것이라고도 한다.

그럼 그 마병대는 얼마나 될까? 이만 만은 얼마를 상징하는가?

혹자는 이만 만의 계산은 20,000+20,000= 40,000이라고 하기도 하고 또는 20,000×20,000= 4억이라고도 한다. 이렇게 계산하는 것은 숫자적으로 수학적인 옳은 계산일지 모르나 이만 만이란 말은 인간으로 셀 수 없는 수를 말할 것이다.

어떤 이는 2억의 마병대 숫자는 그 당시 어느 나라도 또 유사 이래 어느 민족도 보유하지 못한 규모라고 한다. 그러므로 이 마병대는 육체의 전쟁이 아니라 영적 전쟁의 상징성이 있다. 그리고 이 상징은 본문의 내용을 살펴 보건데 마병대는 마귀들로 구성된 전쟁광분자들이요 또는 살인마들의 자객 단이다.

성경은 가끔 그렇게 사용하였다.

어린 다윗이 하나님의 능력으로 골리앗을 죽이고 수많은 군사를 물리치고 블레셋으로부터 나라를 구출하였을 때 여인들이 이스라엘 모든 성읍에서 노래하며 춤추며 소고와 경쇠를 가지고 환영하러 나올 때 부른 민요의 노랫말이다.

"사울이 죽인 자는 천천이요 다윗이 죽인 자는 만만이로다"(삼상18:7)

이 환영의 민요 속에 있는 천천만만은 얼마일까? 그들이 부른 천천과 만만은 헤아릴 수 없는 숫자를 의미한다. 사울은 자기에게 천천이요. 다윗에게 만만이라고 한 것 때문에 평생토록 다윗을 죽이려고 했다. 그런데 살인적인 자객단의 수는 이만만이다.

또 사도 요한은 하늘의 천사들의 수를 말할 때에

"보좌와 생물들과 장로들을둘러선 많은 천사의 음성이 있으니

그 수가 만만이요 천천이라"(5:12)

사도는 그 수를 헤아릴 수 없을 때에 쓰는 말로 천천만만이라고 하였다. 그리고 구약의 미가 선지자도 강물의 많음을 표현할 때 6장 7절에서 천천만만이라고 표현했다.

"여호와께서 천천의 숫양이나 만만의 강물 같은 기름을 기뻐하실까"

강물을 숫자로 표현할 수 있겠는가? 천천 만만은 표현할 수 없는 숫자다. 그리고 이 표현은 천천 만만은 일천천 일만만을 말하는 표현인데 발음하기 쉽게 '일' 자를 빼고 천천, 만만이라고 한 것이다. 그래서 그 수보다 더 많은 수를 일만 만보다 더 큰 수로 이만 만이라고 한다. 이만 만은 한량없이 많은 더 큰 효과를 나타내는 불가항적인 숫자를 의미한다. 사도의 표현으로는 내가 보고 들은 마병대의 수는 인간의 수로는 다 표현할 수 없는 숫자라는 의미이다.

16절

"마병대의 수는 이만 만이니 내가 그들의 수를 들었노라"

한가지 더 우리가 주목해 보아야 할 것은 왜 그 수를 여기에 기록했을까? 그 마병대의 숫자가 많다는 것 외에 '주목해 보라' 는 의미가 또 있다. 적의 군마가 그렇게 많은 것을 주지해 보라는 것이다. 마귀의 힘을 가소롭게 여기지 말라는 경고성 계시다. '천천' '만만' '억억' 의 살인마귀들이 너희 생명을 노리고 있다 조심하라 '는 말씀이다. 그리고 필자는 이 시점에서 다시 한번 더 하나님의 명예 회복을 위한 제언을 하고 싶다.

하나님이 이렇게 헤아릴 수 없이 많은 마귀의 졸개들을 동원하여 세계 인류 삼분의 일인 300억 명쯤을 죽이면서 회개하길 원하시는 분이라고 해야 할까? 우리 하나님이 그런 끔찍한 일을 계획하셨다면 세상의 모든 사람들은 그 신을 좋으신 하나님이라고 할까? 살인마의 우두머리 신이라고 할까? 어떤 신이라고 생각하겠는가?

필자는 나의 하나님이 그런 분이라고 생각조차 하기 싫다. 우리 하나님은 절대로 그런 살인마적인 포악한 신이 아니시다. 그런 하나님이라고 해석을 하기 때문에 요한계시록이 공갈 협박 공포의 책처럼 여겨진다. 그래서 성도들이 무서워 요한계시록 읽기를 꺼리고 사역자들은 강단에서 요한계시록으로 위로하고 힘을 주어야 하는데 그런 공포와 두려움의 해석 때문에 전하기를 즐겨하지 않는 것이다. 필자는 그런 하나님에 대한 잘못된 이미지를 긍휼과 자비와 그리고 참고 기다리시며 꺼져 가는 심지도 끄지 않으시는 사랑의 하나님으로 바꾸길 원한다.

어떤 이들이 "일곱 인 떼기가 진노요 일곱 나팔 불기도 재앙을 내리시는 하나님이라"고 해석하고 있다. 그런 해석은 하나님이 일곱 번 진노를 내리며 회개하라. 또 일곱 번 더 해서 열네 번 재앙을 퍼부으면서 회개하라. 거기에 일곱 번 더 21번째 재앙까지 큰 대접으로 재앙을 내리면서 회개하라는 하나님이라는 식이다. 필자는 하나님의 명예가 요한계시록의 해석의 지면에서 이처럼 실추된 하나님의 명예를 회복하길 원한다.

제 10 장 1-11절 | 복음 먹고 재투입 되는 병사들

(2) 여섯 번째 천사가 나팔 불 때 일어난 두 번째 사건 10:1-11절 힘센 천사의 외침

이제 여섯 번째 나팔 불 때 일어난 사건 중에서 두 번째 이야기다. 바로 앞에 사건에 이어서 계속 되는 문장이다. 하나님께서는 하나님의 인침 받은 자들은 해하지 않는 조건이므로 살인마들 석방을 허용한 것이다. 그 결과 이 살인마들이 죽인 자들은 귀신 섬기는 자와 우상섬기면서 하나님께 돌아서지 아니하는 자들이다. 하나님 섬기지 않고 귀신을 섬기는 자들에게 내린 사탄의 자충수 재앙이다. 사탄은 하늘에서 하나님에게 빰 맞고 땅에 거하는 하나님의 자녀들에게 분풀이 하려던 작전이었는데 이번 작전도 실패한 것이다.

그 반면에 예수의 진영은 그 악당들의 살상 행위는 허용되지 않았으나 그 적들의 방해와 분풀이는 계속될 것이다. 황제숭배는 배후에서 역사하는 사탄의 힘으로 더욱 극렬하게 성도들과 교회를 탄압하는 제왕이 될 것이다. 따르지 아니하는 자는 죽이기까지 할 수 있는 파워를 가졌다. 그들이 갖은 권세는 앞에 기술한 바와 같이 자유 박탈권(自由剝奪權)(13:16절), 경제 박탈권(經濟剝奪權)(13:17절), 생명 박탈권(生命剝奪權)(13:15절)까지 장악하고 도전할 것이다. "그 짐승의 우상에게 경배하지 아니하는 자 몇 명이든지 죽일 수 있는 권세"를 가지고 있다.

그들은 막강한 권세를 지상에 살고 있는 교회와 성도들에게 핍박을 가할 수 있는 수단으로 지금까지 휘둘러 많은 선지 사도들을 협박을 가했다. 많은 교회에 불을 질렀고 파괴를 서슴치 않았다. 주의 사역자들과 성도들은 많은 매를 맞기도 하였고 감옥에 감금되기도 하였으며 재산을 다 빼앗기기도 하였고 죽임 당하기도 하였다.

성도들의 믿음을 위협하는 우상에게 경배하게 하려는 폭력은 계속 될 것이다. 이런 영적전쟁은 주님 재림 하실 때까지 불가피하게 치열할 것이다. 그러므로 예수의 진영은 만반의 준비를 하고 대처하여야 할 것이다. 이 치열한 전쟁을 지원하기 위하여 하늘의 본부에서 힘센 천사를 보내셨다. 힘이 없는 보통 천사가 아니라 싸움에서 이길 힘이 있는 천사를 보내셨다. 이 힘센 천사는 우리 예수의 진영의 성도들에게 승리하도록 작전 지시 내지 격려와 힘을 주고자 왔다.

"마귀들과 싸울지라 죄악 벗은 형제여
담대하게 싸울지라 저기 악한 적병과
심판 날과 멸망의 날
네가 섰는 눈앞에 곧 다가 오리라"
"마귀들과 싸울지라 죄악 벗은 형제여
고함치는 무리들은 흉한 마귀 아닌가
구주 예수 그리스도 크신 팔을 벌리고
너를 도와주시려고 서서 기다리시니
주 예수 붙들라"
"영광 영광 할렐루야 영광 영광 할렐루야
곧 승리하리라" 아멘

어떤 사람들은 10장과 11장은 여섯 째 나팔 재앙이 끝난 후 하나님께서 일곱 번째 재앙을 내리시기 전에 약간의 시간이 있을 때,(별로 중요하지 않은 듯) 막간에 엑스트라 쇼처럼 보여준 계시이든지 사도 요한이 의도적으로 이 계시를 여기에 기록했다고 하기도 한다.

그러나 이 부분은 대단히 중요한 계시이다. 이 계시는 막간 계시도 아니다. 중요한 요점을 다시 설명하는 이야기도 아니다. 자투리 이야기도 아니다. 이 계시는 예수님의 초림부터 재림 때까지 살아갈 성도들에게 주시는 복음이요 사명이다.

여섯 번째 천사가 나팔을 불므로 적들 진영에 살인마들의 활동이 있었다면 하나님의 진영에서는 그 적들에 대항하기 위한 작전으로 힘센 천사를 보내 활동하게 하신 것으로 앞 문장과 이 문장이 연결되어 연속적으로 여섯 번째 나팔 불 때 일어난 사건이다.

그러므로 이 힘센 천사의 계시는 이 세상 수천수만의 전 세계 모든 교회와 2000년간 예수 믿다 살다간 사람들과 지금 살아서 예수 믿는 수억의 성도들에게 사명을 주신 계시이다. 시시한 막간의 쇼가 아니다. 2000년간의 모든 성도들은 얼마나 될까 상상하지 못할 수다. 이단이 주장하는 144,000명쯤 되는 시시한 수가 아니라 "각 나라와 족속과 백성과 방언에서 아무도 능히 셀 수 없는 큰 무리"들에게 주신 주님의 사명이 이 부분에 계시되었다.

이 힘센 천사가 우리 교회에게 주신 사명은 무엇인가?

– 예수의 재림을 예언하라! – 는 특명이다.

■ 11절

"그가(힘센 다른 천사/ 만왕의 왕의 모습이라고 함)
내게 (사도요한/ 이 계시를 읽는 모든 성도들에게)
말하기를 네가 많은 백성과 나라와 방언과 임금에게
다시(초림 때처럼 재림에 대하여) 예언하여야 하리라"

요한계시록 1장부터 22장까지 어느 장이 귀하지 아니하겠는가?

필자는 스스로에게 질문했다.

"우리의 간절한 기대는 무엇인가? 요한계시록 속에서 우리가 찾고자 하는 내용은 무엇인가?"

이 질문은 사도들의 질문과 같은 질문이다. 2000년을 지나오면서 모든 성도들이 한결같이 찾고 또 찾는 질문이다. 사도들이 3년을 예수님에게 배우고 십자가의 보혈과 사망권세 이기신 부활의 현장을 목격한 제자들이었지만 "주의 나라를 회복하심이 이 때니이까?"라고 질문한다. 주님 다시 오신다는 약속을 하셨는데 "지금이 그 때입니까?" 주님 다시 오시는 날을 알고 싶은 것이 우리 2000년간의 모든 성도들의 질문이다. 수천억의 성도들이 한결같이 질문하는 그 확실한 대답과 신뢰를 이 10장에서 주시기 때문에 10장이 제일 귀한 장이라 하겠다. 이 성도들의 질문이 요한계시록의 총 주제라고 해도 괜찮다. 요한계시록의 총 주제는 예수 다시 오심이다. 언제 오시나? 어떻게 오시나? 오실 때 어떤 일들이 일어날까? 라는 질문에 대한 하나님의 답변을 듣고 싶다. 그 하나님의 답변이 10장에 고스란히 집합되어 있다.

그 해답을 얻길 원한다면 10장의 말씀의 전제(前提 premise)를 "재림"(파루시아 *παρουσία*)으로 생각하고 살펴보라. 그러면 본문 말씀이 난해하지 아니하고 짜깁기로 인한 막힘이 아니라 문맥의 흐름이 부드럽게 이해가 될 것이다.

그리고 필자는 이 10장을 상고하면서 『7팔 재림론』을 주창(主唱)한다. 『7팔 재림론』이란 말은 일곱 번째(마지막) 천사가 나팔 불 때 예수 그리스도께서 재림하신다고 주장(主張)하는 학설이다. 필자가 이 학설을 주창하는 근거는 10장에서 해답을 얻었다. (이 해석들이 그대, 독자의 마음에 합당하지 아니하고 다른 생각이라고 날(김천기), 이단처럼 보시지 말기 바란다.)

I 1-4절 : 최후의 메시지-1 "인봉하고 기록하지 말라"

1-4절

"내가 또 보니 힘 센 다른 천사가 구름을 입고 하늘에서 내려오는데 그 머리 위에 무지개가 있고 그 얼굴은 해 같고 그 발은 불기둥 같으며 그 손에는 펴 놓인 작은 두루마리를 들고 그 오른 발은 바다를 밟고 왼 발은 땅을 밟고 사자가 부르짖는 것 같이 큰 소리로 외치니 그가 외칠 때에 일곱 우레가 그 소리를 내어 말하더라. 일곱 우레가 말할 때에 내가 기록하려고 하다가 곧 들으니 하늘에서 소리가 나서 말하기를 일곱 우레가 말한 것을 인봉하고 기록하지 말라 하더라"

이 10장 본문에 대하여 학계는 여러 가지 문제로 의견이 제기된 논쟁점들을 살펴본다.

1. 첫 번째, 여기 등장한 힘센 천사가 누구일까?
2. 두 번째, 힘센 천사가 외친 일곱 우레 소리의 메시지는 어떤 내용일까?
3. 세 번째, 힘센 천사가 들고 나온 작은 두루마리는 어떤 내용일까?

1. 첫 번째 논쟁에서 여기 등장한 힘센 천사가 누구일까?

대체적으로 천사장이란 의견과 예수 그리스도라고 하는 의견으로 압축되어 있다. 오늘 본문에 등장한 천사의 모습을 보면 우리는 직감적으로 예수님의 모습과 흡사하다고 느끼게 된다.

1) "힘 센 다른 천사가 구름을 입고 하늘에서 내려오는데"라는 표현은

사도행전1장에 주님이 승천하실 때 구름 타고 올라가신 일을 연상하게 한다.

2) "그 머리 위에 무지개가 있고"라는 모습은 "보좌에 앉으신 이의 모양이…무지개가 있어"(4:3)라는 표현과 흡사하고
3) "그 얼굴은 해 같고"는 "그 얼굴은 해가 힘 있게 비치는 것 같더라"(1:16)와 비슷하고
4) "그 발은 불기둥 같으며"는 "그의 발은 풀무 불에 단련한 빛난 주석 같고"(1:15)와 비슷하고
5) "사자가 부르짖는 것 같이 큰 소리"같은 큰 음성은 "많은 물소리"와 흡사하다.

이렇게 비슷한 점이 많기 때문에 주님이시다. 혹은 주님이 누군가를 대신 보냈음을 의미한다고 해석한다. 그러나 성경 어느 곳에 이처럼 주님 닮은 모습으로 누군가 나타난 적이 어디에 있는지 말해보라. 주님은 재림하시기 전 능력의 메시아의 형상으로 다른(다른 천사와 전혀 같지 않은) 힘센 천사의 별칭으로 나타나 사도 요한에게 보이셨다. 다만 이 분이 메시아가 아니라고 하는 이들은 성경 어디에 예수가 천사라고 말하였나 보라는 것이다. 그러나 구약시대에 나타난 성자 하나님을 무엇으로 표현하였는가를 생각해 보라. 다음은 이스라엘 자손들에게 나타나신 성자에 대한 기록이다.

"여호와의 사자(מַלְאַךְ יְהוָה)가
길갈에서부터 보김으로 올라와 말하되…
여호와의 사자(מַלְאַךְ יְהוָה)가
이스라엘 모든 자손에게 이 말씀을 이르매

백성이 소리를 높여 운지라
그러므로 그 곳을 이름하여 보김이라 하고
그들이 거기서 여호와께 제사를 드렸더라" (삿2:1, 4)

구약시대는 성자 하나님을 여호와의 사자 (מַלְאַךְ יְהוָה)아도나이 말라크 라고 하지 아니 하였는가? 이와 같이 이 힘센 천사의 모습은 다시 강림하실 전능의 왕의 모습으로 보여 주신 것이라고 이해하게 하신다.

1) 무지개는 주님이 승천하시면서 "내가 다시 오리라."고 하신 약속을 이루신다는 표현이며
2) 구름을 입고(타고) 하늘에서 내려오는데 라는 표현은 승천의 모습과 같이 구름 타고 다시 오시는 재림의 주님을 표현하고 있다.
3) "그의 불기둥 같은 오른 발은 바다를 밟고 왼 발은 땅을 밟고"라는 형상은 바다에서 올라온 열 뿔 짐승(가짜 그리스도)를 짓밟고 땅에서 올라온 두 뿔 짐승(거짓 선지자)들의 그 출현 지를 장악하고 그것들 위에 서서 장악한 승리자의 모습이다.
4) 그의 음성을 들어보라. "사자(만왕의 왕 상징)가 부르짖는(명령. 선포) 것 같고 그가 외칠 때 일곱 우레가 그 소리를 내어 말하더라". 그가 온 세상을 호령하는 만왕의 왕의 음성이라고 믿어지지 아니 하는가? 그분은 재림하실 만왕의 왕 예수 우리 주님이시다.

2. 두 번째 논쟁은 '인봉하고 기록하지 말라'는 하나님 비밀은 무엇일까? 하는 논쟁이다.

4절

"일곱 우레가 말할 때에 내가 기록하려고 하다가 곧 들으니

하늘에서 소리가 나서 말하기를 일곱 우레가 말한 것을 인봉하고 기록하지 말라 하더라."

는 신학계에서는 일곱 우레의 말은 무엇일까? 하는 논쟁이다.

어떤 이는 "시편 29편에 우레 소리가 '여호와의 소리'로 일곱 번 언급한다 그래서 우레 소리는 여호와의 크심과 위엄을 선포하며 '그의 성전에서 그의 모든 것들이 말하기를 영광이라 하는도다.'라고 말하게 하는 것이라"고 한다.

또 어떤이는 "그리스도인들이 세상에 대한 하나님의 경고가 얼마나 많은지 알면 별로 좋지 않을 것이다. 그렇지 않으면 그들은 복음 전도의 의무를 단념할지도 모른다." 그래서 누설하지 말라는 것이라고 한다. 이들이 이렇게 해석하는 이유는 일곱 우레가 하나님의 진노의 호령이라고 생각하는 마음에서부터 온 해석이기 때문이다. 또 어떤 이는 이것은 메시아의 비밀(Messianic secret)로써 '말해도 무슨 뜻인지 모르는' 아직 때가 이르지 않은 것이라고 한다.

이렇게 여러 가지로 추측하여 논쟁 하지만 필자가 생각건대 인류가 하나님의 비밀을 다 안다는 것은 교만이요 불가능한 일이라고 하지만 오직 하나님은 인류가 꼭 알아야 할 것은 비밀로 간직하였다가 주의 사역자들을 통하여 계시하신다.(하나님에 대하여 모르는 비밀도 더 많지만) 그래서 기독교는 계시의 종교이다.

"그 뜻의 비밀을 우리에게 알리신 것이요"

또는

"영광의 아버지께서 지혜와 계시의 영(성령)을 너희에게 주사 하나님을 알게 하시고"(엡1:9.17)

하나님은 창세전부터 비밀로 간직하신 구원의 비밀들을 성령 하나님을 통하여 계시하시고 가르쳐 주셨다. 그러나 이것만은 비밀로 하자고 말씀하신 것이 있다.

> **"주께서 이스라엘 나라를 회복하심이 이 때니이까 하니 이르시되 때와 시기는 아버지께서 자기의 권한에 두셨으니 너희가 알 바 아니요"**(행1:7)

필자가 이해하기에 메시아의 비밀(Messianic secret)은 우리가 알 수 없는, 온전히 주께 속한 '회복'의 날이다. 사도들은 민족적, 역사적 이스라엘의 회복을 통해 성취될 하나님의 나라를 기대했다. 그러나 주께서는 이스라엘을 회복하는 날이 하나님의 나라가 임하는 날로 대답하신다. 주의 나라가 임하는 날은 주께서 다시 강림하시는 날이다. 주께서 강림하시는 이 날이 메시아의 비밀(Messianic secret)이다.

11:15절

"일곱째 천사가 나팔을 불매 하늘에 큰 음성들이 나서
이르되 세상 나라가 우리 주와 그의 그리스도의 나라가 되어
그가 세세토록 왕 노릇 하시리로다"

이와 같이 세상 나라가 우리 주와 그의 그리스도의 나라가 되는 것이 하나님 회복하심이고 하나님의 나라 회복은 주께서 2차 강림하심으로 이루어지는 주의 재림에 대한 날짜가 메시아의 비밀(Messianic secret)이다. 그래서 사도들이 이스라엘 나라 회복을 질문할 때 주님은 비밀이라고 대답하셨다.

"그 날과 그 때는 아무도 모르나니
하늘에 있는 천사들도 아들도 모르고
아버지만 아시느니라"(막13:32)

이 마음이 주님의 마음이다. 하나님의 권위와 인격을 존귀히 하시고 하나님의 권한을 월권하지 아니하시는 주님의 마음이다. 이 마음을 토대로 오늘 본문을 이해하도록 해야 한다. 왜냐하면 오늘 본문 일곱 우레의 말씀이 사도행전 1장 7절과 8절을 연상케 하기 때문이다. 그 때도 너희는 때와 시기 알려고 하지 말고 성령을 받고 땅 끝까지 이르러 내 증인이 되라는 명령을 하셨다.

① 때와 시기를 알려고 하지 말라.
② 때와 시기는 하나님이 정하고 이루시는 하나님의 권한이다.
③ 너희가 할 일은 먼저 성령 받는 것이다.
④ 그 다음 할 일은 세상 끝까지 복음 전하는 것이다.

이런 패턴이다. 그런데 오늘 본문 말씀에 일곱 우레의 말씀이 이와 같은 맥락이다.

① 이것을 알려고 하지 말라.

요한 사도는 주의 강림하실 날을 알고 싶음이 평소의 가장 큰 관심으로 기다리고 있던 터라 그 일곱 우레가 주의 강림하실 날을 외침으로 그 날짜를 기록하려고 한 것이다. 그 때 하늘에서 '인봉하고 기록하지 말라' 고 명령하신다.

인봉하고 기록하지 말라는 그 명령은 사도행전에서 주께서 사도들에게 하신 말씀과 같이 너희 알바 아니라는 의미이다.

② 이것은 하나님의 권한이다.

인봉하고 기록하지 말라는 이유는 이 날짜에 관하여는 하나님의 소관으로 하나님이 정하시고 하나님이 적당한 때 실행하실 것이니 너희는 너무 깊은 관심 갖고 집착 하지 말고 덮어 두라고 하신 것 일게다.

예수 재림의 날짜를 알게 되면 세상은 대 혼란이 오고 사회는 마비가 될 것이다. 특히 기독교인들은 재림 준비한다고 모든 것 재림 준비에 올인하고 흰옷을 입고 교회에 모여서 기도와 찬송만 하고 있을 것이다.

한 종파의 지도자인 인간 교황이 한국에 온다고 법석이다. 25년만에 온다고 많은 사람들의 마음들이 설레며 들떠 있는데 창조주 하나님의 아들 만왕의 왕께서 2000년 만에 오신다면 어떤 소동들이 벌어질까? 상상할 수 없는 일이 일어날 것이다. 교황은 며칠 체류하다 가버리는데 만왕의 왕은 우리와 함께 살고 우리에게 천국모도로 바꿔 주시고 완성된 인간으로 품위를 격상시켜 주시려 오실 때 천지가 진동하도록 군중들은 찬양하게 될 것이다. 이렇게 될 날을 언제라고 미리 알게 된다면 어떤 현상들이 일어날 것이라고 독자께서는 상상해 보셨나요? 그러기에 그 날과 그 시는 하나님의 비밀로 남겨두신 것이다.

③ 오직 너희가 힘쓸 일은 성령부터 받으라.

너희가 이 날짜에 대한 깊은 관심보다 먼저 할 일은 '성령 받으라.'는 사도행전에서 주님의 말씀과 같이 오늘 하늘에서 하신 명령도 그와 같은 의미로 말씀하신다. 회복의 날짜보다 먼저 두루마리를 받으라고 하셨다.

8절

"하늘에서 나서 내게 들리던 음성이"
내게 말하여 이르되
네가 가서 바다와 땅을 밟고 서 있는 천사의 손에
펴 놓인 두루마리를 가지라.(그 후에 천사는 먹으라)"

이 하늘의 말씀 후 곧 이어서 두루마리를 손에 잡고 있던 힘센 천사는 두루마리를 주면서 먹으라고 하셨다.

10절

"내가 천사에게 나아가 작은 두루마리를 달라 한즉
천사가 이르되 갖다 먹어 버리라
네 배에는 쓰나 네 입에는 꿀 같이 달리라"

이 내용도 사도행전의 성령을 받으라고 하신 주님의 말씀과 같다.

④ 그 다음 할 일은 세상 끝까지 다시 복음 전파하라.

그 두루마리를 먹은 요한에게 힘센 천사는 다음과 같이 명령하신다.

11절

"네가 많은 백성과 나라와 방언과 임금에게
다시 예언하여야 하리라"

이 말씀도 사도행전에서 주께서 부탁하신 성령 받고 그 능력으로 땅 끝까지 내 증인이 되라는 패턴의 말씀과 같다. 이렇게 볼 때 이 비밀은 하나님의 권한인 때와 시기에 관한 일로 예수 그리스도 다시 오시는 날을 암시한다고 하겠다.

그리고 요한은 그 일곱 우레의 소리를 분명히 들었다.

"일곱 우레가 말할 때에 내가 기록하려고 하다가 곧 들으니…"

요한 사도는 지금까지 자기가 보고 들은 모든 계시를 기록하였다. 그 계시들을 기록해서 이렇게 우리가 보고 읽고 하는데 이 일곱 우레의 말에 대하여는 특별히 '내가 기록하려고' 했다는 것이다. 새삼스레 여기에서 이 말 내가 기록하려고 했다는 것을 쓴 이유는 '사도가 들었다는 사실의 강조이다.' '분명히 들었다.' '그 내용을 안다.' '그래서 기록하려고 한 것이다.' '너무 감격스러워 기록하려고 했을 것' 이고 '너무 중요한 말씀이라' '잊어버리면 절대로 안 될 말씀이라' '잊어버릴까봐' '기록하려 했다' 는 것이다. 얼마나 중요하기에 절대로 잊어버려서는 안 될 말씀이라 기록하려고 했다고 하는 걸까?

그동안 다른 계시들도 들었고 보았다. 듣고 볼 때마다 그저 그냥 평소처럼 자연스럽게 기록했다. 그런데 이 일곱 우레 소리는 너무 분명하고 크고 명확하고 자기 마음에 기다리던 소원의 대답이라 기뻐서 기록하려고 한 것이다. 이렇게 비중 있는 하나님의 비밀은 무엇일까?

그리고 또 얼마나 중요한지 온 천지가 울리도록 외칠 만큼 큰 비중을 가진 일곱 우레 말씀의 비밀은 무엇이라고 생각하는가? 주께서 보통 말씀하실 때는 우레 소리 같다. 또는 많은 물소리와 같다. 또는 큰 소리로 외치셨다고 한다. 그런데 여기 소리의 비중은 얼마나 중요한 말씀인지 한 우레 소리도 천지를 진동하는데 일곱 우레는 천지가 떠나 갈 만큼 큰 소리다.

주께서 온천지가 다 알아듣도록 큰 소리로 외칠 만한 가치가 있는 일은 무엇이겠는가? 그것은 주께서 재림 하시는 날일 것이다.

그러므로 이 일곱 우레가 소리를 발한 말씀은 '예수님 재림 날'이다. 예수 그리스도께서 다시 오신다는 소식은 어느 시대나 어느 지역이나 어느 국가나 어떤 사람을 막론하고 빅뉴스가 될 것이다.

그럼 왜 큰 우레, 그것도 일곱 우레 소리로 말씀하시고 왜 인봉하라고 하시는가? 그럴 것 같으면 말씀하지 말 것이지 왜 말씀하시고 인봉하라고 하시는가? 그 이유는 이렇게 재림의 날이 정해져 있다는 의미로 큰 소리로 말씀하셨다. 주님이 오실 날이 이렇게 정해져 있다. 하나님은 그 날을 정하셨으니 너희는 환난과 핍박을 인내로서 견디며 편안한 마음으로 소망 중에 기다리라는 의미이다. '주님이 언제 오실는지? 모르고' 무한정으로 초조하게 기다리지 말고 기한이 정해 졌으니 기다리라는 의미이다.

그리고 기록을 하지 못하게 한 일곱 우레와 같은 말씀이 재림의 날자 라는 증거는 또 있다. 하늘에서 인봉하라고 하신 후 힘센 천사는 요한과 우리를 위로해 주신다. 무어라고 위로하시는가?

Ⅱ 5-6절 : 최후의 메시지 2 "지체하지 아니하리라"

5-6절

"내가 본바 바다와 땅을 밟고 서 있는 천사가 하늘을 향하여 오른손을 들고 세세토록 살아 계신 이 곧 하늘과 그 가운데에 있는 물건이며 땅과 그 가운데에 있는 물건이며 바다와 그 가운데에 있는 물건을 창조하신 이를 가리켜 맹세하여 이르되 지체하지 아니하리라"

힘센 천사가 사자가 부르짖는 것 같이 큰 소리로 외친 일곱 우레와 같은 음성으로 예수 재림하실 날을 선언하신 것은 주께서 오시는 날이 정해져 있으니 이제 지체하지 아니 하리라고 위로하신다.

힘센 천사는 하나님이 이 지체하지 않으실 것에 확신을 주기 위하여 창조주 이름, 세세토록 살아계신 창조주의 명예를 걸고 "맹세하여 이르되 지체하지 아니하리라."고 선언을 하신다. 지체 하지 아니한다는 내용이 어떤 중요한 말씀이기에 창조주의 명예를 걸고 맹세를 하는 걸까?

그리고 또 하나님이 그 날을 이미 정하셨다는 의미로 하늘을 가리키면서 하신 말이 지체 하지 아니하리라고 하신다. 지상에 살고 있는 성도들에게 주의 재림의 날 만큼 비중 있게 지체 하고 있는 일 외에 무엇이 있겠는가? 하나님의 명예를 걸고 확실하게 말하고 싶은 것은 재림뿐이다. 하나님의 명예를 걸고 맹세한 것은 주의 재림이 지체 하지 않으리라는 것이다.

그런데 왜 지체하지 아니하리라는 이 말을 봉인하라고 하시는가? 그것은 그렇게 큰 소리로 말하고 난후 봉인하라고 하였으니 더욱 궁금하고 실망할 것을 아시고 그 날을 지체하지 아니할 테니 너무 실망 말고 기다리라는 소망과 위로의 말씀을 주신다.

우리가 또는 사도 요한와 초대교회 성도들이 제일 바라고 간절한 기도는 무엇일까? '주님 언제 오십니까? 주 예수여 속히 오시옵소서.' 라는 재림의 질문과 소원과 그 날 그 시를 재림의 질문과 소원을 갖고 기다리며 기도하는 것일 것이다. 그와 같이 간절히 부르짖는 자들에게 "지체하지 아니하리라."라고 확답을 주신 것이다.

그리고 그 비밀의 말씀과 선언이 재림이란 것을 더욱 확실하게 하시는 계시가 또 있다. 힘센 천사는 그 재림의 날을 암시하는 말씀을 하신다. 7절 말씀을 보라.

III 7절 : 최후의 메시지 3 "하나님의 비밀이 이루어지리라"

7절

"일곱째 천사가 소리 내는 날
그의 나팔을 불려고 할 때에
그의 종 선지자들(구약시대)에게
전하신 복음(구세주 보내 주시겠다는 초림의 기쁜 소식)과 같이
하나님의 그 비밀이 이루어지리라"
할렐루야 아멘

원어 성경에는 7절 첫 시작 단어가(ἀλλ '알라/ 그러나. 또한. 도리어)인데 한국어 번역 성경에는 번역하지 않았다. 이 단어는 앞 절에 대한 강한 반전을 의미한다. 앞 절에서 힘센 천사가 하나님의 이름으로 맹세한 "지체하지 아니하리라."는 내용을 보다 더 긍정적으로 발전시켜 주는 것이다. 즉 지체 하지 아니할 것이다. "아니" 일곱 번째 천사가 소리 내는 날 그 비밀을 공개하는 것이 아니라 이루어지리라.' 는 의미이다. 일곱째 나팔을 불게 될 때 이 지체의 시간이 끝나게 되는 것이라는 의미를 부각시키기 위해서 이 단어를 사용한 것 같다. =하나님의 비밀이 지체되지 아니하리라. 아니, 일곱째 천사가 소리 내는 날 이루어진다.=는 강조해 주는 단어가 첫머리에 있다.

그 다음 신학계에서는 "하나님의 그 비밀이"(*τὸ μυστήριον τοῦ θεου* 토 뮈스테리온 투 데우)무엇인가? 관심이 크다.

어떤 이는 "말세에 이루어질 하나님의 경륜을 가리키는데, 이것은 일곱째 나팔로 시작되는 일곱 대접의 심판을 통해 본격화된다고 하기도 하고,

어떤 이는 하나님의 비밀은 "인간에게 계시된 하나님의 목적, 즉 하나님의 전체적인 구속 목적을 가리키며, 이는 악에 대한 심판과 그의 백성들의 종말론적인 구원을 포함한다."라고 하기도 한다.

그러나 하나님의 비밀이란 것은 "완전히 계시 되지 않은 하나님에 대한 진리"가 아니라 단지 인류 구원을 위하여 "발표되지 않은" 그러나 언젠가는 "발표하실 진리"를 의미한다. 그러므로 그들이 말하는 하나님의 비밀은 이미 하나님이 "발표한 것"이기 때문에 하나님의 비밀이 아니다.

필자의 견해로는 하나님의 비밀은

① "너희의 알바 아니요"하는 이스라엘 회복이 비밀이었고(행1:7)

② 본문에 기록하지 말라는 일곱 우레가 비밀이고(10:4)

③ 2000년간 발표되지 아니한 주님이 다시 오실 구체적 시기, 날짜의 비밀이다.

이렇게 볼 때 하나님의 비밀이란 때와 시기로 집약된다.

그리고 본문에서 -비밀- 이란 말은 본문 앞 문장에 대한 비밀을 말하는 것이지 다른 말이 아니다. 본문 앞 4절에 하늘의 명령으로 기록하지 말라는 내용이다. 즉 "일곱 우레가 말한 것을 인봉하고 기록하지 말라"(10:4)는 내용이 하나님의 비밀이다. 이 비밀이 "일곱째 천사가 소리 내는 날 그의 나팔을 불려고 할 때" 이루어진다고 하신 말씀이다. 이 말씀을 다시 정리한다면 하나님은 이 비밀을 사도 요한에게는 일곱 우레와 같은 큰 소리로 발표 하였지만 일반 독자들에게는 일곱 천사가 나팔 부는 날까지 지연시켰다가 그 날 발표하시겠다는 내용이다.

그럼 이 내용은 아직 발표되지 아니하여 요한 외에 어느 사람도 알지 못하는 비밀이다. 이 내용은 무엇일까?

이 하나님의 비밀을 알려면 이제 일곱 번째 천사가 소리 내는 날, 즉 마지막 나팔 부는 날을 주목해 보라. 마지막 나팔 소리에 대하여 11장 15절은 다음과 같이 계시되어 있다.

"일곱째 천사가 나팔을 불매
하늘에 큰 음성들이 나서 이르되"
"세상 나라가 우리 주와 그의 그리스도의 나라가 되어
(그리스도께서 나라 회복하시고 완전 정권 장악하시는 날)
그가 세세토록 왕 노릇 하시리로다."
(만왕의 왕의 즉위 선언)"(11:15)

그리고 이어서 24장로들이 마지막 나팔 소리와 만왕의 왕의 즉위 선언을 듣고 얼굴을 땅에 대고 경배하며 하는 찬양은 심판주로 즉위하신 어린양을 찬양한다.(11:17, 18)

"감사하옵나니 옛적에도 계셨고 지금도 계신 주 하나님,
곧 전능하신 이여
친히 큰 권능을 잡으시고 왕 노릇하시도다"

24 장로들이 만왕의 왕으로 즉위하신 어린양을 찬양한다.

"이방이 분노하매
주의 진노가 내려 죽은 자를 심판하시며
종 선지자들과 성도들과 또 작은 자든지 큰 자든지
주의 이름을 경외하는 자들에게 상주시며
또 땅을 망하게 하는 자들을 멸망시키실 때로소이다"

그러므로 일곱 번째 천사가 소리 내는 날 나팔 불려고 할 때 일어난 사건을 정리해 보면 다음과 같다.

① 11:15/ 그리스도께서 온 세상 나라의 정권을 장악하신 날

② 11:15/ 그리스도의 영원한 나라 정부가 수립된 날

③ 11:17/ 그리스도께서 만왕의 왕으로 즉위하심을 찬양하는 날

④ 11:18/ 그리스도께서 심판 주로 강림하시는 날

⑤ 11:18/ 그리스도께서 이 세상을 망쳐 놓은 자를 멸하시는 날

⑥ 11:19/ 하늘에 있는 하나님 성전 문이 활짝 열리는 날.

⑦ 11:19/ 하나님이 약속하신 언약이 이루어지는 날이다.

독자들은 이런 날이 어떤 날이라고 생각하시는가?

필자는 이 날은 그리스도께서 두 번째 강림((*παρουσία*/Parousia 임석하기 위해 오는 것))하신 날이라고 알고, 믿고, 선언한다.

여기에 기초한 필자가 주창하는 『7팔 재림론』에서는 「일곱 번째 나팔 부는 날 예수님 재림하신다. 라고 감히 선언한다.

어떤 이들은 예수 재림의 기록은 19장 11절에 백마 타고 등장하신 사건이 재림이라고 한다. 지금까지 이 견해가 정통적인 해석이다. 그러나 그리스도가 19장에서 백마 타고 오신 사건을 예수님 재림으로 주장한다면 요한계시록의 문맥의 흐름이 뒤집힌다. 15장 이후에 일어나는 사건이 다음과 같기 때문이다.

16장은 진노의 일곱 대접 붓기가 계시 되었다.

17장의 음녀의 심판과

18장의 큰 성 바벨론(이 세상) 심판에 대한 기록이다. 이렇게 심판이 다 집행 한 후에 그리스도께서 심판주로 재림하신다고 하면 심판주로 오실 이유가 무의미하다. 이미 오시기 전에 심판을 다하시고 심판주로 오신다고 할 이유가 무엇인가?

그러므로 필자는 15장에서 심판주로 오신 후에 16장은 진노의 대접들을 붓고. 17장은 음녀를 심판하시고. 18장은 이 세상을 상징하는 큰 성 바벨론을 심판하시는 것이 심판주의 권위요 순서이다. 그런 후 19장은 그

동안 대적하던 원수들과 대결하여 유황 불 못에 처 넣는 것이 최후의 승리이다. 할렐루야. 아멘.

또 혹자는 필자에게 "재림의 날은 아무도 모르는 것을 네가 어떻게 아느냐?" 이상하다 할 지 모르지만 지금까지 19장을 재림의 주님이 오시는 장으로 보는 학설이나 11장 15절 일곱 나팔 불 때 그리스도께서 오신다고 하는 주장하는 것이 무엇이 이상한가? 이상할 이유는 하나도 없다.

그리고 그리스도께서 언제 강림하신다고 하셨는지 성경을 살펴보라.

성경은 여러 곳에서 그리스도의 2차 강림하심을 나팔 불 때와 마지막 나팔 불 때라고 계시하셨다.(마24:31 고전15:51, 52 벧전4:16) 그러나 진노의 대접을 붓고 심판이 끝난 후에 예수 재림하신다고 하신 기록은 찾지를 못했다. 그리고 데살로니가 서신은 주의 재림에 대한 기록이 풍부한 성경 중 하나이다. 그 곳에서 바울 사도는 다음과 같이 예수님 재림에 대하여 잘 설명하고 있다.

> "형제들아 때와 시기에 관하여 너희에게 쓸 것이 없음은
> 주의 날이 밤에 도둑같이 이를 줄을
> 너희 자신이 자세히 알기 때문이라"

주의 날이 도둑같이 임하는 사람은 어둠에 속한 자들에게 하신 말씀이고 빛의 자녀들에게는 주의 날은 아래와 같다고 하셨다.

> "형제들아 너희는 어둠에 있지 아니하매
> 그 날이 도둑 같이 너희에게 임하지 못하리니
> 너희는 다 빛의 아들이요 낮의 아들이라…
> 그러므로 우리는 다른 이들과 같이 자지 말고

오직 깨어 정신을 차릴지라"

주님의 재림의 날이 몇 년 몇 월 며칠이라고 하는 자들은 이상하다고 할 수 있다. 왜? 그 날자는 "인봉하고 기록하지 말라"고 하나님께서 인봉해 두라고 명하셨기에 요한계시록에도 그 날자는 없고 다만 그 때, 그 즈음은 알 수 있다. 우리는 이렇게 추측을 할 수 있다는 말이다. 즉 천사들이 재림의 나팔을 일곱 번 부는데 나팔 하나를 불 때마다 신앙의 영적 환경이 바뀐다.

그 환경을 보면서 '재림 나팔 중에 지금이 몇 번째 나팔 불 때와 같은 징조들이 일어나고 있구나.' 직감이 들면 지금 몇 번째 나팔이니 주님 재림은 일곱 번째 나팔 불 때 오신다고 하셨으니 지금이 어느 때 쯤 인가를 짐작할 수 있다는 이론이다. 그리고 일곱 번째 예수 재림 나팔 불 때를 특별히 말씀하여 다음과 같이 이르셨다.

"일곱 째 천사가 소리 내는 날
그의 나팔을 불려고 할 때에
하나님의 그 비밀이 이루어지리라"(7절)

우리는 이대를 유념해야 할 것이다. 주님이 오실 날이 정해져 있다. 일곱 번째 천사가 소리 내는 날 그 하나님의 비밀이 이루어진다고 하신다. 그런데 이 비밀이 이루어짐이 무엇과 비교하는가에 주목하자. 그러니까 어떤 사건과 비교하고 있는지, 또 어느 때와 비교하고 있는지 살펴보아야 한다. 말씀하시기를 "그의 종 선지자들에게 전하신 복음과 같이 하나님의 그 비밀이 이루어지리라."하신 말씀 중에 그의 종 선지자들에게 전하신 복음은 언제 복음을 가리키고 있는가?

원어는 다음과 같이 기록되었다.

καὶ ἐτελέσθη τὸ μυστήριον τοῦ θεοῦ,

ὡς εὐηγγέλισεν τοὺς ἑαυτοῦ δούλους τοὺς προφήτας.

(카이 에텔레스데 토 뮈스테리온 투- 데우,

호스 유엥겔리센 투스 헤아우투- 둘루스 투스 프로페타스.)

직역하면 "하나님의 비밀이 성취되었다. 그분께서 그분의 종들인 선지자들에게 복음을 전파하셨던 것처럼"이다. 이 말씀의 내용을 정리한다면 "하나님께서 구약의 선지자들 통하여 첫 번째 언약하신 것을 이루심과 같이 두 번째 언약인 신약의 하나님의 비밀도 이루셨다."라는 내용이고 구약의 선지자들을 통하여 전하신 복음의 약속은 "내가 세상을 구원할 구세주를 보내겠다."라고 약속하셨는데 그 약속을 이루심과 같이 또 다시 구세주를 보내시겠다는 약속을 이루시겠다는 것이 하나님의 비밀이라고 하신 것이다. 하나님의 비밀이며 하나님의 언약인 그리스도 다시 오신다는 약속을 일곱 번째 천사가 소리 내는 날 그의 나팔을 불려고 할 때 이루어 지리라는 것이다. 할렐루야. 아멘.

Ⅳ 8-11절 : 최후의 메시지 4 "다시 예언하라"

3. 세 번째 논쟁은 작은 두루마리에는 무엇이 기록되어 있을까? 하는 논쟁이다.

주님이 오시는 날이 이미 정해졌으므로 지체하지 않고 이루어 질 것이고 일곱 번째 천사가 나팔 부는 날 주께서 다시 강림하신다는 암시적인

(하나님의 비밀) 선언을 하셨다. 이런 상황에서 하늘의 메시지는 또 주신다.

8-11절

"하늘에서 나서 내게 들리던 음성이 또 내게 말하여 이르되 네가 가서 바다와 땅을 밟고 서 있는 천사의 손에 펴 놓인 두루마리를 가지라 하기로 내가 천사에게 나아가 작은 두루마리를 달라 한즉 천사가 이르되 갖다 먹어 버리라 네 배에는 쓰나 네 입에는 꿀 같이 달리라 하거늘

내가 천사의 손에서 작은 두루마리를 갖다 먹어 버리니 내 입에는 꿀 같이 다나 먹은 후에 내 배에서는 쓰게 되더라

그가 내게 말하기를 네가 많은 백성과 나라오 방언과 임금께 다시 예언하여야 하리라 하더라"

하늘은 요한사도에게 힘센 천사의 손에 들고 있는 두루마리를 먹으라고 하시는데 그 두루마리에는 어떤 내용이 기록되어 있고 왜 먹어야 하는 것일까?

이 책에 대한 계시의 기록을 모아 보자.

① 힘센 천사가 손에 펴 놓인 작은 두루마리를 들고 (2)

② 하늘에서 요한사도에게 '너는 두루마리를 가지라.' (8)

③ 이번에는 힘 센 천사가 사도요한에게 '너는 갖다 먹어 버리라.' (9)

④ 요한 사도가 갖다 먹어 버리니 입은 달고 배에는 쓰더라.(10)

⑤ 힘센 천사가 그 책을 먹은 요한에게 이르되
'많은 백성과 나라와 방언과 임금에게
다시 예언하여야 하리라.'(11)고 사명을 주셨다.

이 두루마리에 관련된 내용을 모아보았다. 이 5가지를 통하여 우리는 그 두루마리의 내용이 무엇인가를 알 수가 있을 것이다.

(1) **이 두루마리는 단편적인 책이다. 작은 두루마리라고 한다.**

- 어떤 이는 작은 책이라고 했으니 사복음(마태, 마가, 누가, 요한복음)이나 구약을 제외한 신약성경이라고 한다.(Ellicott, Bede) 또는 하나님께서 사도 요한 및 성도들에게 주신 특별 계시를 의미한다.(Dummelow, Kiddle)
- 타락한 교회에 대한 심판의 내용이 담겨져 있다고도 한다.(Hengstenberg)
- 장차 일어날 하나님의 심판을 담고 있는 11장 이후의 말씀 전체를 가리킨다고 이야기한다.(Charles, Holtezmann)

학자들의 견해를 종합해 보면 단편적인 것은 다 같이 인정하나 단편이 무엇이냐에 대하여는 다 각각 다르다 하겠다. 만약 여기 이 두루마리가 성경외의 두루마리라고 한다면 66권외에 또 한 권이 첨가 될 것이다.

우리는 이 단편의 두루마리는 5장에서 언급하신 두루마리라고 생각할 수도 있다. 그 때 하나님의 손에 들린 두루마리는 봉인된 두루마리였다.

6장에서는 어린양께서 그 두루마리의 봉인을 다 제거하심으로 펼쳐진 책이 되었다. 그 펼쳐진 책을 여기 10장에서는 힘센 천사가 들고 나왔을 것이고 그 힘센 천사는 그 두루마리를 사도요한과 이 글을 읽는 독자들에게 먹이기 위하여 들고 나온 것이라고 볼 수도 있다. 즉 그들에게 꼭 먹어야 할 책이라는 것이다.

(2) **이 두루마리는 필히 먹어야 할 책이다.**

먹는다는 의미는 하나님이 주신 메시지를 기쁨으로 받아들여 그것을 철저하게 소화시켜 온 몸에 흡수토록 해야 할 영양소와 같이 그 말씀이 내 살과 피와 뼈가 되게 하라는 의미이다. 이 환상은 에스겔 선지자가 소명 받을 때 본 환상이다.

"네 입을 벌리고 내가 네게 주는 것을 먹으라 하시기로
내가 보니 보라 한 손이 나를 향하여 펴지고 보라 그 안에
두루마리 책이 있더라. 그가 그것을 내 앞에 펴시니
그 안팎에 글이 있더라
또 그가 내게 이르시되 인자야 너는 발견한 것을 먹으라.
너는 이 두루마리를 먹고 가서 이스라엘 족속에게 말하라
하시기로 내가 입을 벌리니 그가 그 두루마리를 내게 먹이시며
내게 이르시되 인자야 내가 네게 주는 이 두루마리를 네 배에 넣으며
네 창자에 채우라 하시기에 내가 먹으니
그것이 내 입에서 달기가 꿀 같더라"(겔2:8-3:3)

그러므로 두루마리를 먹으라는 명령은 에스겔 선지자의 체험을 토대로 요한 사도와 성도들에게 주신 메시지이다.

(3) **이 두루마리는 예언의 말씀이다.**

이 예언은 온 세상 모든 민족에게 전할 예언이다.

11절

"내가 천사의 손에서 작은 두루마리를 갖다 먹어버리니…
그가 내게 말하기를 네가 많은 백성, 나라와 방언과 임금에게
다시 예언하여야 하리라 하더라"

이 책을 먹은 자들은 예언을 하라는 명령을 받았다. 그리고 이 두루마리를 먹고 전하는 사람들을 선지자들이라고 하였다.

"내가 나의 두 증인에게 권세를 주리니
그들이 굵은 베옷을 입고 천이백육십 일을 예언하리라"(11:3)
"백성과 족속과 방언과 나라들 중에서 사람들이… "(11:9)
"이 두 선지자가 땅에서 사는 자들을…"(11:10)

예언이란 미래에 하실 하나님의 사역을 미리 말하는 것을 칭한다. 그러면 요한의 시대를 기점으로 하면 구약과 신약의 기록 중 예수님의 초림과 십자가 사역과 부활의 사건은 지난 사역이다. 오직 남은 것은 예수 그리스도의 재림에 관한 말씀들이 예언으로 남아 있다. 그리고 그 예언의 두루마리를 들고 서 있는 천사는 오른발은 바다를 밟고 왼발로는 땅을 밟고 서서 일곱 우레와 같은 소리로 사자후의 소리를 토해냈다.

이 환상은 온 세상이 다 들어야 할 예언의 내용이기에 온 세상 모든 이에게 영향력을 행사할 만큼 큰 외침, 예언의 말씀이라고 하겠다. 그러면 이 두루마리의 내용이 세상 심판일까? 교회 심판일까? 그리스도 다시 오심에 대한 예언일까?

④ 이 두루마리는 하나님의 비밀이다.

성경의 복음과 같이 이루어질 비밀이다. 하나님의 비밀이 무엇인가? 에 대하여는 앞에 언급한 바와 같이 주님의 다시 오심에 대한 시간과 때가 하나님의 비밀이라고 했다. 그렇다면 이 두루마리의 내용은 그리스도 다시 오심에 대한 예언의 말씀이라고 이해하게 된다. 즉 이 두루마리는 사도 요한이 기록한 요한계시록이라고 추측할 수 가 있다. 요한계시록 중에서 일곱인을 제거하고 난 후 8장부터 22장까지 내용이라고 추측한다.

이제 주님 오실 날(일곱 번째 천사가 나팔 부는 날)이 정해져 있을 때 우리 성도와 교회는 어떻게 해야 할까에 대한 하나님의 명령이라고 생각한다. 하나님은 이 두루마리를 먹으라고 하였다. 먹고 무엇을 하라는 것인가?

예전에 이단 다미 선교회처럼 흰 옷 입고 (흰옷은 주님이 준비하실 것을 먼저 입고 있을 필요는 없다.) 기도만하고 가만히 기다리고 있으라는 것이 아니다. 예수님이 승천하실 때에 천사가 한 말을 귀담아 들어야 한다. "갈릴리 사람들아 어찌하여 서서 하늘을 쳐다보느냐?"(행1:11)라고 말씀하심과 같이 우리는 주님이 오신다고 하늘만 바라보고 있어야 할 것이 아니다. 내일 주님이 오신다 해도 우리가 해야 할 일이 있다. 그것은 주님이 주신 사명이다. 어떤 사명을 주셨는가?

> **"내가 천사에게 나아가 작은 두루마리를 달라 한즉 천사가 이르되 갖다 먹어 버리라"**(9절)

첫 번째 명령은 이 책을 먹으라는 단호한 명령이다. 그래서 요한 사도는 이 작은 두루마리를 먹었다. 두루마리를 먹으라는 명령의 의미는 그 두루마리의 내용을 완전히 음식물을 소화시키듯 숙지하고 내 살과 피가 되듯이 내 영의 양식으로 삼아 내 영의 살과 피가 되게 하라는 의미 일 것이다. 그리고 이 두루마리의 내용은 그에게 주신 사명이요, 영의 양식이라는 의미다. 하나님께서 두루마리를 먹은 이들에게 하신 말씀은 무엇인가?

두 번째 명령은 먹은 것을 가서 외치라는 것이다.

이것이 사명이다. 이 사명은 그 두루마리를 먹으라고 명령하신 후 바로 이어서 말씀하신 그 다음 절에 이렇게 말씀하셨다.(11절)

"그(만왕의 왕)가
(그 작은 두루마리를 먹은)내게 말하기를
네가 많은 백성과 나라와 방언과 임금에게
다시 예언하여야 하리라 하더라"

이 작은 두루마리를 먹은 자에게 하신 명령이시다. 그렇다면 이 명령은 만왕의 왕이 주신 사명이다. 이 사명은 이 작은 두루마리의 내용(8장~22장)에 내재해 있다. 이 두루마리를 네가 (먹어서)읽고 알고 깨달았으면 그 말씀대로 예언하라는 의미이다. 어떤 내용, 무엇을 예언하라는 말씀인가? 예언이란 선지자들이 미래에 있을 일에 대하여 하나님으로부터 받은 계시를 전하는 말씀이다. 요한 시대(대략 AD 90년) 이후 1900여 년간 지금까지 교회가 예언할 일은 오직 한 가지 주님 다시 오신다는 것이다. 지금은 재림을 기다리고 있다. 예수 그리스도의 십자가의 사건과 부활도 지난 일이라 예언이 아니라 증언이다. 이제 주의 강림하심이 남아 있다. 온 세상은 그 날을 기다리고 있다. 주께서 강림하시면 우리는 주와 함께 그 나라에 가서 영원히 살 것이다. 이것이 예언이다.

그러므로 이 책의 내용은 미래에 올 일에 대한 계시가 내용이다.

"그가 내게 말하기를
네가 많은 백성과 나라와 방언과 임금에게
다시 예언하여야 하리라 하더라"

교회와 성도들은 그리스도께서 다시 오실 강림을 온 세상 각 나라 각 족속 세계만방에 전하라는 명령을 받았다.

그리고 하신 말씀 중에서 '다시 예언하여야 하리라.' 라는 말씀에 '다시' 란 말에 주목해야 한다. 다시라는 원어는 (πολύς 폴루스/ 새로. 다시) 그동안 한 예언, 그동안 전파한 말씀 외에 '새로운 내용의 예언' 을 의미한다. 새로운 내용의 예언에 대한 의미를 7절은 더욱 정확하게 해석해 주셨다.

"일곱째 천사가 소리 내는 날
그의 나팔을 불려고 할 때에
그의 종 선지자들(구약시대)에게
전하신 복음
(구세주를 보내 주시겠다는 초림의 기쁜 소식)과 같이
하나님의 그 비밀이
(구세주를 보내 주시겠다는 초림의 기쁜 소식을 이루신 하나님께서 그 외의 다른 기쁜 소식)
이루어지리라"

새로운 예언이란 구약시대 선지자들이 '구세주가 (초림)오신다.' 라는 예언 말고 신약시대 선지자들이 '메시아가 다시 (재림)오신다.' 라는 예언을 의미한다 하겠다. 그렇다면 이제 내가 먹은 말씀은 '다시 오실 그리스도에 대한 예언의 말씀을 먹었다.' 라는 의미일 것이다.

그러므로 주님은 명령하신다. "내가 다시 온다"는 예언을 하라는 사명이요 명령이다. 많은 학자들은 이 예언이 하나님의 심판이라는 예언이라고 한다. 그러나 하나님의 심판은 구약 시대부터 노아 시대도, 소돔 고모라 시대도 포로 시대도 많이 말씀하신 새로울 것이 없는 예언이다. 이것을 봉인할 이유도 없다. 이것을 전하기 위해 다시 예언하라고 거듭 거듭 강조할 필요도 없다. 이 심판을 전하기 위해 두루마리를 먹을 이유도 없다. 하나님의 심판이 다가오니 회개하라는 말도 비밀에 붙여 봉인할 필요가 없는 말이다.

우리 시대에 하나님에게나 우리에게나 중요하고 강조할 예언은 오직 한가지다. '주님 다시 온다.' 라는 예언을 하여야 한다. 내일 주님이 재림하신다 해도 우리는 뛰어다니며 주님이 다시 오신다고 외치며 예언하여야 한다. 강단에서도 외쳐야 한다. 그런데 우리는 예수 재림 예언을 하면 이단으로 오해를 받을 때가 종종 있다. 참 주님의 종이라면 '주님 다시 오신다.' 라고 강단에서 외쳐야 한다. 참 주님의 사랑받은 신부라면 '주님 다시 오신다' 고 기뻐 외쳐 전파하는 일이 당연한 일이다.

제 11 장 1-14절 | 능력으로 승리하는 병사들

(3) 여섯째 천사가 나팔 불 때 일어난 세 번째 사건 11:1-14절 두 증인의 증언- 구세주가 다시 오시리라

여섯째 천사가 나팔 불 때(9:13) 일어난 두 번째 사건은 10장에 힘센 천사가 작은 두루마리를 들고 등장한다. 그 때 세상은 이만 만이나 되는 마귀의 졸개들이 활개를 치고(9:16) 사람들은 그 마귀의 졸개들의 세 가지 재앙으로 영혼이 죽어가고 살인과 복술과 음행과 도둑질로 타락하고 부패한 세상이 되었고 우상숭배로 창궐할 때다.(9:20. 21) 이런 세상에서 환난과 핍박을 받으며 사는 성도들을 생각하며 마음 아파하는 요한에게 바다와 땅을 밟고 서 있는 힘센 천사가 등장한다. 이 힘센 천사는 요한에게 큰 위로와 힘이 되었을 것이다. 그리고 이 힘센 천사는 요한에게 작은 두루마리를 가지고 나타나 하늘의 신령한 양식을 먹여주었다. 이 힘센 천사가 요한에게 베푼 은혜를 먼저 생각하고 그 토대위에 여섯째 천사가 나팔 불 때 일어난 세 번째 사건을 다루기로 한다.

1) 이 힘센 천사는 일곱 우레 같은 말로 요한에게만 하나님의 비밀을 가르쳐 주었다.(3, 4)
2) 이 힘센 천사는 창조주를 가리켜 맹세하며 하나님이 그 날을 지체하지 아니하시리라고 위로한다.(6)
3) 이 힘센 천사는 하나님의 비밀이 일곱 번째 천사가 나팔 부는 날 이루어지리라고 알려주었다.(7)
4) 이 힘센 천사는 자기가 들고 온 작은 두루마리를 요한 사도에게 먹여 주었다.(10)
5) 이 힘센 천사는 두루마리를 먹은 요한에게 네가 그것을 먹었으니 '네가 많은 백성, 나라, 방언과 임금에게 다시 예언하여야 하리라' 고 사명을 주었다.
6) 이 힘센 천사가 사명 받은 요한에게 (모세가 잡은)지팡이 같은 갈대를 주며 경배하는 자를 측량하라고 부탁하였다.
7) 이 힘센 천사가 모세가 들었던 지팡이를 받은 이 요한에게 '너는 두 증인이요' '너는 두 감람나무요' '너는 두 촛대요' '너는 두 선지자' 라고 격려해 주었다. 그리고 힘센 천사는 요한을 이렇게 무장시켜 주고 천이백 육십일 동안 예언하라고 명령하였다.

1-4절

"또 내게 지팡이 같은 갈대를 주며 말하기를 일어나서 하나님의 성전과 제단과 그 안에서 경배하는 자들을 측량하되 성전 바깥마당은 측량하지 말고 그냥 두라 이것은 이방인에게 주었은즉 그들이 거룩한 성을 마흔 두 달 동안 짓밟으리라 내가 나의 두 증인에게 권세를 주리니 그들이 굵은 베옷을 입고 천이백 육십일을 예언하리라"

이런 중차대한 명령을 받은 일에 대하여 혹자는 "요한은 익명의 존재에게서 지팡이 같은 갈대를 받았다."라고 가볍고 쉽고 간단하게 말하면서 힘센 천사를 '익명의 존재'라고 한다. 그것은 10장 11장을 장(章 chapter)이란 장벽 때문에 이런 오해를 낳게 된다. 본문은 '장과 절'을 장벽으로 만들지 말고 한 문장 한 사건의 연속으로 보아야 한다. 그렇다면 10장의 '힘센 천사'의 계시가 계속 됨을 이해하게 되고 11장의 계시 역시 그리스도 다시 오심에 관한 말씀이란 선상에서 해석하게 될 것이다. 그리고 그리스도 강림하심이 일곱 번째 천사가 나팔 부는 날 이루어지리라고 하신 말씀이 사실이라면 10장은 힘센 천사가 세상 끝날 교회에게 격려와 힘을 주려고 등장했을 것이고 11장은 사명 받은 교회는 마지막 때에 온 힘을 다해 증인 사명 완수하여야 할 것을 계시하신다고 이해해야 한다.

그럼 지팡이 같은 갈대는 무엇을 의미하고 측량은 무엇을 말하는가?

필자는 지팡이 같은 갈대는 지팡이의 기능과 갈대의 기능을 가진 두 가지 기능을 의미한다고 해석하고 싶다.

먼저 갈대의 기능은 스가랴에게 준 측량줄(2:1-5)과 어떤 연관이 있지 않을까? 스가랴서의 측량은 본래는 예루살렘 성곽을 측량하라는 명령이지만 그 후에 사람들이 넘쳐 성곽 안에는 살 수 없는 포화 상태로 성 밖까지 사람들이 넘쳐 날 것이라는 긍정적인 예언이다. 그런데 부정적인 측면에서 성 밖으로 사람들이 넘쳐 나므로 그들을 보호할 성곽이 없다는 예언이다. 그러나 "여호와의 말씀에 내가 불로 둘러싼 성곽이 되며 그 가운데에서 영광이 되리라"라고 하나님이 불 성곽이 되셔서 보호해 주신다는 예언이며 또 하나님이 그들과 함께 거하신다는 영광을 나타내리라는 예언의 말씀이다. 그런즉 스가랴서의 말씀으로 본문의 말씀을 유추해 본다면 측량하라는 명령은 내가 보호할 자들. 내가 함께 할 자들을 세어보아라는 의미를 내포하고 있다.

사실은 "하나님의 성전과 제단을 측량하라." 즉 넓이를 재어 보라고 하신 말씀이다. 그 안에 넓이 말이다. 그런데 더 감사한 것은 그 안에 땅이나 건축물의 공간이 아니라 "그 안에서 경배하는 자들을 측량하라."는 말씀이다. 이 말씀은 공간이 아니라 사람들을 헤아려 보라는 의미이다. 그리고 사람들을 세어 보되 "성전 바깥마당은 측량하지 말고 그냥 두라." 성전 안에서 경배하는 자들은 세어 보되 성전 밖의 사람들은 세어 보지 말라고 하신다. 왜 그들은 경배하는 자들이 아니라 "이것은 이방인에게 주었은즉 그들이 짓밟으리라."라고 하신다.

이들은 누구인가? "성전 밖에 있는 자들" 과 "경배하지 아니하는 자들" "하나님의 계산에 포함되지 아니한 자들이다." 그리고 "이방인에게 짓밟히는 자들" 이란 "이방인에게 짓밟혀도 보호를 받지 못하는 자들"이 아닌가? 그래서 하나님의 보호를 받지 못할 자들을 측량하지 말라고 하신 것이다. 그러면 그들은 누구인가? 인자가 자기 영광으로 모든 천사와 함께 올 때

> **"이 무익한 종을 바깥 어두운 데로 내쫓으라**
> **거기서 슬피 울며 이를 갈리라"**(마25:30)

이렇게 하신 말씀 중에서 "주의하라 깨어 있으라". "그러므로 깨어 있으라". "깨어 있으라 내가 너희에게 하는 이 말은 모든 사람에게 하는 말이니라"(막13:33). 주님 오신 다는 것을 경솔히 생각한 사람이나 아직 올 때가 아니라고 경각심이 없는 사람이나 준비하지 않은 사람이거나 깨어 있다가 지루하다고 졸며 자는 사람들을 지칭한다고 할 수도 있다.

이들은 예수 밖에 나가 허랑방탕하며 사는 종들이나 성전 보다 밖에 있

는 세상이 더 쾌락적이라 세상에 취해 그 곳에서 사는 세속화 된 교인들을 칭하고 있다. 그들은 붉은 용 사탄의 무리들과 이방인들, 악한 자들에게 짓밟힐 것이다.

이제 요한이 힘센 천사에게서 받은 지팡이 두 번째 기능인 그 지팡이의 기능을 말하려 한다. 요한에게 다시 예언하여야 하리라는 사명을 주신 주께서 지팡이 같은 갈대를 주었다는 것을 읽을 때 직감적으로 우리는 먼저 떠오르는 생각이 모세의 지팡이가 연상된다. 모세는 평소에 목자로서 지팡이를 가지고 다녔지만 하나님의 사명을 받고 하나님이 그 지팡이를 잡으라고 명령하셨을 때는 능력의 지팡이가 되었다. 그 지팡이로 애굽의 통치자들을 놀라게 하고 설득하고 항복을 받아 내었고 그 지팡이로 홍해를 가르고 백성들을 바다를 마른 땅같이 안전하게 건너가고 원수들을 수장시키기도 하였으며 그 지팡이로 반석을 치며 물이 강같이 흘러 하나님에게 대한 불신앙을 잠재우고 승리한 지팡이였다. 그와 같이 요한에게 준 지팡이도 승리의 지팡이 임을 계시하신 말씀이리라 하겠다.(참고 11:6)

이 승리의 지팡이를 주신 힘센 천사가 "내가 나의 두 증인에게 권세를 주리니"라고 3절은 말씀하신다. 그런데 우리는 계시의 흐름이 갑자기 바뀌는 것처럼 느끼게 한다. 엉뚱하게 측량에 관한 이야기가 나오다가 갑자기 두 증인 이야기가 나온다. 왜 그럴까? 갑자기 나온 것은 아니다. 우리는 주께서 승천하시기 직전에 주신 명령들을 기억하고 있다.

> **"오직 성령이 너희에게 임하시면 너희가 권능을 받고 예루살렘과 온 유대와 사마리아와 땅 끝까지 이르러 내 증인이 되리라"**(행1:8)

그와 같은 말씀이 오늘 힘센 천사의 계시 중에도 있다.

"그가 내게 말하기를 네가 많은 백성과 나라와 방언과 임금에게 다시 예언하여야 하리라 하더라"(10:11)

이 용어들과 내용들과 의미들이 사도행전의 증인이 되라는 명령과 다르지 않다고 할 것이다. 그래서 '다시 예언할 자' 들을 여기서는 두 증인으로 말한 것이다. 그리고 두 증인은 "성전 안에서 경배하는 자들" 모두를 의미한다. 그래서 힘센 천사가 갈대를 주어 측량하란 이유는 하나님의 보호를 받는 자들보다 예수 다시 오신다는 예언을 할 증인들을 헤아려 보라는 의미이기도 하다. 그리고 다음 말씀.

"두 증인이 굵은 베옷을 입고 천이백육십일을 예언하리라"

왜 두 증인이 굵은 베옷을 입고 예언해야 하는가? 굵은 베옷은 슬픔을 상징하고 굵은 베옷은 회개를 상징한다. 슬퍼하며 울며 회개하라는 의미다. 즉 "회개하라 천국가까이 왔느니라."고 그리스도 초림 때의 세례요한의 외침과 같이 두 증인이 가진 메시지의 내용을 상징한다. 그리스도가 처음 오실 때와 같이 다시 오실 때도 우리는 그렇게 외쳐야 한다. "회개하라 그리스도 2차 강림이 가까이 왔느니라."

"주 예수의 강림이 가까우니 저 천국을 얻을 자 회개하라
주 성령도 너희를 부르시고 뭇 천사도 나와서 영접하네"

혹자는 그리스도가 다시 오신다면 기쁨으로 띠를 띠고 예언하여야 하는 것 아닌가? 그런데 왜 슬픔으로 예언하여야 하는가?

이 '굵은 베옷을 입고' 의 말씀이 10장과 11장을 하나로 동여맨다. 이제

다시 오실 그리스도가 문 앞에 이르렀는데 사람들은 믿지도 않고 곧 신랑되신 메시야가 문을 두드리실 텐데 신부라는 자들은 밖에 나가 세상에 취해 있으니 얼마나 안타까운 일이며 슬픈 일인가? 그런가 하면 '재림' 의 말만 들어도 알레르기 반응을 일으키는 교인들도 있으니 파루시아의 증인들은 얼마나 가슴 아픈 일이 아니겠는가? 그래서 두 증인된 교회는 듣든지 아니 듣든지, 핍박을 하든지 미쳤다고 하더라도 슬픔을 안고 회개를 외쳐 재림을 준비하게 하여야 한다는 의미이다.

주님 오실 날이 가까이 오면 올수록 전하자.

"회개하라 그리스도 강림이 가까이 왔느니라" 외치자.

그런데 어떤 자들은 그리스도의 다시 오심을 전하지도 아니하면서 내가 '두 증인중 하나이다.' 또는 '내가 두 감람나무니. 내가 두 촛대니' 하면서 현혹하는 자들이 있다. 그들은 "두 증인에게 권세를 주리니" 라는 그 권세를 자기가 받은 자라고 현혹하고 또는 "그들은 이 땅에 주 앞에 서 있는 두 감람나무와 두 촛대니"라고 하신 말씀이 자기에게 이루어졌다고 현혹하는 자들이다.

심지어 자기가 재림 예수라고 하면서 내가 감람나무라고 하는 자도 있었다. 무식의 소치다. 재림 예수와 감람나무는 상전과 하인의 관계요 위치이다. 재림 예수는 하나님이시고 예수를 전할 사람들은 증인이요 이 사람들이 작은 두루마리를 먹은 사람이요. 이 증인들에게 지팡이 같은 갈대를 주셨고 이들이 두 감람나무요 두 촛대이다. 그리고 두 증인은 한 세기에 한 명이나 몇몇 특정한 사람이 아니라 성전 안에서 하나님을 경배하는 자들이다. 당신이 두 증인이시다. 당신이 그리스도 다시 오신다고 외칠 자란 말씀이다.

이 명칭과 상황을 요약해 본다면 이들이 누구인가를 알게 된다.

1) 증인이란 그들은 그리스도의 다시 오심을 증거 할 사람들이기 때문

에 두 증인이라고 했고,

2) 두 감람나무라고 하는 명칭은 감람나무는 올리브유를 바른 자들(기름부음 받은 자)이란 말인데 그 의미는 증인들은 성령을 받고 증거해야 할 사람들이기 때문에 감람나무라고 했고,

3) 두 촛대란 말은 그들은 어둔 세상, 타락한 말세에 빛을 비추어야할 교회라는 의미로 두 촛대(1:20)라고 하셨다.

4) 선지자란 아직 오시지 않은 예수님이 곧 오신다는 것을 전하는 자들을 일컬어 두 선지자(10절)라고 한다.

여기 두선지자. 두 증인. 두 감람나무. 두 촛대의 둘이란 증인의 숫자로서 이들이 증인이라는 의미이며 성령 받은 증인들이다.

어떤 이는 교회들이라면 일곱 교회라고 하여야 할 것이 아니냐? 한다. 그러나 여기서는 두 교회라는 숫자를 사용했다. 왜 그럴까? 사실 작은 두루마리를 먹은 사람은 사도요한이다. 또 측량 갈대를 받은 사람도 사도 요한이다. 그런데 "네가 다시 예언하리라"는 사도 요한만이 아니라 3절부터는 두 증인이 예언하라고 하신다. 그리고 이어서 이 두 증인은 두 감람나무와 두 촛대라고 설명까지 하신다.

이런 계시는 주님은 사도요한을 교회의 대표로 생각하시고 예언을 명령하셨기 때문에 요한만이 아니라 전 교회로 확대하여 증인이라는 의미이다. 즉 주님 승천 후에 교회는 증인들이다. 이 증인들은 두 감람나무요. 두 감람나무는 두 촛대요. 두 촛대는 두 선지자, 그리스도 다시 오심을 예언하는 선지자들이란 말씀이다. 그런데 요즘 교회는 그리스도 다시 오심을 기다리지도 전하지도 아니한다. 가슴 아픈 현실 교회다.

주께서는 이 선지자들에게 얼마나 큰 기대를 하고 계신가 보라. 주님은 큰 기대를 가지고 이들에게 능력을 주셨다.

I 1-3절 : 최후의 능력 하나 예언자의 권세

1절

"내가 나의 두 증인에게 권세를 주리니
그들이 굵은 베옷을 입고 천이백육십일을 예언하리라"

주께서 이 두 증인에게 큰 기대를 가지고 큰 권세를 주셨다. 하늘에서 주신 하나님의 권세다. 그래서 이단들은 저마다 자기가 두 증인이라고 한다. 자칭 두 증인이라고 하는 자는 위격상으로 적그리스도가 아니라 거짓 선지자들이다. 한국교회 60년대에 감람나무파 이단이 있었다. 교주가 기독교의 장로였는데 자기가 하나님으로부터 능력을 받은 감람나무라고 하는 자칭 감람나무가 있었다.

큰 세력을 얻고 신앙촌을 이루고 큰 기업을 일구기도 했다. 그 후에도 그런류의 이단들이 많이 출몰해 왔다. 정말 하나님이 그들에게 권세를 주셨는가? 하나님이 권세를 준 자들은 참 선지자들이다. 그러나 붉은 용도 자기의 선지자들에게 권세를 준다.(13:11-18) 그들은 하나님이 주신 것이 아니라 붉은 용, 사탄이 권세를 준 자들이다. 그래서 그들은 하나님이 주시지 아니한 것을 하나님이 주셨다고 거짓말을 하기 때문에 우리는 그들을 거짓 선지자들이라고 부른다. 그들은 거짓 선지자들이다.

우리 하나님은 그것들과 영적 전쟁을 하여야 할 선지자들에게 권세와 능력을 주신다. 하나님이 주신 이 권세는 저 적그리스도와 거짓 선지자들과 싸워 승리하라고 주신 무기이다.

이들에게 주신 권세는 무엇인가?

1) 입에서 불이 나오는 불의 사자의 권세를 주셨다.(5)

"입에서 불이 나와서 그들을 삼켜 버릴 것이다"

이 권세는 마술하는 사람들의 입에서 불이 나오는 것 같은 의미가 아니라 그 입에서 나오는 말씀을 의미한다. 입에서 불이 나온다는 말은 성경 여러 곳에서 나오지만 특히 요한계시록에서 자주 비중 있게 기록하고 있다.

"그 입에서 좌우에 날선 검이 나오고"(1:16)

"내가 네게 속히 가서 내 입의 검으로 그들과 싸우리라"(2:16)

"그(백마 탄 만왕의 왕)의 입에서 예리한 검이 나오니 그것으로 만국을 치겠고"(19:15)

"말 탄자의 입으로부터 나오는 검에 죽으매"(19:21)

그 입에서 불이 나온다는 의미는 증인들의 입에서 나오는 하나님의 말씀이 그 두 증인의 무기라는 표현이다. 세상을 이기는 무기는 하나님의 말씀이요 하나님의 말씀은 검이라는 표현이다. 하나님의 말씀이 원수들을 이길 강력한 무기라는 표현이다. 증인들이 박해자들의 불의한 일들을 하나님의 말씀으로 경고하면 경고한 대로 심판을 받을 것이라는 의미이며 이 불의 권세는 증인으로서 성경을 증거 할 때, 하나님의 말씀 전할 때, 구체적으로 예수 다시 오심의 확신을 가지고 전파할 때 그 전한 말씀이 불과 같은 능력을 발휘할 것이라는 의미이다.

그렇다면 '예수 다시 오신다.' 라는 예언을 전하지 않는 자는 그 입에서 불(말씀)이 나올 리가 없다. 오직 전하는 자. 외치는 자만이 불의 사자가 될 수 있다. 엘리야와 그 외의 선지자와 사도들은 불의 사자였다. 그들이 외치고 명령한 대로 이루어졌다.

말씀의 사역자들이여 외치라. 말씀을 외치라. 그 말씀이 당신의 입에서 나오는 불이 될 것이다. 그러나 당신이 전하지 아니하면 말씀이 당신에게 불이 되어 당신을 사르리라. 주 예수 그리스도가 다시 오신다고 큰 소리로 외치라 이 예언을 하는 자가 불의 사자가 되리라.

Ⅱ 6절a : 최후의 능력 둘, 엘리야의 권세

하나님이 교회에게 주신 두 번째 권세는 하늘을 여닫을 수 있는 엘리야 선지자와 같은 능력을 주시겠다는 약속하신다.

6절a

"그들이 권능을 가지고 하늘을 닫아
그 예언을 하는 날 동안 비가 오지 못하게 하고"

이 하늘을 여닫을 수 있는 능력은 성경을 잘 아는 초대교회 성도들에게는 익히 잘 아는 말씀의 내용이다. 하나님은 이렇게 다 아는 말씀이나 상황이나 경험을 가지고 계시를 해 주셨다. 그러므로 요한계시록은 사람들이 어렵게 만들고 있지 하나님은 어렵게 계시하지 않으셨다.

그래서 이 하늘을 여닫을 수 있는 능력의 의미를 우리 성도들 모두 잘 안다.

**"디셉 사람 엘리야가 아합에게 말하되
내가 섬기는 이스라엘의 하나님 여호와께서
살아 계심을 두고 맹세하노니
내 말 없으면 수 년 동안 비도 이슬도 있지 아니하리라"**(왕상17:1)

하나님은 이 때 엘리야의 상황을 토대로 두 증인들의 권능에 대하여 말씀하셨다. 우리는 여기에서 주목해야 할 것은 엘리야의 능력보다 엘리야가 외친 말씀에 대한 하나님의 보증에 관심을 가져야 한다. 엘리야의 말에 대하여 하나님은 나의 종 엘리야의 말은 곧 나의 말이라는 것을 증명하시기 위해서 비를 내리시지 않을 것이라는 의미임을 알아야 한다. 선언된 말씀이 참으로 하나님의 말씀이요 하나님의 말씀은 그 자체가 능력의 선언이라는 것을 증명한 상황을 주목해 보라는 것이다. 그와 같이 증인들이 하늘을 여닫을 수 있는 능력이란 증인들이 예언하는 말씀은 하나님이 주신 예언임을 하나님께서 증명해 주시겠다는 의미이다. 그러므로 이 두 증인의 예언들이 하나님이 보내신 진실한 선지자의 예언임을 증명해 주시겠다는 하나님의 선언이다.

만약에 이 계시의 내용이 상징하는 의미가 아니고 문자 그대로 이루어지는 능력들이 일어난다면 세상은 어떻게 될까? 여기서 두 증인은 말세의 교회들이요 말세에 예수 다시 오심을 전하는 성도들이다. 이 말세의 수천만의 교회 성도들이 "예언을 하는 날 동안 비가 오지 못하게" 된다면 이 세상은 영원히 비가 내리지 않을 것이다.

그러므로 이 권세는 상징적인 의미로 말세에 하나님의 말씀을 들고 서는 주의 말씀의 사역자들에게 힘을 실어 주는 위로이다. 말씀의 사역자들이여 담대히 선포하라! 하나님이 당신의 말에 보증해 주실 것이다.

III 6절b : 최후의 능력 셋, 모세의 권세

하나님이 말세 교회에게 주신 세 번째 권세는 모세처럼 재앙으로 권능을 행사하는 성경을 토대로 영력을 교회에게 주시겠다는 말씀이다. 모세가 믿지 아니하는 바로와 애굽 사람들 앞에서 권능을 행한 것과 같이 교회에게도 이런 권세를 주시겠다는 의미이다. 모세가

6절b

"권능을 가지고 물을 피로 변하게 하고"

또는

"아무 때든지 원하는 대로 여러 가지재앙으로 땅을 치리로다"

이 말씀도 6절 엘리야와 같은 예언의 능력과 같이 모세의 말에 능력이 있음과 그 모세의 말을 하나님이 신용 보증하시겠다는 말씀이다.

이 얼마나 큰 능력인가? 하나님께서 증인들, 교회들의 말, 선언, 예언을 보증하시겠다는 계시이다. 하나님이 그 교회들이 전하는 말씀에 책임을 지시겠다는 계시이다. 그런즉 교회는 이런 확신을 가지고 예언을 해야 할 것이다.

Ⅳ 7-13절 : 최후의 능력 넷, 십자가의 권세

하나님이 말세 교회에게 주신 네 번째 권세는 우리 교회들이 주님처럼 사망 권세를 이기고 부활 승천할 능력과 영광을 누리게 될 것이란 권세를 주셨다.(7-12절)

7-12절

"그들이 그 증언을 마칠 때에 무저갱으로부터 올라오는 짐승이 그

들과 더불어 전쟁을 일으켜 그들을 이기고 그들을 죽일 터인즉
그들의 시체가 큰 성 길에 있으리니 그 성은 영적으로 하면
소돔이라고도 하고 애굽이라고도 하니 곧 그들의 주께서 십자가에
못 박히신 곳이라
백성들과 족속과 방언과 나라 중에서 사람들이 그 시체를 사흘 반
동안을 보며 무덤에 장사하지 못 하게 하리로다
이 두 선지자가 땅에 사는 자들을 괴롭게 한 고로 땅에 사는 자들이
그들의 죽음을 즐거워하고 기뻐하여 서로 예물을 보내리라 하더라.
삼 일 반 후에 하나님께로부터 생기가 그들 속에 들어가매 그 들이
발로 일어서니 구경하는 자들이 크게 두려워하더라
하늘로부터 큰 음성이 있어 이로로 올라오라 함을 그들이
듣고 구름을 타고 하늘로 올라가니 그들의 원수들도 구경하더라"

이 말씀은 하나님이 교회에게 주신 네 번째 권세이다. 네 번째 권세는 사망권세를 이기고 부활 승천하신 주님과 같은 권세를 주셨다는 내용으로 증인들의 죽음과 부활과 증인들의 승천으로 나누워 다루기로 하겠다.

a. 7-10절까지

두 증인들의 죽음에 대한 이야기에 주목해 보라.

첫째로 언제 죽느냐? 어떻게 죽느냐?(7절)하는 논제다.

"그들이 그 증언을 마칠 때"라고 말씀하셨는데 그 증언은 "천이백 육십일을 예언하리라"(3절)라고 하셨다. 천 이백 육십일은 마흔 두 달이요. 마흔 두 달은 삼년 반이요. 삼년 반을 날로 표현한다면 사흘 반이다. 마흔 두 달은 이방인들이 거룩한 성을 짓밟는 기간이요.(2절) 한 때 두 때 반 때는 여자가 피신하여 양육을 받는 때이다.(12:14) 사흘 반은 증인들의 시체를 방치한 기간이요(9) 또한 삼일 반은 부활하는 기간이다.(11절) 이러한 날자

계산의 방법은 그(것)들이 생존하는 날을 통칭하는 의미라고 앞에서 언급했다. 그렇다면 증언을 마칠 때는 천 이백 육십 일이요. 이 기간은 그 증인들의 활동 기간으로 특별한 기간이 아니라 인간 수명이 다하여 주께서 부르시는 날 자연사하는 날이다. 즉 육신이 살아서 숨 쉬는 생전에 이 복음 전하라는 의미요. 죽는 날까지 이 복음 증거 하라는 의미이다.

그런데 어떻게 죽느냐? 그 죽는 방법에 대하여 "그들이 그 증언을 마칠 때에 무저갱으로부터 올라오는 짐승이 그들과 더불어 전쟁을 일으켜 그들을 이기고 그들을 죽일 터인즉"이란 말씀은 모든 증인과 짐승과 싸우는 날이 온다든가 또는 각 개개인이 그 짐승과 싸워서 살해 당한다는 의미가 아니라 우리의 시조 아담을 이기고 사망권세를 장악한 옛 뱀, 사탄인 짐승이 그 사망권세를 휘둘러 모든 인류를 죽이듯이 증인들을 죽일 것이라는 의미이다. 그것들은 증인들의 육신을 죽이면 자기들이 승리로 끝나는 줄 알고 또 죽여서 예언을 못하게 할 것이라는 계시이다.

둘째로 왜 그 증인들의 시체를 방치 해 두는가?(9-10)

9절

"백성들과 족속과 방언과 나라 중에서 사람들이
그 시체를 사흘 반 동안을 보며
무덤에 장사하지 못하게 하리로다"

이 말씀 중에 무덤에 장사하지 못하게 한다는 것은 영혼은 살아서 하나님의 부름을 받아 천국에 가지만 육체는 이들이 장악하고 처리하지 못하게 방해하고 있다는 의미이다. 장사하지 못하게라는 의미는 시체를 처리하지 못하게 하듯 하나님의 나라로 가져가지 못하게 방해하고 있다는 의미이다. 그리고 그들이 그 시체를 사흘 반 동안 보며 승리를 즐기려는 잔꾀 때문이다.

10절

"땅에 사는 자들이 그들의 죽음을
즐거워하고 기뻐하여 서로 예물을 보내리라"

그들은 죽음의 상징인 육체의 무덤을 보면서 승리의 축배에 도취하려는 것이지만 하나님은 이 세상이 얼마나 악한가를 단적으로 설명하신 말씀이다. 이 세상이 악한 것은 증인들이 죽은 장소를 명시하면서 그 악함이 어느 정도인가를 설명하신다.

8절

"그들의 시체가 큰 성 길에 있으리니 그 성은 영적으로 하면 소돔이라고도 하고 애굽이라고도 하니 곧 그들의 주께서 십자가에 못 박히신 곳이라"

어떤 사람은 큰 성은 로마를 가리킨다고 하지만 소돔과 애굽 같고 주께서 십자가에 죽으신 곳, 즉 이 세상을 말한다. 그리고 이 세상이 어느 정도 악한 세상인가는 소돔 같다고 한다. 소돔 땅은 역사상 인간의 타락이 극에 달하여 그 성읍이 전멸되는 하나님의 심판을 받은 죄의 전형이다. 그리고 애굽은 하나님과 맞서 싸우고 가증스런 우상숭배의 심볼이다. 그러므로 소돔은 도덕적으로 타락한 도시를 의미하고 애굽은 영적으로 타락한 인간 사회를 통칭하는 의미다. 그리고 이 악한 세상이 진리를 얼마나 증오하는지를 "그들의 주께서 십자가에 못 박히신 곳"이란 단 한마디 말로 표현한다. 세상이 얼마나 진리를 미워했는지 핍박하다가 결국은 십자가에 죽이기까지 하는 세상이란 것을 상징적으로 보여주신 계시이다. 그 뿐 아니라 그악한 자들은 이 두 증인들의 예언이 허구임을 증명해 보이려는 잔꾀이다. 그러나 하나님은 실패하지 않으신다.

11절

다음은 두 증인들의 부활에 대한 이야기에 주목해 보아야 한다.

"삼일 반 후에 하나님께로부터 생기가
그들 속에 들어가매 그들이 발로 일어서니"

어떤 이는 "이 구절은 마지막 날에 있을 주님의 증인들(성도들, 교회)의 부활을 가리킨다."라고 한다.(P. E. Hughes)

그러나 본문은 예수님이 부활 승리하신 것과 동일한 것과 상이한 것이 있다. 동일한 것은 주님같이 증인들도 부활 승리할 것이라는 위로의 계시이다. 그러나 이 계시에서 주목해 보면 상이한 점이 있다. 예수 그리스도는 삼일 만에 부활하셨지만 증인들은 삼일 반 후에 부활한다는 점이다. 삼일 반은 예수님처럼 삼일 만에 부활한 날짜의 개념이 아니라 한 때, 두 때, 반 때와 마흔 두 달과 일천 이백 육십 일과 같은 생존기간이나 혹은 필요한 존속기간을 의미한다. 그러므로 이 말씀은

"내가 보좌들을 보니 거기에 앉은 자들이 있어
심판하는 권세를 받았더라.
예수를 증언함과 하나님의 말씀 때문에
목 베임을 당한 자들의 영혼들과
우상의 표를 받지 아니한 자들이 살아서
그리스도와 더불어 천년 동안 왕 노릇하니"(20:4)

"이는 첫째 부활이라"(20:5)
"첫째 부활에 참여하는 자들은 복이 있고 거룩하도다"

여기 말씀의 밑줄 친 말씀 –살아서–라는 말씀은 육체의 부활이 아니라 영혼의 부활이다. 그러므로 두 증인들이 부활하리라는 말씀의 의미도 예수님처럼 부활한다는 동류감은 있으나 주님처럼 육과 영이 살아난다는 의미가 아니라 동질감이 아니라 육이 아니라 영이 살아날 것이란 의미이다. 부활은 부활이되 상이한 부활 즉 죽은 자의 육체가 부활한다는 말이 아니고 영혼이 살아난다는 것을 의미한다.

여기 두 증인은 교회다. 교회는 예수 다시 오심을 증거 하는 사람들이다. 지금까지 2000여 년간 어느 성도가 이렇게 삼일 반 만에 살아난 사건이 있었는가? 생각해 보라. 이는 그 성도들이 자기의 수명을 다하는 날까지 예언하다가 육은 죽으나 영혼은 살아서 하나님의 나라에 간다는 의미이다. 그 후 주님 재림 때 육이 살아나 영과 결합하여 영원히 살리라.

12절

그리고 또 두 증인들의 승천에 대한 이야기에 주목해 보아야 한다.

"하늘로부터 큰 음성이 있어 이리로 올라오라 함을
그들이 듣고 구름을 타고 하늘로 올라가니
그들의 원수들도 구경하더라"

어떤이는 "그들의 승천 모습은 그리스도의 승천의 모습과 같다. 증인들이 승천할 때 그들을 둘러싼 구름은 여느 평범한 구름이 아니고 주님의 쉐키나의 영광이 빛나는 구름이며 주님 자신이 승천하실 때 그를 둘렀고 그가 산에서 변형되실 때 있었던 바로 그 구름이다. 여기서—이 그들의 승천은 육체적 승천이다."라고 한다.(P. E. Hughes)

그러나 필자는 육체적 승천이 아니라 영혼의 승천리라고 한다. 우리 성도들의 죽음은 소천이다. 하나님의 부름을 받고 하늘로 가는 것을 가지고 '소천' 이라고 아름답게 표현한다. 이런 성도가 죽은 후에 그 영혼이 하나님이 부르시는 그 하늘로 가심을 오늘 본문은 예수의 부활한 몸으로 구름 타고 승천하셨음을 빌려서 영광스럽게 표현한다. 하늘로 감이 이렇게 영광이란 의미이다.

이러한 일들/ 두 증인의 증거 하는 날들/ 이러한 사건은 한두 번의 사건이 아니라 세상 종말 때 즉 예수님의 초림부터 재림까지 사는 모든 성도들의 일상이다. 그리고 이러한 사건을 어느 한 지역적인 것에 국한하지 말아야 한다. 이는 성도가 있고 세상 어디든지 교회가 세워져 있는 곳에서 일어날 수 있는 사건이라고 인식해야 한다.

그래서 이러한 사건이 연속적으로 수백 년, 수천 년 이어져 나오는 동안

13절

"그 때에 큰 지진이 나서 성 십분의 일이 무너지고
지진으로 죽은 사람이 칠천이라"

라는 변고가 발생한다. 이 사건의 의미는 이렇게 교회가 증거하며 전하다가 죽어 육은 세상이 움켜쥐고 장사를 지내지 못하게 하고 영혼은 하나님의 부름을 받고 하늘로 올라가는 일들이 연속 될 때 어느 날인가 천사가 일곱 번째 나팔이 불 것이요. 그날이 예수님 재림의 날이요 심판의 날이 이르리라는 의미이다.(15절)

그 날을 표현하여 큰 지진이 나고 성이 무너지고 지진에 죽은 사람이 칠천이라고 한다. 성 십분의 일이 무너지고는 십 분의 구는 구원받는 다는

의미이며 칠천 명이 죽는 다는 것에서 7은 완전수다. 영원히 죽을 멸망의 백성들의 모두를 칭하는 숫자이다. 이러한 표현은 주님 심판주로 오신 후에 일곱 번째 대접 재앙을 쏟아 부을 때에도 일어난 사건이다.(16:17-21) 즉 이 사건은 주님의 다시 오심을 표현한 내용이다.

"일곱 째 천사가 그 대접을 공중에 쏟으매
번개와 음성들과 우렛소리가 있고 또 큰 지진이 있어
얼마나 큰지 사람이 땅에 있어 온 이래로 이같이 큰 지진이 없었더라
큰 성이 세 갈래로 갈라지고 만국의 성들도 무너지니
큰 성 바벨론이 하나님 앞에 기억하신바 되어
그의 맹렬한 진노의 포도주 잔을 받으매
각 섬도 없어지고 산악도 간 데 없더라
또 무게가 한 달란트(60Kg)나 되는 큰 우박이
하늘로부터 사람들에게 내리매 사람들이
그 우박의 재앙 때문에 하나님을 비방하니
그 재앙이 심히 큼이러라"

이러한 영적 전쟁의 날들이 주님 다시 오시는 날까지 우리는 계속 될 것이며 그 기간이우상숭배자들이 둘째 화를 당하는 날이다.

14절

"둘째 화는 지나갔으나 보라 셋째 화가 속히 이르는도다"

그러므로 성도와 교회는 주께서 다시 오신다고 생명 다 하여 예언하며 싸워야 할 것이다. 우리가 싸워야 할 적군은 "마병대의 수는 이만 만"이나

되는 귀신들이다. 이들과 항상 매일 같이 싸우며 주의 재림을 증거 하는 것이 고통이요 괴로움이 될 것이다. 그 반면에 예수를 따르지 아니하는 세상은 이만만이나 되는 귀신들에게 괴롭힘을 당하는 고통 가운데 죽어갈 것이다.(9:16-20) 이러한 날이 세상에 임하는 둘 째 화를 당하는 날들이다.(14)

그 후에 재림의 나팔이 일곱 번째 울려 퍼질 것이다.

παρουσία. Ⅲ
마지막 나팔 소리 들을 때

예수 재림(*παρουσία*/Parousia 임석하기 위해 오는 것)하신다.

예수님 재림을 의미하는 신약성경 원어 헬라어는 '파루시아'인데 고전 헬라어에서는 일반적인 의미로 '함께 있음' '현존' '출현' '오심'을 뜻하였다. 예수께서 다시 오신다는 말을 처음 하실 당시에 왕이나 황제 같은 최고의 통치자가 자신의 위용을 드러내며 식민지 도시들을 위풍당당하게 방문하는 데에서 사용된 용어로 백성들에게 파루시아는 잘 알려져 있었다. 그러므로 그리스도인들은 예수그리스도가 만왕의 왕으로 강림하신다는 의미에 합당한 언어가 파루시아임을 알고 성경을 기록하며 예수님의 재림을 표현할 때 파루시아라고 기록했다.(고전15:23)

제 11 장 15-18절 | 만왕의 왕이 오시는 날

Ⅰ 15절 : 하늘의 큰 음성으로 선포

일곱 번째 천사가 나팔 부를 때, 마지막 나팔 불 때에 대한 오늘의 본문

(11:15) 말씀은 다음과 같이 계시하신다.

15절

"일곱째 천사가 나팔을 불매
하늘에 큰 음성들이 나서 이르되
'세상 나라가
우리 주와 그의 그리스도의 나라가 되어
그가 세세토록 왕 노릇 하시리로다'"

이 하늘에 큰 음성들이 선언한 이 외침은 드디어 그리스도 재림, 파루시아를 선언한다. 이 때가 일곱째 천사가 나팔을 불 때이다. 나팔 불매 하늘에서 큰 음성들이(복수) 다음과 같이 선언했다.

**"세상 나라가
우리 주와 그의 그리스도의 나라가 되어
그가 세세토록 왕 노릇 하시리로다"**

이 얼마나 위대하고 장엄한 선언인가?
온 천하의 지축을 흔드는 정권 인수했다는 강렬한 외침이다.
이 얼마나 고대하고 기다리던 날이었던가?
하늘도 기뻐하고 땅도 기뻐하는 날이로다.
세상 어느 누가 감히 이렇게 외칠 수가 있겠는가?
이제부터 시작되는 그리스도의 나라라는 선포이다.

본문의 세상 나라는 "백성과 무리와 방언과 열국들이다." 즉 온 우주 전체나 지구촌 전체의 모든 나라를 의미한다. 그 모든 나라들을 예수 그리스도가 접수하시고, 그리스도가 만왕의 왕으로 즉위 하신다는 선언이다. 성경 여러 곳에 미래에 예수 그리스도가 만왕의 왕이 되실 것과 오실 것에 대한 예언을 하였다. 그러나 여기 요한계시록 11장 15절같이 분명하게 예수께서 세상 모든 나라를 접수하시고 메시아로 즉위하심을 선언하신 기록은 요한계시록 11장 15절 이전에는 없다.

본문의 선언에 대하여 혹자는 '이렇게 승리하시는 날이 올 것이니 회개를 촉구하기 위해 미래에 일어날 일을 미리 말씀해 주시는 계시' 라고 이 선언을 평가 절하 하고

또 어떤 이는 '이 말의 의미는 예수님은 반드시 오시고 그것을 이미 성취된 그림으로 설명한다.' 라고 한다. 뿐만 아니라 이 사건은 단순히 다시 오실 어떤 미래적 사건으로 여기는 것이 아니라, 실제로 존재하는 사건이라는 말이다.' 라고 하며 '곧 예수 그리스도의 다시 오심을 오늘이라는 현실에 끌어당겨 내려놓고 이것으로 사는 것이라' (송태근저 쾌도난마2권 p. 55) 고 위로 하는 말씀까지 덧붙였다.

그리고 혹자는 말하기를 '일곱 번째 나팔은 그 자체로서 어떤 재앙을 가져오는 것이 아니라 다음 시리즈인 일곱 대접 재앙을 여는 기능을 할 뿐이다.' 라고 이 선언을 평가 절하하기도 한다.(안용성, 요한계시록 어떻게 설교할 것인가. p. 160.)

그러나 성경 본굼은 단호하게 일곱 나팔 부는 날 예수 그리스도께서 다시 오셨음을 하늘의 큰 음성으로부터 선언한다. 왜냐하면

(1) 저명한 신학자 Michael Wilcock도 일곱째 나팔 불 때에 그리스도 파루시아(*Χριστός παρουσία* 그리스도 강림)라고 확신하고 있다. 그는 이렇게 말한다.

"일곱째 나팔과 함께 파루시아가 임했다.

성경은 그리스도 승리의 몇몇 측면을 그의 초림과 관련시켜
언급하지만 여기 나온 말이 그리스도의 재림 시에 있을
총체적 승리를 묘사하고 있다는 점은 의심의 여지가 없다."
(The Message of Revelation I saw heaven opened.
Michael Wilcock. 정옥배 옮김 p. 127)

여기 나온 선언들이 그리스도의 다시 오심에 있을 총체적인 승리 묘사라고 Michael Wilcock도 확신 있게 피력했다.

이보다 더 확실하게 그리스도가 승리하신다는 성경은 어디에도 없다. 오직 여기에만

"세상 나라가
우리 주와 그의 그리스도의 나라가 되어
그가 세세토록 왕 노릇 하시리로다"

이보다 더 재림에 대한 분명한 표현은 없다.

(2) 성경 본문 내용은 명확하게 일곱 나팔 부는 날 예수 그리스도께서 다시 오셨음을 하늘의 큰 음성들로 선언하셨다.

보라!

얼마나 힘 있고 직설적이고 정확하게 파루시아를 선언하셨는가?

이 날이 재림의 날이라고 하늘의 큰 음성들이 선언하신다.

"세상 나라가 우리 주와 그의 그리스도의 나라가 되어"

'되어' 라는 *ἐγένετο*는 *γίνομαι*(에게네토는 기노마이)의 제1부정과거 직설법 중간태 3인칭 단수형으로 즉 의역을 하면

'이 땅의 주인 만왕의 왕이신 메시아가 오셨다.'

그 분이 오셨으므로 이제부터 지배권이 옮겨졌다는 선언이다.

그 통치권을 그리스도가 장악하셨다.' 라는 선언이다.

또 만왕의 왕이 세상나라를 접수하셨다는 선언이다.

"그가 세세토록 왕 노릇 하시리로다"(15절)

그리고 그 만왕의 왕께서 메시아로 즉위하셨다는 선언이다.

또한 그 왕이 세세토록 영원히 왕 노릇 하신다는 선언이다.

한 구절이 현실이요.

이 한 선언이 능력이요.

이 한 마디 호령대로 이루어지는 권세다. 할렐루야!

II 16-18절 : 하늘 보좌 앞 24장로의 찬양

(3) 또한 그리스도께서 오신 후에 만왕의 왕으로서, 또는 심판주로서 하실 사역에 대하여 명확하게 하나님 앞에서 자기 보좌에 앉아 있던 이십사 장로들이 엎드려 얼굴을 땅에 대고 하나님께 경배하며 찬양하는 노랫말 속에 확실하게 그리스도의 강림을 계시한다.(17절)

17절

"감사하옵나니
옛적에도 계셨고 지금도 계신 주 하나님"

이 노랫말은 "전에도 계셨고 이제도 계시고 장차 오실이시라"(1:4 4:8)의 노랫말과 비교해 보면 빠진 내용이 있다. "장차 오실 이시라"라는 내용이다. 이 본문에 기록된 원어는 다음과 같다.

λέγοντες· εὐχαριστοῦμέν σοι, (레곤테스 유카리스투멘 소이)

κύριε ὁ θεὸς ὁ παντοκράτωρ,(큐리에 호 데오스 호 판토크라토르)

ὁ ὢν καὶ ὁ ἦν ὅτι εἴληφας τὴν δύναμίν σου τὴν μεγάλην,
(호 온 카이 호 엔 호티 에일레파스 텐 뒤나민 수 텐 멜갈렌)
καὶ ἐβασίλευσας. (카이 에바실류사스)

이 말씀을 직역한 내용은

"말하기를 주 하나님이시여,
(지금도)계시고 (전에도) 계셨던 당신이여,
우리가 당신께 감사드립니다.
왜냐하면 당신께서 당신의 큰 권능을 취해 오셨고
당신께서 통치하셨기 때문입니다."

이 원문의 말씀을 신학자 Caird는 '신적 칭호를 1:4절에 나오는 칭호와 대조시키면서 일곱째 나팔은 틀림없이 종말을 선포한다고 말한다. '하나님의 이름 자체에서 미래성 자체가 일단 제거 되었다면 미래는 있을 수 없기 때문이다.' (swere, p. 143. 146.)라고 역설하였다.

그렇다. 이제는 재림하셨기 때문에 장차 오실이라는 내용이 빠졌다는 말이다. 즉 오실이가 오셨다는 내용이다. 오실이가 오셨으니 이제 예언으로 장차 오실이라는 예언이 완료 되었다.라는 의미다. 곧 그 오신 주, 다시 오실 것이란 말이 빠지고 재림의 주께서 왕 노릇하신다고 되어 있다.

▪ 17절

"큰 권능을 잡으시고 왕 노릇하시도다"

왜냐하면부터 나오는 동사 '취해 오셨다 *εἴληφας* '는 직설법 완료 능동태로 '당신께서 취해 오셨습니다.' 라고 완료했음을 말하고 그 다음 동사 '통치하셨다 ἐβασίλευσας' 는 직설법 과거 능동태로 당신께서 통치하셨습니다. 이미 통치는 앞 문장에서 시작되었기에 여기 통치는 과거형으로 '당신께서 통치하셨습니다.' 로 찬양한다.

(4) '그리고 이제부터 심판 주로 오신 분이 권리를 행사하실 것이다.' 라는 노랫말이 증명한다.(18절)

a. 만왕의 왕으로 오셨으니 오시기를 반대하던 자들의 크게 반발하므로 이 반발하는 자들에게 진노하실 것이라는 의미다.

"이방들이 분노하매 주의 진노가 내려 죽은 자를 심판하시며"

그동안 극렬하게 반대하던 악한 것들이 이제 강림하셔서 왕권을 잡으시므로 분노하며 반발한다. 이들에게 심판 하신다는 내용이다.

b. 구원 사역을 훼방한 자들에게 멸망 심판하실 것이라는 의미다.

"도 땅을 망하게 하는 자들을 멸망시키실 때로소이다"

이 계시는 심판주로 오신 그리스도께서 행사하실 권리를 선언한다. 온천하 만민이 기다리던 때가 되었다는 것 보다 주께서 그 동안 사탄과 그의 졸개들을 유황 불 못에 던져 넣겠다고 예언하신 말씀대로 이루어진 때가 되었다는 말씀이다. 예언의 이루심이요 오늘 이루셨다는 의미이다.

(5) 오늘 본문 이후에 주께서 강림하신 후에 일어날 일들의 기록이 그리스도의 파루시아를 증명한다.

오늘 요한계시록 본문(11:15)은 그 다음 이어지는 성경 말씀과 계시의 순서가 뒤섞이거나 앞뒤 전도되는 일도 없이 시간적으로 순서상 일목요연(一目瞭然)하게 계시하고 있다. 참으로 확실한 현실적인 계시의 순서들이다. 또한 성경 본문(11:15)의 앞 문장을 살펴보아도 그리스도의 재림 계시임을 증명한다. 앞의 성경본문은 10장부터 '힘센 다른 천사가 펼쳐진 작은 두루마리를 들고 나타나 그 두루마리를 교회에게 먹기를 명령하고' 네가 세상 모든 사람들에게 다시 예언하여야 한다.' 라고 사명을 주었고. 11장은 그 사명을 받은 교회를 상징하는 두증인, 두 감람나무, 두 선지자들이 '복음 선포' 가 이루어짐으로 그리스도가 강림하심으로 이어져 문맥이 자연스럽게 흐른다. 이런 복음전파 후에 파루시아의 패턴은 주께서 말씀하신 바와 같다.

> **"이 천국 복음이 모든 민족에게 증거되기 위하여**
> **온 세상에 전파되리니 그제야 끝이 오리라"**(마24:14)

그래서 혹자는 '주님 나라의 완성은 본문 흐름에 따르면 증인들의 사역에 따른 결과다.' (이우제, 요한계시록 어떻게 설교할 것인가. p. 345.)라고 핵심을 찌르는 글을 썼다. 참으로 놀라운 발견이다. 그러나 그분의 결론은 그 의미를 퇴색시키고 만다. 그는 일곱 나팔을 재림 나팔로 인정하지 못하고 '나팔 재앙' 으로 보고 일곱 대접 재앙과 연결시키는 모순을 말하였다. 그는 이어서 '증인들의 사역을 통하여 세상에서 돌아와야 할 자들이 돌아오면 하나님은 더 이상 지체하지 않으시고 세상에 마지막 일곱 번째 재앙을 쏟아 부으실 것이다. 후에 보겠지만 일곱 번째 나팔 재앙으로 펼쳐지는 7대접 재앙은 더 이상 기다림이란 없는 전면적이고 최종적인 재앙이다.' 라고 피력하는 모순을 드러낸다.

(6) 이때로 부터 하늘에 있는 하나님의 성전이 활짝 열리었다는 것이 그리스도의 강림을 증명하고 있다.

19절

"이에
하늘에 있는 하나님의 성전이 열리니
성전 안에 하나님의 언약궤가 보이며
또 번개와 음성들과 우레와 지닌과 큰 우박이 있더라"

이 계시는 예수 그리스도 1차 오셔서 십자가에 죽으실 때 성전 휘장이 위로부터 아래로 찢어짐과 같은 사건이 일어난 것이다.

"이에
성소 휘장이 위로부터 아래까지 찢어져 둘이 되고
땅이 진동하며 바위가 터지고
무덤들이 열리며 자던 성도의 몸이 많이 일어나되
예수의 부활 후에 그들이 무덤에서 나와서
거룩한 성에 들어가 많은 사람에게 보이니라"(마27:51-53)

이 성전 휘장은 지성소와 성소를 가로막은 휘장이었다. 그 휘장이 위에서부터 아래까지 저절로 찢어진 사건은 하나님이 휘장을 걷어치우신 사건으로 하나님께서 이제는 직접 그 백성들과 직접 소통하시겠다는 하나님의 의지의 표현이다.

이와 같이 지금까지는 하늘과 땅으로 구분하여 하늘은 하나님이 처소요 땅은 사람들의 거처라는 룰이 있었다. 그래서 하늘에 올라간자는 다시 내려올 수 없고 내려온 자는 예수 외에 누구도 올라갈 수 없었다. 그러나 이제 하나님께서는 예수 그리스도 2차 강림하시므로 하늘을 열고 하늘에 있는 하나님의 성전 문을 활짝 열어 주셨다. 그리고 하나님은 사람들과 함께 거하시기로 하신 것이다. 새 하늘과 새 땅은 하나님과 사람이 함께 사는 세상이 된다.

> "보라 하나님의 장막이 사람들과 함께 있으매
> 하나님이 그들과 함께 계시리니
> 그들은 하나님의 백성이 되고
> 하나님은 친히 그들과 함께 계셔서
> 모든 눈물을 그 눈에서 닦아 주시니
> 처음 것들이 다 지나갔음이러라"(계21:3)

그 후(그리스도 오신 후 열린 후)로 하나님은 이 열린 하늘의 성전 문은 다시 닫지 않으셨다. 15장 5절에 기록된 성전 문에 대한 기록이다.

> "이 일 후에 내가 보니 하늘에 증거 장막의 성전이 열리며"

여기 열리며 동사는 (ἠνοίγη)에노이게 인데 이 동사는 아노이고의 과거 수동 3인 단수로 '성전이 열렸다.' 즉 하나님이 열어 놓으셨다는 의미이며 11장 19절 말씀과 같은 내용으로 일치하고 19장 11절에 "내가 하늘이 열린 것을 보니 보라 백마와 그 탄자가 있으니"라는 하늘이 '열린' 것은 (ἠνεῳγμένον)에네오그메논은 (ἀνοίγω)아나고의 분사 완료 수동 대격으로서 "열려진 하늘"즉 이미 열려져 있는 인상을 주는 '그 하늘은 하나님이 환상을 보여주시기 위해서 미리 준비해 둔 것이라는 사실을 알 수 있다.' 이는 11장 15절부터 19절까지 이미 그리스도께서 강림하실 때 하늘의 성전은 문이 열렸고 그 후부터 하늘은 더 이상 닫을 필요 없이 활짝 열려 있었다는 것이다. 그리스도가 오셨으므로 이제부터는 7장 15절의 인칠 때 약속을 이행하신 것이다.

> "그들이 하나님의 보좌 앞에 있고
> 또 그의 성전에서 밤낮 하나님을 섬기매
> 보좌에 앉으신 이가 그들 위에 장막을 치시리라"(7:15)

> "내가 들으니 보라
> 하나님의 장막이 사람들과 함께 계시리니
> 그들이 하나님의 백성이 되고
> 하나님은 친히 그들과 함께 계셔서"(21:3)

이런 하늘과 성전 문이 열린 것은 그리스도 2차 강림하심 이 후로부터 하나님의 약속이 이루어짐으로 하나님과 사람들과의 거처가 함께함을 증명해 주고 있다.

> "하늘에 있는 하나님의 성전이 열리니
> 성전 안에 하나님의 언약궤가 보이며"

성전 안에 있는 언약궤가 보이는 계시는 '내가 너희에게 언약한 것, 즉 내가 너희와 거처를 함께하리라' 는 약속을 이루어 주셨다는 상징으로 언약궤를 보여 주신다.

이러한 증명들이 예수 그리스도가 11장 15절 일곱 천사가 마지막 나팔을 부는 날 그리스도가 2차로 오셨다는 것을 확신 시키고 있다. 아멘.